都市圈视角下
创新要素集聚的演化机理
与空间效应研究

许泱 著

吉林大学出版社

·长春·

图书在版编目（CIP）数据

都市圈视角下创新要素集聚的演化机理与空间效应研
究 / 许泱著. -- 长春：吉林大学出版社，2021.3
ISBN 978-7-5692-8085-2

Ⅰ. ①都… Ⅱ. ①许… Ⅲ. ①城市经济－国家创新系
统－研究－中国 Ⅳ. ①F299.2

中国版本图书馆 CIP 数据核字(2021)第 046201 号

书　　名	都市圈视角下创新要素集聚的演化机理与空间效应研究	
	DUSHIQUAN SHIJIAO XIA CHUANGXIN YAOSU JIJU DE YANHUA JILI YU KONGJIAN XIAOYING YANJIU	
作　　者	许　泱　著	
策划编辑	李承章	
责任编辑	安　斌	
责任校对	刘　艳	
装帧设计	刘　丹	
出版发行	吉林大学出版社	
社　　址	长春市人民大街 4059 号	
邮政编码	130021	
发行电话	0431-89580028/29/21	
网　　址	http://www.jlup.com.cn	
电子邮箱	jdcbs@jlu.edu.cn	
印　　刷	广东虎彩云印刷有限公司	
开　　本	787 毫米×1092 毫米　1/16	
印　　张	14.25	
字　　数	240 千字	
版　　次	2022 年 1 月　第 1 版	
印　　次	2022 年 1 月　第 1 次	
书　　号	ISBN 978-7-5692-8085-2	
定　　价	79.00 元	

目　　录

第1章 导 论

1.1 问题的提出

"十三五"时期，由中共中央、国务院印发的《国家新型城镇化规划（2014—2020 年）》中指出，城镇化是现代化的必由之路，是推动区域协调发展的有力支撑，是扩大内需和促进产业升级的重要抓手。同时，这个新型城镇化的战略框架，也指明了城市群建设在新型城镇化进程中的主导地位。

十八大以来，党中央国务院根据国际国内经济形势，围绕五个发展理念，进一步提出坚持创新驱动发展、推进新型城镇化的战略布局。2018 年 11 月 18 日，中共中央、国务院发布的《关于建立更加有效的区域协调发展新机制的意见》（以下简称《意见》）明确指出，以京津冀城市群、长三角城市群、粤港澳大湾区、成渝城市群、长江中游城市群、中原城市群、关中平原城市群等城市群推动国家重大区域战略融合发展，建立以中心城市引领城市群发展、城市群带动区域发展新模式，推动区域板块之间融合互动发展。《意见》指出，京津冀城市群发展要以北京、天津为中心引领，带动环渤海地区协同发展。长三角城市群发展以上海为中心引领，带动长江经济带发展。粤港澳大湾区建设以我国香港、澳门、广州、深圳为中心引领，带动珠江—西江经济带创新发展。以重庆、成都、武汉、郑州、西安等为中心，引领成渝、长江中游、中原、关中平原等城市群发展，带动相关板块融合发展。

近年来，现代化都市圈的建设已经呈现出较快发展态势，国家发展改革委 2019 年发布的《关于培育发展现代化都市圈的指导意见》也应运而生。《意见》肯定了城市群仍然是新型城镇化的主体形态，也是支撑全国经济增长、促进区域协调发展、参与国际竞争合作的重要平台。同时，《意见》也明确了都市圈的内涵和界定。都市圈是城市群内部以超大特大城市或辐射带动功能强的大城市为中心、以1小时通勤圈为基本范围的城镇化空间形态。

在供给侧改革背景下，综合新型城镇化的发展历程，结合国家政策的逐步演化，可以预见，未来的新型城镇化的核心驱动力是创新驱动，空间组织结构是以城市群和都市圈为主要形态。需要注意的是，城市群和都市圈从广义上而言是两个不同的概念。城市群是由若干个都市圈构成的广域空间形态，其内部可以包含若干个中心城市。都市圈是指围绕某一个中心城市（即超大或特大城市）的城镇化形态。在体量和层级上，都市圈要低于城市群的概念。

随着高速公路、高速地铁和城际轨道交通的飞速发展，新一代信息网络系统的加快构成，都直接催生了我国都市圈建设的加速和升级。从协调发展难度来看，都市圈因其地域和行政范围的中等维度，更能成为流动性背景下我国城镇空间组织的主要基本单元。不同于城市群，现代化都市圈在空间结构上呈现出外围中小城市环绕中心城市分布的典型圈层状结构，其形成的初始动力在于中心城市和周围中小城市的空间和组织异质在相邻条件下的互相作用，而继续发展的内生动力则依赖于各种要素在空间的自由流动性和自主选择性，并形成互为促进的正向反馈机制。国家对都市圈战略建设的大力推进无疑也会加速发展"第一要素"——创新要素的集聚和扩散运动。从都市圈的演化进程看，所有要素，特别是创新要素的集聚和扩散运动在城际间内部是有差异性的，特别是中心城市—外围中小城市的空间分异。以创新驱动都市圈建设的视角，都市圈的健康发展应该与创新要素的集聚运动相匹配，这种匹配性问题必须通过有效的空间协同机制来适应，本书将以这些为宗旨进行展开。

1.2 研究意义

创新驱动的新型城镇化战略，现代化都市圈的形成与发展必将通过创新要素的空间集聚来推动，以创新要素的集聚运动促进城市间的产业分工、分化和升级，渐进形成都市圈的中心—外围结构格局，反过来又会促进以人力资本为代表的创新要素的进一步分层和集聚。

作为本研究的案例区，武汉都市圈不仅是我国经济发展的核心区域，也是决定中国中部和长江经济带新常态下经济结构转型成败的重要战略支点。但与东部沿海省市相比，武汉都市圈创新要素空间集聚能力不仅有很大差距，也存在着区域间集聚严重失衡的特点，这严重制约了其他中小城市和欠发达地区的新型城镇化战略，也阻碍了区域创新能力的提升。在城镇化发展与经济发展转型、结构性改革的矛盾进一步加大的背景下，迫切需要回答新型城镇化的推进模式，如何与创新驱动有机结合共同发展等关键性问题。在供给侧结构性改革的背景下，要解决区域和要素投入结构不均衡的问题，必须通过创新驱动城镇化率和质量的提高，也需要以城镇化的新模式推进创新要素集聚的进一步融合，并形成创新集聚和都市圈发展的良性互动机制。

1.2.1　理论意义

城市作为社会—经济—资源要素复合系统，历来就是知识外溢和技术创新的中心，创新要素的集聚不仅有利于知识的传播，也有利于人口空间上的集聚，推动经济发展；城市的形成又进一步推动创新要素的集聚和区域创新能力的提升，这种双正向反馈，体现了内涵增长和长期内生动力。本书从理论上主要探讨以下方面。

（1）创新要素集聚的内生动力是否主要来自地方自身的资源禀赋，或者说是否资源禀赋的差异直接构成创新要素集聚能力的差异；（2）中心—外围城市创新要素空间集聚效应的差异性，以及中心城市在形成创新要素集聚过程中的效应验证；（3）基于都市圈的视角，搜索中小城市成为创新要素集聚地的形成机理，探讨中小城市成为创新要素集聚地的可能；（4）构建中心—外围城市创新要素的供给体系，建立协同机制。研究基于创新地理等理论，运用数理统计、空间面板数据模型、GIS、博弈论等方法，分析都市圈内城市间创新集聚的空间效应和协同机制，是对创新城市、都市圈理论的进一步探索。

1.2.2　应用意义

本书的应用价值体现在以下两方面。

（1）社会效益。在供给侧结构性改革的背景下，要解决区域和要素投入结构不均衡的问题，必须通过创新驱动提升中小城市的吸引力，以城市集聚推进创新要素集聚的进一步融合，并形成创新集聚和城市群都市圈的良性互动机制，这不仅有利于增添地方经济发展动力，也有利于增强人民群众的获得感，促进社会的公平正义，解决区域间发展的不平衡，城乡间的不协调性，充分调动广大干部群众的积极性，体现创新、协调、共享、开放的包容性发展。

（2）经济效益。在城市群和都市圈中，创新要素的集聚能有效调整产业和人口素质的结构，推进城市的进一步集聚；继而推动创新要素的集聚和创新能力的进一步提升，形成双正向反馈，两者的耦合协调对经济高质量增长具有长期的正面效应。因此，研究都市圈集聚扩散功能的演化，并量化分析引起这种效应的空间因素，特别是中心—外围城市、外围中小城市之间的创新要素集聚的空间效应，形成区域创新要素集聚的协同发展机制，提升区域创新要素的供给能力，具有极大的实践指导价值。

因此，本书旨在研究都市圈背景下创新要素集聚能力的提升路径，形成决策咨询建议，以期为省委、省政府及省科技厅制定与完善湖北省创新体制机制的具体政策提供科学依据，在武汉都市圈整合创新要素资源，营造优化各区域，特别是中小城市的创新环境，提升区域创新能力，为加快创新武汉都市圈建设提供模式借鉴和参考依据。

1.3 研究思路、方法与结构安排

1.3.1 研究思路

鉴于都市圈的空间效应与创新要素集聚和扩散的匹配性，本书的基本逻辑按以下展开。（1）建立创新要素集聚能力的评价体系，基于文献研究和比较分析，探索不同方法构建的评价指标，筛选出最优评价指标体系；（2）采用统计计量方法，分析武汉都市圈创新要素集聚的时间演化规律和空间分异性，搜寻中心城市和中小城市创新要素集聚和扩散运动的特征和规律；（3）运用空间面板模型，基于都市圈的视角，进行都市圈创新要素集聚的影响因素的实证研究，对不同影响因子的影响程度和效果进行剖析；

(4) 验证创新要素集聚的空间演进模式，并进行对比和效应分析；(5) 在以上分析的基础上，提出在现代化都市圈建设进程中，中心城市和中小城市创新要素集聚的空间协同机制。具体思路如下图 1-1 所示。

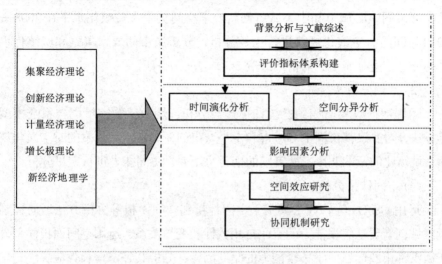

图 1-1　本文具体思路图

1.3.2 研究方法

鉴于创新要素集聚在现代化都市圈建设过程中的集聚形成运动，本书的基本思路又是从能力评价→演化差异：武汉都市圈中心城市与中小城市创新集聚的比较研究→创新要素集聚的动力分析→武汉都市圈创新要素集聚的空间协同，形成对策建议。具体研究方法如下。

(1) 文献研究法

通过各种渠道，包括官方统计数据、统计公报、政府发展报告、内部参考、年鉴等材料，对中国、湖北省以及武汉都市圈的城市化发展模式和创新环境等情况进行了解和分析。检索与新型城镇化和创新等相关国内外著作和文献，进一步明晰相关概念，初步筛选关键指标，总结国外、省外特别是东部沿海城市的发展经验，比较分析实现都市圈发展和创新要素集聚耦合协调发展存在的问题，搜寻实现的路径。目的：一是扩充理论知识，了解国内外对于这方面问题研究的现状；二是全面了解各方面的情况、各方观点，以便有针对性地进行分析研究；三是为有针对性地选取资料做准备。

（2）比较分析法

实地调研武汉都市圈9个城市（社会资本、技术项目合同数、地方比较优势、产业集聚、创新要素转移来源、城市发展现状及发展历程等）。对武汉都市圈中心城市和中小城市创新要素空间集聚和城镇化水平在2008—2018年间的时空演化规律进行比较分析，分析城市间要素集聚和城镇化水平的分异，搜寻城市间的协同效应。

（3）数理分析法

运用数据收集与归纳、统计描述与分析、熵值法、容量耦合系数模型等方法，对武汉都市圈中心城市和中小城市创新要素空间集聚的时空演化规律、城镇化质量的测度、两者间的耦合协调度、协同能力进行定量分析。

（4）空间计量分析法

运用 GeoDa 等软件工具基于空间计量和空间面板等分析方法，研究临近区域创新要素集聚能力的空间自相关性和变异关系，运用空间面板模型分析武汉都市圈创新要素集聚能力的驱动因素，分析其经济增长效应。

1.3.3 结构安排

在本书中定义创新要素是能够通过集聚、吸纳、反馈、融合、协同等作用机制，使区域整体创新能力得以提升，构成地区创新体系的所有主体、客体及环境的组合。本书以武汉都市圈为案例区，以都市圈创新要素集聚与城市化进程空间匹配协调发展作为研究对象。本书从创新人才因素等四个维度构建创新要素集聚能力的评价指标体系，在此基础上定量刻画武汉都市圈创新要素集聚能力的时空演化规律；基于都市圈创新空间的演化视角，构建都市圈发展质量的评价指标，计算都市圈城市的质量与区域创新要素集聚能力间的耦合度，搜寻都市圈下创新要素集聚能力的驱动机制，分析武汉都市圈协同创新能力和竞合关系，形成武汉都市圈创新要素集聚和新型城镇化的良性循环发展路径。按照此思路，本书分为以下部分。

第一部分，包含导论和文献综述。提出本书的缘起，背景和意义，概述研究内容和方法，并对创新要素集聚、创新要素空间分布、都市圈发展等国内外研究现状进行总结分析。从而对本书的研究情况、现状和存在的不足有个总体的框架和思路。

第二部分，都市圈创新空间、类型、格局与演化研究。都市圈是一个等级化的城市体系，都市圈的形成过程伴随着创新要素的集聚和扩散。本部分主要梳理都市圈发展的前世今生，再基于都市圈的基本概念、特征和空间形态，借鉴其他国家和城市的创新发展模式，总结都市圈创新要素集聚的形成机制，重点挖掘都市圈与创新要素协调发展的机理。

第三部分，创新要素集聚能力指数体系的构建和评价。创新要素的集聚多局限在一定地域空间内，受到空间范围和地理条件的限制。区域创新要素的集聚主要基于各微观创新主体的相互协作，大学是创新要素集聚和扩散的重要载体；科研机构是创新研发和技术传播的重要平台；企业是区域创新活动最主要的活动主体。因此，本书将基于要素吸纳能力、要素转化能力、要素反哺能力三个层面构建要素集聚能力的评价指标体系，创新要素集聚能力评价指标由下列 4 个分指标构成：人才要素、资本要素、平台因素和技术因素 4 个维度，共 18 个指标。运用因子分析定权法和熵值法确定每个层面指标的权重及其评价值，在此基础上对区域的创新要素集聚水平进行测度。首先，比较湖北省及中国内地其他省（市、区）的创新要素集聚能力的综合得分，科学判断湖北省的创新集聚能力地位；其次，比较武汉城市圈城市和省内城市创新要素集聚能力的时间序列变化趋势，同时测算并对照 2012 年和 2018 年期间武汉都市圈的创新要素集聚能力，比较中心城市和临近中小城市在时间和空间上的差异性，挖掘武汉都市圈内各个城市特有的资源禀赋和比较优势，搜寻创新要素集聚的一般规律。

第四部分，创新要素集聚与都市圈城镇化水平的耦合协调分析。首先，基于耦合协调理论，从基础要素、产业、空间和政府政策等角度分析创新要素集聚与新型城镇化的耦合形成机制。其次，基于武汉城市圈人口城镇化指标，比较湖北省和全国的人口城镇化水平，以及武汉城市圈内部城市的人口城镇化差异。重点考察武汉城市圈内部的联系强度和经济关联性。然后，通过指标建立原则选取科学的测度指标，从人口城镇化、经济城镇化、生活方式城镇化和空间城镇化四个维度，采用熵值法建立指标体系，计算新型城镇化的综合性指标。最后，通过物理学中的容量耦合系数模型方法，测度武汉城市圈城镇化水平和创新要素集聚的耦合协调度，观察武汉城市圈的城镇化水平和创新要素集聚的协调态势。

第五部分，武汉都市圈创新要素集聚能力的动力机制及空间效应研究。本章首先基于观点：区域要素的空间形态主要是由空间辐射效应、空间虹吸效应、空间协同效应和空间闭塞效应共同作用力导致的。采用空间相关检验方法检验创新要素集聚的全域空间特性和局部空间特性，去发现城市圈创新要素集聚能力的空间自相关性和空间集聚特征，以识别武汉都市圈内临近区域创新要素集聚能力的空间效应较量，以及城市间的空间协同困境。基于Furman 的国家创新能力理论，结合创新要素集聚能力的驱动因子、空间传导机制等文献梳理，认为创新要素的集聚不仅决定于地方要素禀赋，也受到外在控制变量的影响，本书采用 C–D（Cobb–Douglas）生产函数的改进形式，按照集聚理论的观点，要素在区域空间上往往呈现出临近黏性特征。再引入空间临近变量，采用空间杜宾面板模型实证分析，据此发现中心城市和临近中小城市创新要素集聚能力时空演化的主要动力因素。

第六部分，武汉城市圈协同创新能力研究。本部分首先指出本书所研究的协同创新是都市圈内部城市协同的创新（区域协同创新）。在理论分析基础上，采取社会动力学（DSS Dynamics）模型来重点考察动态过程中武汉城市圈内部城市之间的竞争合作关系，以比较中心城市和外围城市经济和社会发展上的竞合关系。同时，本书对武汉城市圈协同创新能力进行评价，基于三个维度：经济发展、科技创新和交流网络三方面内容来构建指标体系。采用了分阶段平均的计算方法和空间分析方法评价武汉城市圈的协同创新能力，以发现武汉城市圈内中心城市和中小城市的协同差异性。最后，基于实证分析，提出武汉城市圈协同创新能力提升的路径。

第七部分，本部分采用空间面板模型，从创新要素集聚能力的角度，通过这一包含了创新的投入和产出以及中间过程的综合评价指标，包含邻近要素，考量对经济增长的影响。创新要素集聚是推动武汉城市圈经济增长的源动力。武汉城市圈要经济的高质量发展，就必须推动创新要素集聚能力的提升。基于实证模型，提出创新要素集聚的政策建议。主要从加强中心—外围辐射机制建设、提升产业创新集聚能力、构建城市创新生态系统和优化制度环境等方面来展开。

第八部分，结论与展望。本部分主要是总结本书的基本研究结论，并提出有待将来进一步深入研究的问题。

1.4 研究特色与贡献

以下几个重点问题，既是本书的主要研究特色与贡献，亦是本书在研究过程中需要解决的难点问题。

（1）因城市之间各资源禀赋和比较优势的不同，如何客观科学地评价武汉都市圈中心城市和中小城市创新要素集聚能力，评价体系的构建应如何融入共性和差异性。

（2）都市圈的发展从要素驱动到创新驱动，从平面拓展到内涵增长，中心—外围创新要素的空间集聚效应如何变化，是否存在中心向外发展的集聚效应递减现象？外围中小城市在利用自身的资源禀赋提升创新要素的集聚外，如何吸引中心城市创新要素的流入，吸收机制如何设计？

（3）中心—外围城市、外围—外围城市之间的空间较量有何差别？这些均是制定都市圈建设模式和创新要素集聚提升路径上需要考虑的问题。

第2章 理论回顾与文献综述

2.1 理论基础

2.1.1 集聚经济理论

在古典政治经济学中，绝对利益学说、比较利益学说以及级差地租论均初步探讨了生产经营活动与区位的关系，这是区位经济理论的雏形。德国经济学家杜能是现代西方区位理论的先驱者，其在著述《孤立国同农业和国民经济的关系》中，发现运输成本影响农业选址，农业生产经营围绕中心城市呈向心环状分布。杜能首次将空间地理引入经济学领域，创立了农业区位论，成为集聚经济理论的奠基人。随着第二次工业革命的开启和垄断资本主义的发展，产业迁移和工业布局问题成为研究重点，研究热点由农业区位论转换为工业区位论。德国经济学家劳恩哈特（W.Launhardt）利用微积分、几何学，运用网络结点分析法解构了工商业分布的影响因素，发现运输成本依然是影响工业企业区位选择的关键要素。可以发现，杜能、劳恩哈特等学者在早期研究集聚经济成因时，主要关注空间距离形成的运输成本，对区域内吸引企业集聚的生产要素缺乏关注。

在前人研究基础上，德国经济学家韦伯著述了《工业区位论》，对区位理论进行了严谨论述，将影响工业区位的因素分为区域性因素和集聚因素。区域性因素主要回答工业如何在区域布局，主要有运输成本、地租和基础设施等。集聚因素主要回答在工业区域内企业集中的原因，主要有生产要素集聚、劳动力成本等。由此，运输成本、劳动力成本、集聚因素等成为韦伯集聚经济理论的基础。相比杜能、劳恩哈特等，韦伯在分析运输成本的基础上，进一步分析了劳动成本及集聚因素等，但依然忽略了技术因素。后续学者也进一步拓展了韦伯的工业区位论。1948年，美国经济学家胡佛提出了运输区位论，并将其应用到多个产业中，同时细化了韦伯的工业区位论中的运输成本因素和不同层次的规模经济。1940 年，廖什将市场需求作为空间变量纳入区位理论研究中，分析市场区位体系和工业企业最大利润的区位，解释了区域存在的缘由，界定了依赖于运输成本、市场区和规模经济的节点区，形成了市场区位理论，丰富了区位理论的研究内涵。

熊彼特在阐述商业周期时，首次将技术创新与产业集聚相结合研究，认为技术创新的产业集聚和增长的非同期性是促成商业周期性发展的主要因素。熊彼特认为创新与产业集聚存在互动，创新依赖于产业集聚，产业集聚推动了创新。同时，还认为创新具有集聚特征，而不是孤立事件。

西方经济学中关于集聚经济的理论为要素集聚理论形成和发展奠定了基础，集聚经济理论从企业、产业及区域三个维度探讨了集聚经济的来源（Lall et al.，2004）。随着研究的深入，Weber（1929）、Greenhut（1975）在探讨集聚经济来源时，发现生产要素集聚对工业发展和集聚具有重要作用。集聚经济的成因逐渐被揭开，要素集聚成为企业、产业集聚形成的基础。

2.1.2 创新体系理论

1911 年，熊彼特在其著述的《经济发展理论》中首次提出了创新的概念，把创新和生产函数相结合。1956 年，在"创新"概念基础上，诺贝尔经济学奖得主索罗构建新古典经济增长模型，提出了"技术创新"。Freeman（1982）对"技术创新"进行了规范化的界定，认为技术创新是新产品、新服务和新系统首次商业化。傅家骥（1998）对"技术创新"也给出了类似的定义，认为技术创新是企业在调整生产经营系统后，优化生产效率、降低生产成本进而开拓新市场而获得利润的过程。

1986 年，罗默构建了收益递增的增长模型，视技术进步为经济的内生变量，认为经济增长的原动力是知识积累。知识作为内生的独立因素不仅可以使知识要素本身产生递增收益，而且使资本、劳动力等要素的收益递增。根据新增长理论，各个国家经济发展水平的差异主要在于技术水平的不同。那么国家要发展经济，就必须提高技术水平。如何提高技术水平以推动国家经济发展，开启了国家创新系统的探索。不同于熊彼特将创新研究视为单个企业内部的技术过程呈"线性范式"，后续学者为了降低创新活动的不确定性因素，将创新研究的焦点从企业内部转移到外部环境。1998 年，阿歇姆利用网络范式研究了企业技术创新。

"网络范式"应用在国家层面，形成了"国家创新系统"理论。随着区域经济一体化的发展，区域成为实际意义上的经济利益体，关键的商业网络集聚于区域范围内。Baptista 和 Swann（1998）研究发现地理邻近带来的文化认同、相互信任等因素支撑并强化了区域创新网络，且地方化的创新网络较跨国技术联盟的生命力更强。当创新系统由企业拓展到区域，使得创新与集聚的研究开始结合（Rosefield，1997；Asheim，2002）。国内学者黄鲁成（2000）、顾新（2001）、邹再进（2006）等也对区域创新系统进行了定义。黄鲁成（2000）认为，区域创新体系是在特定经济区域内的主体要素、非主体要素、协调各要素之间关系的制度和政策网络。顾新（2001）认为，区域创新体系是指将新的经济发展要素或要素新组合引入区域经济体系，创造效率更高、功能更新的资源配置方式，从而提高了区域经济资源使用效率和区域创新能力，加速了产业升级，形成并强化了区域竞争优势，促使区域经济实现跨越式发展。邹再进（2006）认为，区域创新体系是指在一定的行政区域内，具有关联关系的各创新主体以各种创新资源为依靠，借助创新支撑条件，利用制度、组织等多种创新手段，建立有助于推动知识创造、技术创新、技术扩散和知识应用的社会经济网络系统。

要素市场的开放性、流动性为区域创新系统的产生与发展提供了基础，并促进了区域要素集聚。创新系统论是建立在地理学和经济学基础上的，认为具有邻近性的相互关联的企业、高校和科研机构等构成的区域性创新主体能支持并产生创新（Cooke，1996）。创新资源要素在经济区域、产业和企业等不同层面的集聚就会形成创新资源要素集聚（丁宁，2010）。

2.1.3 空间效应理论

瑞典地理学家哈格斯特朗从20世纪40年代开始研究创新技术的时空扩散过程及特征，发现需求者对新技术的应用过程推动了创新技术的时空扩散，这奠定了空间效应的理论基础。不同于哈格斯特朗的技术扩散"采用观"，Carlstein（1978）拓展了技术扩散的研究，认为技术扩散的过程中技术创新相关的资源要素的投入起着重要作用。Brown 和 Lentnek（1973）在研究技术扩散的途径与形式时，发现交通运输能力等基础设施条件对技术扩散产生重要影响。Davies（1979）也认为在技术扩散的过程中，资源要素的空间配置对技术扩散路径产生重要作用。早期的空间效应围绕创新技术空间扩散的路径及其影响因素进行研究，典型观点主要有：采用观和基础设施观。根据采用观，技术扩散由采用机制主导，创新信息的有效流动和积累是技术扩散的推动因素（Hagerstrand，1967）。根据基础设施观，技术扩散由资源、市场等主导（Brown 和 Lentnek，1973）。

20 世纪 90 年代起，新经济地理学、创新系统学的兴起推动了空间溢出效应的相关研究（Nelson，1993）。Jaffe（1989）构建生产函数模型，对空间溢出效应进行了实证研究，发现技术发达地区的地理邻近对创新技术的空间扩散产生关键作用，其他地区技术的空间溢出效应不明显。但是空间溢出效应有条件限制，地理上的邻近更便于创新技术的扩散（Jaffe et al.，1993），同一产业内部的企业之间更便于创新技术的扩散（Adams 和 Jaffe，1996）。地理邻近与空间溢出相互作用，地理邻近是空间溢出发挥作用的条件，而空间溢出会反过来会推动创新在地理空间上集聚（Audretsch 和 Feldman，1996）。Anselin et al.（1997）运用知识生产函数、空间计量经济，探讨了高校、产业技术创新之间的空间效应，发现高校与产业技术创新之间存在显著的空间溢出效应。除了空间邻近，Keller（2002）进一步发现本地化是空间溢出效应产生作用的重要条件。

进入 21 世纪后，空间溢出效应逐渐嵌入集聚的研究背景。Fritsch 等人（2004）以不同地区制造业企业为研究对象，对空间溢出效应进行了深入剖析，发现产业内部、区域内公共机构的技术创新存在空间溢出效应。即使是企业之间、企业与科研机构之间在技术创新方面的合作研发也难以取代区域内技术创新的空间溢出效应（Fritsch 和 Franke，2004）。相比外部企业，集群中的企业更容易获得技术创新的空间溢出效应（Gilbert et al.，2008），其原因在于集群内可获取免费的技术与信息（Lee，2009）。

2.2 文献综述

为了把握主题的研究脉络，我们需要对本书所涉及的创新要素集聚、创新要素空间分布、都市圈发展等的国内外研究现状进行总结分析。

2.2.1 要素集聚研究

要素有丰富的意义和内涵，在自然科学、思维科学与社会科学中被广泛应用。根据汉典、刘耀林（2007）的定义，要素是指构成一个客观事物的存在并维持其运动的必要的最小单位，是构成事物必不可少的现象，又是组成系统的基本单元，是系统产生、变化、发展的动因。在经济学领域中，要素通常是指社会生产经营活动所必须具备的基本因素或条件。根据不同的划分标准，可以分为经济要素、生产要素、创新要素、发展要素等（齐亚伟，2012；方远平和谢蔓，2012；徐晔和陶长琪，2016）。本书根据研究需要，将要素限定在创新要素的范围内。人才、技术、资本是西方经济理论中典型的创新要素。

早在1815年法国经济学家萨伊著述的《政治经济学概论》中提出，产品的价值和效用是由劳动、资本和资源所协同创造。随着对社会经济的长期观察与研究，学者们逐渐发现技术作为生产要素的重要性。美国经济学家索洛于1956年2月发表的《对增长理论的贡献》认为资本和劳动是可以相互替代的，二者是推动经济增长的重要因素，1957年8月发表的《技术变化与总生产函数》中进一步指出，除了劳动、资本，技术进步对经济增长具有重要贡献。

在社会科学领域，学者们多从企业或产业视角分析集聚，当前学界对要素集聚尚未形成一致的定义，为此，我们通过阐述现有学者最具代表性的观点，可以探析出要素集聚的特征。工业区位经济学家 Weber（1909）最早提出了集聚经济的概念，认为集聚的产生要么源于"市场集中"，要么源于"空间集中"。在"市场集中"中，由于经营规模不断扩大而产生了生产集聚；在"空间集中"中，由于企业间相互协作、专业化分工、共享服务和基础设施而形成集聚。Fujita（2003）开启了新经济地理学，认为集聚是指若干相互关联经济活动的集中。米娟（2008）认为要素集聚是指各生产要素在空间范围内由扩散走向集中的趋势和过程，具有空间性、规模性和外部性的特征。范云芳（2009）区分要素集聚的狭义定义和广义定义，狭义的要素集聚是指生产要素在地理空间上由一个区域流向另一个区域并形成集中的态势，广义的要素集聚是指资本、技术、劳动力、制度等经济要素在某一国家或某一地区经济社会的发展过程中相互关联、分工合作的过程，广义的要素集聚具有非均衡性、动态性、多样化等特征。李胜会和李红锦（2010）认为要素集聚是集聚的基本层面，从时间维度和空间维度上阐述了要素集聚的形态。在时间维度上，劳动力、资本、技术和制度的量变和质变是随着时间的推移而逐渐呈现出来的；在空间维度上，劳动力和资本的空间地理集中、技术的创新效应和制度变化等是要素积累的表征。

2.2.2 创新要素集聚的含义与特征

熊彼特是"创新理论"的创始人，不同于技术发明与革新的技术概念，认为创新是将生产要素与生产条件的"新组合"导入生产体系以形成新的生产函数（熊彼特，1912）。除了首次提出了创新的经济概念，熊彼特也最先发现创新存在时间、产业方面的"扩散"特征。在时间方面，熊彼特认为创新会引起竞争对手模仿，企业创新投资增加激活了经济繁荣，创新由单一企业向多企业、跨行业扩散后，企业的超额利润消失，经济呈衰退趋势，新的创新又会激发新一轮的经济周期更迭。在产业结构方面，熊彼特发现创新往往出现在某一产业或与之相邻的产业之间。熊彼特将创新与经济周期相结合，阐述了创新在时间维度上的集聚。

在此基础上，马歇尔（1897）发现了创新集聚的雏形。企业集聚吸引了周边供应商，带动了劳动力市场的繁荣，这为知识外溢提供了客观的经济条件（马歇尔，1897）。波特（1990）在探讨技术创新、产业集群与竞争优势三者之间的关系时，提到了创新积累与创新集中的概念。Amin 和 Robins（1990）也发现，研发创新往往为有实力的大型跨国集团实施，研发创新成果会在特定的区域内集中。Cooke（1992）从系统视角，认为企业、科研机构和教育机构等创新主体在地区经济中分工、合作，构成了区域创新系统。除了阐述区域创新系统，还认为创新必须具备特殊的环境和特殊的交互学习方式，创新过程的这种独特性难以被模仿，创新具有地理集聚的特征（Cooke，1996）。而 Dupuy 等人（1995）则认为，区域创新系统主体不仅包括企业、科研机构和教育机构，还包括个体参与者，区域创新系统的各主体之间存在互动，但创新主体之间的互动受到地理距离的影响，较远的地理距离弱化了创新主体之间的知识传播，这凸显了创新资源要素集聚的重要意义。

围绕区域创新系统，Anderson 等人（2002）认为区域创新系统的核心要素是因产业集群而形成。Malmberg 和 Maskell（2002）在实证分析区域创新系统要素之间的关系时，发现区域创新要素呈协同发展态势。协同创新往往要求创新主体的研发活动具有持续性，这强化了创新要素的专业化分工与合作，随着时间的推移，逐渐在特定的区域内形成创新要素集聚（Simmie，2005）。不同于创新要素的简单堆砌，创新要素集聚是指在地理区位集中的基础上，创新资源要素之间存在着相互关联、彼此依存，且协同发展的作用机制（Fritsch 和 Franke，2004）。国内也有学者对创新资源要素集聚进行了界定，认为人才、资本、知识技能等创新要素在特定地理空间的自由组合积累，创新资源要素积累由量变向质变转化的过程就是创新资源要素集聚（任森，2008）。

2.2.3 关于创新资源要素集聚的计量

（一）空间相关性计量模型

空间相关性是用来衡量特定经济行为与区位因素之间的关联性，正的空间相关性意味着邻近区域的特定经济行为变量在空间上具有集聚态势。探索性空间数据分析综合运用统计学、现代图形计算等方法，直观呈现了空间数据中隐含的集聚、分散和随机的空间分布特征。探索性空间数据分析为计量创新资源要素集聚提供了分析工具，代表性的方法主要有基于全域空间相关性的 Moran's I 指数法（Moran，1950）和 Geary's C 指数法（Geary，1954）。

Anselin（1995）在 Moran（1950）的基础上，开发了局部 Moran 指数。Getis 和 Ord（1992）在 Geary（1954）的基础上开发了 Geary's C 指数的局部聚类检验，即 G_i 指数。Berliant and Fujita（2008）构建了两区域动态知识关联的"TP 模型"，该模型刻画了两个地区之间知识创新、创新扩散及创新的空间集聚，为计量创新资源要素集聚奠定了基础。在此基础上，胡建团（2018）进一步加入了"2 要素"（即工人要素和知识分子要素）和"3 部门"（传统部门、知识创新部门和制造业部门），构建了基于 TP 模型的创新集聚模型，动态呈现了创新集聚和制造业集聚的成因。

（二）创新资源要素集聚计量方法

目前创新资源要素集聚的计量主要方法有：区位熵（LQ）、水平集聚区位熵（HCLQ）、区域基尼系数（LGC）、Herfindahl-Hirschman 指数（HHI）、Ellison-Glaeser 地理集中度指数（EGGCI）和地理集中指数（GCI）。国内学者主要基于这些方法构建创新要素集聚指标体系，并结合因子分析法、主成分分析法、熵权法等相关方法计量创新资源要素集聚。

王玉荣等（2012）借鉴 Herfindahl-Hirschman 指数测量了风险资本集聚程度。$HHI = \sum_{i=1}^{n}(\frac{p_i}{P})$，其中，$P_i$ 为某一区域中某一行业的风险投资额，P 为该区域的风险投资总额。Herfindahl-Hirschman 指数的取值范围在 0 到 1 之间，该指数值越小，表示区域的风险资本集聚程度越低；该指数值越大，表示区域的风险资本集聚程度越高。

周浩（2014）、赖一飞等（2016）以资本、人力和技术为核心要素构建"中三角"省份市域创新全要素集聚程度评价指标体系，并对相关指标进行主成分分析，确定指标权重，计算出综合集聚指标。江永珍（2014）以要素集聚吸纳能力、要素集聚转化能力和要素集聚反哺能力为核心要素构建区域企业创新要素集聚能力评价指标体系，并运用主成分分析法计算出区域企业创新要素集聚能力综合评价值。池仁勇等（2014）以人才、资金、技术及研发为核心要素构建浙江中小企业创新要素集聚评价指标体系，并应用主成分分析法测量浙江地区中小企业创新要素集聚程度。冯南平等（2016）以人才、资金和技术为核心要素构建创新要素集聚水平评价指标体系，并用因子分析法对各区域创新要素集聚水平进行评价。

叶小岭等（2012）以人才、资金、技术、管理、政策和公共服务为核心要素构建江苏大中型工业企业创新要素集聚评价指标体系，并应用相对熵原理的组合赋权法测量江苏大中型工业企业创新要素集聚程度。范新英和张所地（2018）以人才、资金和技术为核心指标构建城市创新要素集聚指标体系，并运用熵权法将三个核心指标体系各自综合为一个指标，形成创新人才集聚度、创新资金集聚度和创新技术集聚度。杨博旭等（2020）以人才、资金及技术为核心要素构建区域创新要素集聚水平评价指标体系，并应用熵值法测量区域创新要素集聚水平。周元元和冯南平（2015）、周杰文等（2018）、郭金花和郭淑芬（2020）以研发人才、研发经费支出为创新要素指标，应用区位熵方法来分别描述人才、资金等创新要素的集聚水平。$RDP_i = \dfrac{q_i/q_j}{Q_i/Q_j}$，$i$ 为第 i 个区域，RDP_i 为区域 i 的研发人员集聚度，q_i 为区域 i 的研发人员数量，q_j 为区域 i 的就业人员数量，Q_i 为全国研发人员数量，Q_j 为全国就业人员数量。类似的研发经费集聚度也可以通过区域研发经费支出、区域生产总值、全国研发经费支出和国内生产总值来构造。

王奋和韩伯棠（2006）构建了科技人才集聚指数 AI 模型，$AI = \ln(HR_{st}) \cdot \ln(HR_{st}/Population)$，其中，$HR_{st}$ 为区域人力资源规模，$Population$ 为区域人口规模。在王奋和韩伯棠（2006）的 AI 模型基础上，童纪新和李菲（2015）将 AI 模型推广到创新要素集聚程度模型，具体为：$AI(C_{ij}) = \ln(C_i) \cdot \ln(C_{ij}/C_i)$，$AI(C_{ij})$ 为区域某一创新要素的集聚指数，C_{ij} 为区域某个创新要素的存在规模，C_i 为区域某要素的总规模。

廖诺等（2016）、张所地等（2019）运用大专及以上学历就业人员与总就业人员的比值计算人才集聚度。范新英和张所地（2018）构建了创新集聚强度指标，用城市每平方公里专利授权量来衡量。

修国义等（2017）从规模、强度和均衡度 3 个维度来衡量中国区域科技人才集聚。科技人才集聚规模（S_j）用区域科技人才占全国的比重来表示，科技人才集聚强度（I_j）用区域内科技人才占人口总数的比重来表示，科技人才集聚均衡度（E_j）运用区位熵指数，$E_j = \sum\limits_{j=1}^{n} S_j \ln \dfrac{1}{S_j}$。

2.2.4 要素集聚的动力和创新资源要素集聚的影响因素

（一）要素集聚的动力

根据资源要素禀赋理论，资源要素禀赋决定了各区域的比较优势，自然资源产地的不均衡往往会导致经济生产要素在地理空间的布局不均衡，最优产业结构由要素禀赋结构决定，有资源禀赋的地区往往会形成生产要素的集聚。产业集聚是经济要素在空间地理分布映射在产业上的表征，作为工业区位论首创者的韦伯发现费用最小点就是最佳区位点，各经济要素遵循最小费用原则而相互作用形成了产业集聚态势。后续学者的理论也遵循最小费用原则，比如 Krugman（1991）通过构建多区位模型，发现最小距离切割了两个邻近的集聚区域。

除了先天的资源要素禀赋，后天的"市场创造"也有可能形成要素集聚。传统国际贸易理论仅研究完全市场竞争结构下产业间贸易，忽略了企业，新国际贸易理论深入分析不完全市场竞争结构和企业规模经济。1977年迪克希特和斯蒂格利茨构建了 D—S 模型，在基于不完全市场竞争条件下探讨企业生产规模与消费者需求的关系，发现企业规模报酬递增导致企业倾向于扩大再生产。克鲁格曼在 D—S 模型的基础上，运用垄断竞争分析法，建立了规模经济理论，认为贸易更可能是获取规模经济、扩大市场的途径。Kim（1995）通过研究中美产业发展差异，发现规模经济理论可以有效解释产业集聚的形成原因。Midelfart（2001）通过构建地理集中模型，分析产业区位选择的成因，发现除了资源要素禀赋外，规模经济、成本费用是形成产业区位选择的关键诱因。Fujita 和 Mori（2005）等的研究也认为规模报酬递增是驱动产业集聚的核心力量。

有关经济活动的空间集聚成因，新经济地理学在继承新国际贸易理论的基础上有了进一步的突破。在继承方面，新经济地理学也认为运输成本、规模报酬递增影响经济要素空间集聚，认为企业生产经营的选址往往会定位在市场规模较大的地方，市场规模越大使得企业的规模经济效应更为显著，由此吸引的关联企业越多，导致企业产生集聚形态，在地理上形成"核心—边缘"结构（Puga, 1999）。在发展方面，新经济地理学认为产业联系、市场外部性影响经济要素空间集聚，多数企业或要素在特定地理空间的过度集聚会导致地价上涨，扩大企业对资源和市场的争夺，促使市场和资源的空间分布向对称均衡方向发展（Henderson, 1974; Fujita et al., 1999）。后续研究新经济地理学和空间经济学的学者还发现政府政策、技术进步是推动要素集聚的重要原因。金煜等（2005）构建了新经济地理学分析框架，实证检验了中国产业集聚的动力，结果发现区域经济政策是促使地区产业布局调整的关键原因。陈建军和胡晨光（2008）认为区域技术进步促使索洛剩余递增，索洛剩余递增构成了区域产业集聚循环积累的集聚力。

总体来看，各学派的理论侧重点不同。事实上，要素内核集聚发展还是扩散，主要取决于要素的向心力和离心力的力量大小，二者的博弈均衡决定了经济活动空间演化趋势（Baldwin et al.，2001）。

（二）创新资源要素集聚的影响因素

（1）基于技术驱动的创新资源要素集聚

Fujita 和 Berliant（2007）构建知识创新与扩散的动态模型以探析经济集聚的动因，发现知识溢出与经济集聚关联度较高。同一区域内的知识基础为市场主体创新奠定了基础（Cooke，2005），知识在集群内、集群间的流动引发了越来越多的关注（Bathelt，2004），知识观甚至认为集群的竞争优势来源于特殊知识基础（Allison et al.，2008）。解学梅（2013）、Miguelez 和 Moreno（2015）也认为创新资源集聚的主要动力来源于技术创新，具体形式主要体现在技术外溢、研发人才引入、研发配套支撑能力的保障与支持、非正式的知识交流与互动等。Gereffi 和 Memedovic（2003）在研究发展中国家企业集群时，指出发展中国家的集群企业中那些已经嵌入全球价值链的接近产业链中高端的主导企业可以为群内其他企业提供成长资源和附加值，弥补了群内企业的知识短板。Owen-Smith 和 Powell（2004）发现，集群企业通过跨区域网络学习可以获得外部新知识，为集群培育新动能，避免"静态优势刚性"，从而促进集群企业进一步发展。Tsvetkova 等人（2014）研究了美国区域创新对企业退出可能性的影响，发现区域知识溢出降低了企业创新风险，吸引了企业集聚。

（2）基于资本流动驱动的创新资源要素集聚

外资在宏观上促进东道国贸易发展、技术进步和管理效率提升等方面的作用已经得到了普遍认可（Birkinshaw，2000；Gugler 和 Brunner，2007），外资会通过外资部门溢出、产业链扩张、资金吸引等方式加快了东道国区域经济增长（范言慧和段军山，2003）。金融发展为区域实体经济提供了专业化、规范化的金融服务，并利用金融机构的经济性、资金规模和空间外部性，优化金融创新服务体系，实现了金融发展的空间集聚与区域实体经济相互影响、互为发展动力（Goldsmith，1969）。King 和 Levine（1993）通过分析金融发展的影响效应，发现金融发展有助于提升技术创新水平，进而推动资本积累和区域经济发展。Beck 等人（1999）、Nourzad（2002）和张秀艳等人（2019）研究了金融发展与区域经济增长的关系，发现金融发展有助于提升全要素生产率。Levine（2004）的研究也发现金融体系的健全有助于缓解企业扩张时的融资约束。

随着金融发展，金融机构服务功能的建立健全促进了研发资金在区域流动频率的提升（王曙光，2013）。区域金融机构的增多，金融机构之间的竞争加剧降低了企业融资成本、提升了金融服务，强化了区域技术吸收能力，加速了关联企业的技术扩散，进而提升了区域技术创新能力（董昕等，2015）。张所地等人（2019）以中国 18 个都市圈中心城市为研究对象，运用熵值法和随机效用模型分析人才集聚的影响因素，发现中心城市经济势能、创新投入和不动产结构对推动人才集聚度存在异质性，创新投入对人才集聚度的积极作用最弱，经济势能对人才集聚度的积极作用最强。Antonietti 和 Cainelli（2011）认为城市化促进了研发资本集聚，进而提升了创新水平。Yoshimi（2015）运用空间动力学分析了曼谷都市圈的工业发展，发现外国直接投资促进了工业园区建设和汽车工业的地域扩张，进而推动了区域经济发展。

Yoshimi（2015）运用空间动力学分析了曼谷都市圈的工业发展，发现外国直接投资促进了工业园区建设和汽车工业的地域扩张，进而推动了区域经济发展。

（3）基于人才驱动的创新资源要素集聚

创新的根本在人才，拥有创新人才是各区域创新活动开展的重要战略资源（郭金华和郭淑芬，2020）。Mitze 和 Schmidt（2015）研究了区域劳动力市场和集聚经济之间的关系，发现集聚经济是吸引流动劳动力的渠道。在一定的区域内，创新人才之间的交流和互动，降低了创新风险，提升了创新效率和创新成果转化率（刘晔等，2019）。当区域内的创新人才集聚由量变形成质变后，创新主体会大幅增加，这会吸引新的创新要素在创新人才中心或人才高地配置，对区域内及周边邻近空间产生创新资源溢出效应（徐斌和罗文，2020）。创新人才集聚弱化了技术、知识传播的时空障碍，强化了区域内创新主体之间的知识、技术共享以及学习交流，这有助于区域内知识、技术的外溢（Duranton 和 Puga，2003；Ning et al.，2016）。

市场、政府是资源要素配置的主要方式，对创新人才优化配置产生重要影响（郑尚植和赵雪，2020）。市场引导创新人才向效率高、效益好的地区集聚与配置（卓乘风和邓峰，2017），并进一步推动资本、技术等创新要素集聚以推动区域创新能力的提升。政府通过实施财政科技投入与补贴，为区域创新人才集聚提供优越的待遇与创新奖励（Brautzsch et al.，2015；叶松祥和刘敬，2018）。人才集聚会产生集聚效应，促进区域产业结构优化升级和集聚，为创新人才提供了更好的发展机会和空间，进而又吸引了更多人才集聚（Marshall，赵青霞等，2019）。Nicholas（1972）、Henderson（1974）、孙健和尤雯（2008）、范剑勇（2006）等人的研究也发现，产业集聚与人才集聚存在良性互动，人才集聚形成的知识溢出有利于形成产业集聚，而产业集聚为资金、技术等创新要素资源集聚创造了良好环境。

（4）基于经济效益驱动的创新资源要素集聚

在集聚经济区域内，企业就近共享基础设施、专用技术和人才市场等，扩大了规模经济、范围经济和学习效应（Porter et al.，2001），这降低了创新主体的创新成本，提升了资源利用效率，增加了创新绩效。创新主体之间的合作强度与集群绩效之间密切相关，当合作强度达到一定的门槛时，集群绩效才显现，对集群的推动作用才更大（Broekel，2012）。刘和东（2013）以中国大陆省级行政区为研究对象，运用面板协整计量模型，分析国内市场规模与创新要素集聚的虹吸效应，研究发现虹吸效应驱动创新人才集聚，且创新要素集聚与国内市场规模存在互为因果的关系。Yang 和 Huang（2018）研究了集聚与研发活动的关系，发现空间集聚、研发集聚降低了研发成本，进而促进了企业技术创新。

（5）产业集聚驱动创新要素集聚

熊彼特探讨了产业集聚与区域创新之间的关系，认为产业集聚推动了区域创新，产业集聚是影响区域创新的关键要素，产业集聚与区域创新相互作用、共同促进区域经济发展（黄曼慧和黄燕，2003）。知识溢出降低了创新成本，这对创新活动的开展至关重要（Audretsch 和 Feldman，1996；Lawson 和 Lorenz，1999）。产业集聚正好为知识溢出和技术溢出提供了创新环境，有助于新知识、新技术在经济集聚区域内快速扩散和共享（Duranton 和 Puga，2000）。同时，产业集聚区域内创新主体间可以形成多种知识互补，也有助于知识和技术的共享与传播（Feldman 和 Audretsch，1999）。Fosfuri 和 Ronde（2004）通过建立累计创新模型，理论性地分析了技术溢出与集聚区域内企业间人才流动之间的传导机理。程浩（2015）也发现产业集聚不仅降低了技术创新的传递成本，而且强化了产学研之间的协同创新，有助于集群内共生技术的集成创新。孙健和尤雯（2008）以中国大陆除西藏外的省级行政区为研究对象，分析产业集聚与人才集聚之间的关系，发现产业集聚推动了人才集聚，而人才集聚进一步促进了产业集聚。

Park 和 Kim（2016）认为主导产业、集聚经济对创新有积极作用。Wersching（2006）基于仿真模型分析了创新、企业经济绩效和产业集聚之间的关系，发现创新主体之间的互动促进了知识、技术共享和扩散，这有助于推动区域创新，尤其是有集聚动力的地理位置邻近的区域。Croce 等人（2015）发现产业集聚促进了知识溢出，进而推动了区域创新水平的提升。Chen 和 Li（2011）研究了产业结构变化对都市圈经济增长的影响，结果发现都市圈是区域发展的趋势之一，产业转移促进了都市圈经济发展。姚战琪（2020）采用门槛回归模型、地理空间权重矩阵和 GMM 模型分析了产业集聚与创新之间的关系，发现当研发资本存量达到一定水平时，制造业集聚、制造业与知识密集型服务业协同集聚对创新具有积极作用。Angelo 等人（2020）以意大利为研究对象，分析城市化、产业集聚、区域经济与创新创业的关系，实证结果发现产业集聚为创新创业、城市发展提供了支持。

（6）环境驱动创新资源要素集聚

Gomes 和 Silva（2012）基于关联性视角，发现文化背景影响了创新集群的发展演化。Tsvetkova 等人（2020）研究了创新环境对区域企业创新的影响，发现非专利企业通过间接效应、专利企业通过直接效应从区域知识共享中获益，进而促进区域企业创新水平提升。曾建丽等（2020）以雄安区为研究对象，通过构建共生演化模型探讨了区域创新环境与科技人才集聚的关系，博弈推动发现区域创新环境改善推动了科技人才集聚，而科技人才集聚对改善区域创新环境也有积极作用。李光龙和江鑫（2020）以长三角城市群41个城市为研究对象，运用二次函数模型，探讨绿色发展、人才集聚与城市创新力之间的关系，发现城市绿色发展促进了高素质创新型人才集聚，高新技术人才集聚在绿色发展与城市创新能力之间具有中介作用。苏楚和杜宽旗（2018）以江苏省为研究对象，运用灰色关联度、空间计量模型分析研发人才集聚的影响因素，研究发现良好的社会保障、宜居环境促进了地区研发人才集聚。李光红等（2013）通过构建人才与组织博弈的演化模型，动态分析了人才集聚的形成过程，推导发现激励措施、机会成本和人才努力程度是推动人才集聚的关键要素。

杨思莹和李政（2020）运用双重差分模型和空间面板计量模型，分析了高铁开通对区域创新空间格局的影响，发现高铁开通会促进高铁城市高素质人才、投资要素集聚，促进城市创新水平提升。Song 等人（2012）以首尔为研究对象，分析了交通便利性对产业集聚的影响，发现交通网络的便利性提高了产业集聚度。Franz 和 Michaela（2013）以维也纳都市圈为研究对象，分析了大都市区域创新影响因素，结果发现良好的交通和通信设施、具有丰富知识的科研机构和高校、商业服务等都推动了都市圈创新。也有学者认为基础设施建设对创新集聚没有起积极作用，Dieperink 和 Nijkamp（1988）以荷兰为研究对象，探讨了创新行为、集聚经济和研发基础设施之间的关系，发现研发基础设施对企业创新并没有起较大作用，在大城市集聚的工业企业并不意味着其创新效率更高，相反，在郊区、中等规模的城镇提供了更有利的创新潜力。

(7) 政府政策驱动创新资源要素集聚

良好的创新环境便于创新知识和资源的整合，但也需要国家政策的支持（Feeney，2009）。政府是市场资源的调配者，对区域创新主体、创新资源要素集聚发挥重要作用。首先，政府通过财政拨款、税收优惠等对企业技术创新传递支持信号，降低了企业、高校、科研机构的技术创新成本，吸引了人才流入（李苗和刘启雷，2019）。其次，政府通过有针对性地制定激励创新的政策、机制和体制，为创新提供了良好的环境，有助于加速区域内知识和技术的扩散与共享，提供了创新要素集聚的利用效率（刘志迎和周会云，2019）。比如，Isenberg（2011）认为良好的政策、有益的创新文化和研发经费的可获得性是创新活动开展的保障。最后，市场机制既不提供公共物品，也不能够解决外部性问题，政府的适度干预弥补了市场机制的不足（Szczy-gielski et al.，2017）。郭金花和郭淑芬（2020）以中国省域面板数据为研究对象，运用杜宾模型和面板门槛模型分析政府、市场对创新人才集聚与全要素生产率的调节作用发现，市场化水平越高，创新人才集聚对全要素生产率的促进作用越明显，而合理区间内的政府研发支持能强化高校、科研机构创新人才集聚对 TFP 增长的促进作用，而超过合理范围的政府研发支持会弱化其正向调节作用。

也有学者从网络视角，比如唐朝永和牛冲槐（2017）以太原国家高新技术产业开发区为研究对象，运用中介效应检验模型，分析了协同创新网络与人才集聚的关系，发现协同创新网络对人才集聚效应有显著正向影响。Engel 和 Del-Palacio（2009）也认为网络关系推动了创新集群的发展。还有学者从综合视角出发，比如 Best（2001）直接将技术多样化、知识外溢、集中专业化等因素的共同作用导致了创新集聚的演化发展。陈昭锋（2016）以长江经济带为研究对象，案例研究了长江经济带典型城市促进人才集聚的政府作用，发现人才政策、人才计划、城市创新创业生态优化、顶层设计等政府作为正逐步推动长江经济带城市人才集聚。姚凯和寸守栋（2019）以东部（北京、上海为代表）、中部（河南、湖北和湖南为代表）、西部（陕西、四川和重庆为代表）为研究对象，运用区位熵和回归分析探讨区域辐射中心人才集聚指数与辐射力之间的关系，研究发现科技创新、金融服务、人才政策与人才集聚指数显著，呈正相关。Edward 等人（2010）、David 和 Ann（2006）、Delgado 等人（2010）认为区域集群内的创业主体由量变实现质变后，有助于激活创业主体的创新意识，营造优异的创新环境，促进企业创新，进而促进创新集聚发展。

2.2.5 关于创新资源要素集聚的经济后果

（一）创新要素集聚对创新主体的影响

创新知识和创新技术的扩散与共享为特定空间的企业研发活动提供了支持，协同创新加速了新知识和新技术的外溢，协同创新是开展研发活动的重要条件，相比企业分散在多数区域，企业在少数区域内集聚会产生更多的创新成果（James，2005）。创新要素的大量投入往往能促进企业创新绩效的提升（John 和 Myriam，2003；Shum 和 Lin，2010）。余泳泽（2011）运用空间面板计量方法研究了创新要素集聚对科技创新效率的影响，研究发现，创新要素集聚对不同创新主体的创新效率存在差异化影响，具体表现在：创新要素集聚有助于提升企业的创新效率，但降低了科研机构的创新效率，而对高校的创新效率影响不显著。余泳泽和刘大勇（2013）以中国的 29 个省（自治区、直辖市）为研究对象，运用空间面板技术方法，分析了创新要素集聚对科技创新的影响，研究发现创新要素集聚对企业技术创新有积极作用，对科研机构技术创新有负面作用，对高校技术创新作用不显著。唐朝永和牛冲槐（2017）以太原国家高新技术产业开发区为研究对象，运用中介效应检验模型，分析了人才集聚与创新绩效的关系，发现人才集聚效应显著提升了创新绩效。Niebuhr 等人（2019）将企业创新视为异质性，考察了创新集聚效应、城市化和地方性的关系，发现外来企业进入经济集聚程度较高的城市，实施本地化可以提升创新效率。

（二）创新要素集聚对区域创新的影响

在区域经济范围内，企业为科研机构、高校增加资金供给，不仅可以促进科研机构、高校的研发成果商业化，提高技术创新的经济效益，而且也为企业应用技术创新成果创造了较好的经济效益（Dianne，1999）。高校、科研机构不仅为企业输出技术，而且储备了技术人才，为区域高新技术发展提供了便利（Harrison，1994）。区域服务中介对企业、科研机构和高校的创新发挥了积极的协同作用（Ankrah，2013）。技术协同促进了区域创新水平的提升，对各创新主体利益的优化提供了保障（Brostrom，2012；Ankrah，2013）。王玉荣等（2012）研究了风险资本集聚对区域创新的影响，发现风险资本集聚提升了区域创新能力，且作用路径在于"风险资本集聚—行业集聚—区域创新"。齐亚伟和陶长琪（2014）运用 GWR 模型分析了物质资本集聚、人力资本集聚对区域创新能力的影响，研究发现物质资本集聚带来的资本深化并未转化为技术深化，对区域创新能力没有促进作用，而人力资本集聚通过增强知识创造和知识获取能力推动了区域创新能力的提升。卓乘风等（2017）、吴卫红等（2020）以中国的 30 个省级行政区为研究对象，分别运用面板分位数模型和门槛面板模型，研究创新要素集聚对区域创新绩效的影响，发现创新要素集聚与区域创新绩效存在显著的倒 U 形关系，且创新要素在不同创新水平下的最优集聚度不同。刘兵等（2019）以中国的 31 个省（自治区、直辖市）为研究对象，运用空间计量模型和门槛面板模型，分析创新要素集聚对区域协同创新的影响，发现创新人才要素集聚、创新资本要素集聚对区域协同创新有显著推动作用，但政府控制在创新要素集聚与区域协同创新之间存在调节作用。吴卫红等（2018）运用超效率 SBM 模型、区位熵指数法，分析高校创新要素集聚对区域创新效率的影响，发现高校创新人力、财力集聚对本区域创新效率的直接溢出效应是非线性的。童纪新和李菲（2015）将上海市与南京市的创新集聚效应进行对比，发现上海市高新技术企业、规模企业和科研机构的集聚提高了地区专利申请量，南京市只有科研机构集聚提高了地区专利申请量，而研发人员、规模企业集聚反而降低了地区专利申请量。何宜庆等（2019）以中国 30 个省（自治区、直辖市）为研究对象，运用区位熵、面板分位数回归模型，分析高等教育空间集聚对区域创新绩效的影响，研究发现，高等教育空间集聚正向促进了创新绩效，且二者关系受地区差异性、政府行为的调节作用。

孙红军等（2019）以中国的 30 个省（自治区、直辖市）为研究对象，运用多样化的空间计量模型和空间杜宾模型偏微分分析方法，分析科技人才集聚与区域技术创新的关系，结果发现科技人才集聚对区域技术创新具有显著的推动作用。修国义等（2017）以中国的 30 个省（自治区、直辖市）为研究对象，运用超越对数随机前沿距离函数模型，分析科技人才集聚对中国区域科技创新效应的影响，发现科技人才集聚规模、均衡度对区域科技创新效率具有显著的正向作用，但科技人才集聚强度降低了区域科技创新效率。刘晔等（2019）以中国 287 个地级及以上城市为研究对象，运用 Griliches 和 Jaffe 的知识生产函数模型和面板分位数回归模型，分析科研人才集聚对区域创新产出的影响，结果发现企业研发投入、外商投资显著提升了区域创新产出，而政府研发投入、科研人才对区域创新产出的作用较小。陈淑云和杨建坤（2017）以中国的 30 个省（自治区、直辖市）为研究对象，运用系统广义矩估计、固定效应和随机效应模型，分析人口集聚对区域技术创新的影响，发现二者之间呈"U"型关系，且人才集聚对区域技术创新有推动作用。闫沛慈和芮雪琴（2018）以中国的30个省（自治区、直辖市）为研究对象，运用门槛回归模型，分析人力资本集聚对区域科技创新的影响，结果发现区域人力资本集聚最优区间在0.021和0.024之间时，人力资本集聚可以促进区域科技创新，低于区间下限或高于区间上限时，人力资本集聚对区域科技创新的作用较弱。张海峰（2016）以浙江省69个县为研究对象，运用固定效应模型分析人力资本集聚对区域创新绩效的影响，结果发现人力资本集聚有助于提升县域创新绩效。葛雅青（2020）以中国的30个省（自治区、直辖市）为研究对象，运用区位熵、探索性空间分析法和空间面板计量方法，分析中国国际人才集聚与区域创新之间的关系，研究发现国际人才每增加1%，区域专利数量增加0.23%，国际人才集聚显著提高了区域创新能力。

（三）创新要素集聚对区域经济增长的影响

从创新人才与区域经济增长视角来看，刘兵等（2018）以京津冀为研究对象，运用层次分析和灰色关联度，探讨了京津冀经济发展的动力源泉，发现科技创新人才集聚、科技创业人才集聚推动了区域经济发展，但随着时间的推移，科技人才集聚的推动作用在逐步弱化，财力投入、创新成果产出在科技创新人才集聚推动区域经济发展中起中介作用，科技创业主体、科技创业环境在创业人才集聚推动区域经济发展中起中介作用。徐彬和吴茜（2019）以中国的30个省（自治区、直辖市）为研究对象，运用固定效应模型和两步差分法分析人才集聚、创新区域与经济增长之间的关系，结果发现当期人才集聚对经济增长并未产生促进作用，但滞后一期的人才集聚有利于促进经济增长，且人才集聚与创新驱动的交互效应有助于促进经济增长。Bils和Klenow（2000）检验了人才集聚与经济增长之间的关系，发现人才集聚对经济增长并没有显著性影响。Suzuki（2009）以日本为研究对象，经验数据发现技术水平、技术人才与国家的国际竞争力密切相关。高丽娜和蒋伏心（2011）运用柯布-道格拉斯生产函数、面板随机效应模型和面板固定效应模型，分析创新要素集聚对区域经济增长的影响，结果发现人力资本的集聚与区间创新扩散推动了区域经济发展。

从知识、技术与区域经济增长视角来看，Solow（1957）构建了增长模型，推导发现国家经济增长由技术进步决定。Romer（1986）构建了知识溢出内生增长模型，推导发现知识外溢有益于经济增长。

还有学者综合分析了知识、技术、资本、人才与区域经济增长的关系，Gianni 和 Francesco（2016）分析了知识、创新、集聚和经济增长之间的关系，发现知识、人力资本的积累与集聚是显示为外部性的重要来源，欠发达国家通过结构性改革科研增强创新资源集聚，进而推动经济增长。张文武和熊俊（2013）应用空间计量方法研究了外资集聚、技术创新对区域经济增长的影响，发现外资、技术创新的空间集聚推动了区域经济增长，但外资与技术创新之间并非协同互补关系，而是竞争替代关系。赖一飞等（2016）运用 Cobb—Douglas 生产函数及联立方程模型分析创新资源配置与经济增长的关系，发现二者之间正向互动，创新要素集聚推动了区域科技创新能力的提高，从而高新技术产业快速发展，引发产业集聚，形成规模效应，实现经济快速增长。而区域经济增长吸收了周边优质人才，扩大了本区域创新资本投入，汇聚了更多创新要素集聚。

（四）创新要素集聚对产业发展的影响

较高的区域创新水平往往存在较高的经济集聚度（Sultan 和 Dijk，2017），科研机构往往在经济集聚度较高的地方分布（Buzard 和 Carlino，2013；Buzard, et al., 2017）。Audretsch 和 Lehmann（2005）观察了高新技术企业的分布，发现高新技术企业多邻近于高校、科研机构。集聚经济不仅吸引了创新主体，对资本也具有较强的吸引力，研发资金在区域中心的规模往往更大，Smith 和 Florida（1994）和 Murata（2015）等的研究也发现外商投资资本的投资区位多分布于产业集聚度较高的区域。陶长琪和周璇（2016）运用 PSTR 模型、动态 GMM 估计模型，分析要素集聚下技术创新与产业结构优化升级的非线性关联及其外溢效应，研究发现省域物质资本和劳动力要素集聚下的技术创新对产业结构优化升级的边际作用递减并最终有所收敛。曹雄飞等（2017）探讨了高科技人才集聚与高技术产业集聚的关系，发现人才跨越地域差异对高技术产业发展产生重要影响，高科技人才集聚推动了高技术产业集聚。吴福象和沈浩平（2013）以长三角城市群 16 个核心城市为研究对象，分析创新要素集聚对城市群产业发展的影响，发现以人力资本为代表的创新要素集聚提高了集聚的外部经济性和创新效率，进而推动了地区产业发展。

也有学者认为，创新要素集聚不利于产业集聚发展。Nathan 和 Overman（2013）发现知识和技术溢出对集聚经济的溢出具有异质性。作为创新主体的企业在空间上的集聚，对私人研发支出具有约束作用（Billings 和Johnson，2014）。作为行业顶端的企业为了避免技术扩散往往倾向于分散，而不是选址在集聚区，只有技术落后的企业才会倾向于选址分布在创新要素集聚区（Goldman，2016）。

（五）创新要素集聚对全要素生产率的影响

Jin 等人（2014）构建经验模型探讨了中国各地区全要素生产率增长差异的原因，发现产业集聚通过区域创新来提升区域全要素生产率。郭金花和郭淑芬（2020）以中国的 30 个省市区的面板数据为研究对象，运用杜宾模型和面板门槛模型分析创新人才集聚对全要素生产率增长的影响，发现创新人才集聚推动了全要素生产率增长且空间溢出效应明显。张丽华等（2011）以中国的 31 个省（自治区、直辖市）为研究对象，运用超越对数生产函数 – 反要素需求函数，分析我国技术创新活动的集聚效应，发现创新要素集聚提高了中国技术创新的全要素生产率，但对技术创新活动劳动生产率及资本生产率的作用不明显。

还有学者从房价视角探讨了创新要素集聚对房价的影响。范新英和张所地（2018）以中国 35 个大中城市为研究对象，运用 Durbin 面板数据模型分析创新集聚对城市房价的影响，发现创新集聚会带来房价上涨和房地产市场分化。

2.2.6 关于创新资源要素集聚的评价

有关中国创新资源要素集聚的区域特征评价。杨博旭等（2020）以中国30 个省份的高新技术产业为研究对象，发现中国高新技术产业创新要素集聚水平整体呈上升趋势，但省份之间的集聚水平存在明显差异。赖一飞等（2016）以"中三角" 37 个市为研究对象，发现"中三角"各省市的创新要素集聚程度存在一定差异，省会城市及其周边地市、省级副中心地市发展程度较好，创新要素集聚程度较高。高丽娜和蒋伏心（2011）以江苏宁镇扬地区为研究对象，发现宁镇扬创新要素在空间、部门分布呈不对称集聚特征。方远平和谢蔓（2012）以中国的 31 个省（自治区、直辖市）为研究对象，采用探索性空间数据分析技术、地理加权回归法分析创新要素集聚对区域创新产出的影响，发现环渤海、长三角创新要素集聚程度较高，大部分西南地区省份的创新要素集聚程度较低，广东、福建等东南沿海省份的创新要素集聚程度较高，但其对周边省份辐射、带动作用较弱。迟景明和任祺（2016）以中国各省区及主要区域高校为研究对象，分析高校创新要素集聚度，研究发现我国高校创新要素资源在东部地区集聚度较高，而在中部、西部地区的集聚现象不明显。曹雄飞等（2017）测算了中国的 29 个省（自治区、直辖市）高科技人才区位熵与高技术产业区位熵，发现中国高科技人才集聚程度由高到低的顺序依次是东部、中部和西部，在西部中唯有陕西高科技人才集聚程度较高。

有关中国创新资源要素集聚有效性的评价。吴卫红等（2018）以除西藏地区外的各省市高校为研究对象，发现 2005 年以来中国各地区高校创新要素集聚水平整体保持稳定，波动幅度较小，但横向对比来看，中部、西部地区高校创新人力和财力要素集聚水平显著高于东部，且中部、西部地区人力、财力要素集聚水平间差距大于东部。冯南平等（2016）以中国的 30 个省（自治区、直辖市）为研究对象，探讨不同类型区域创新要素集聚的阶段性特点，结果发现中国的区域创新要素分布格局具有多层次性，北京、广东、长三角地区和山东的综合创新要素集聚度高，陕西、四川、湖北、辽宁和天津的综合创新要素集聚水平在全国平均水平之上，安徽、河南、黑龙江、湖南、福建、陕西和河北等 19 个省市的综合创新要素集聚水平较低。张斯琴和张璞（2017）以京、津、冀、蒙四省市的 21 个地级市为研究对象，运用空间杜宾模型，研究创新要素集聚对城市生产率的影响，发现创新要素集聚程度与城市生产率呈显著正相关，创新要素集聚提升了本市及其周边地区的劳动生产率。杨博旭等（2020）研究了中国高新技术产业创新要素集聚发展路径，发现中国高新技术产业创新要素集聚水平整体上呈上升趋势，并提出了高新技术产业创新要素的发展路径：分散发展—数量扩张—质量提升—协同演进—创新要素集聚。

2.2.7 都市圈发展与创新研究

(一) 都市区特征

城市经济地理一直是国内外学界研究的焦点和热点问题。1898 年霍华德提出了城镇群体的概念，1957 年法国地理学家戈特曼提出了都市带、城市群的概念，Scott（2001）提出了巨型城市的概念，Hoyler（2008）、Weidner（2013）围绕巨型城市的网络化特征进行了探讨。大城市对区域经济发展起关键作用，中心城市往往是都市圈经济增长的引擎（Albert 和 Elisabet，2004）。自从戈德曼提出了城市带的概念，城市空间结构由单一中心向多中心演化，进而形成了都市圈。2019 年，国家发展改革委在《关于培育发展现代化都市圈的指导意见》中提出了都市圈的概念。

有关中国长三角、长江中游、珠三角、京津冀、中部区域等都市圈的研究。像最具代表性的长三角城市群和京津冀都市圈的创新空间在由单核发展到多核，空间集聚趋势明显加强，从空间上看，上海逐渐发展构成了长三角城市群，北京逐渐形成了京津冀都市圈。刘承良等（2007）以武汉都市圈为研究对象，通过构建城市流模型，发现武汉都市圈各中心城市经济社会要素流强度空间差异明显，空间结构已经形成以武汉为中心的"鞍形"圈层结构。卞坤等（2011）从区域空间组织视角提出了都市圈网络化模式的概念，认为网络结构是都市圈发展的重要特征。王兴平和朱凯（2015）以南京都市圈创新空间为研究对象，分析了都市圈创新空间的类型、格局与演化，在空间方面，南京都市圈创新空间依次经历了开发区、高新区等"大空间"——科技园和各类孵化器为代表的专门创新空间——以创新活动单元的小微空间；在类型方面，创新空间可分为知识型和产业型；在格局方面，创新空间的分布格局与都市圈规划的空间格局一致；在发展趋势方面，圈层式网络化、层级式和平台化是创新空间的发展趋势。曹广喜和陈理飞（2010）构建动态面板数据模型，分析了 FDI 对中国长三角、珠三角、京津冀都市圈创新能力的溢出效应，研究发现 FDI 对中国不同都市圈创新能力的溢出效应存在异质性，具体表现在 FDI 对中国长三角、珠三角和京津冀都市圈创新能力有显著的溢出效应，对长三角都市圈创新能力的溢出效应不明显。金凤花等

(2013) 通过重构 Wolfson 指数、TW 指数、ER 指数和 KZ 指数，分析上海都市圈创新能力的发展趋势，结果发现上海市创新能力有明显的极化特征，具体有上海－苏州为界限的南、北方向两级极化特征。吕拉昌等（2013）运用重力模型，对我国三大都市经济圈内城市创新能力进行测度并对创新能级体系进行比较，结果发现三大都市经济圈中心城市的创新引力最强的是珠三角，长三角都市经济圈能级体系存在较强的等级结构，环渤海的中心城市北京仅与天津有较强的创新引力，与其他城市的创新联系较弱，环渤海都市圈尚未形成完整的创新体系。王振和卢晓菲（2018）以长三角城市群 26 个城市为研究对象，运用层次分析法和熵值法构建指标评价体系，分析长三角城市群科技创新驱动力的空间分布特征，结果发现长三角城市群的科技创新驱动力存在首位城市层、核心城市层、节点城市层和一般城市层四个层次的空间分布，且分级的梯度在空间上呈扩散趋势、在时间上呈收敛趋势。

中国有关都市圈的整体研究。张亚明等（2012）梳理了都市圈的理论演进，从城市规模、发展过程、发展动力、经济增长方式和产业结构等维度将中国都市圈与欧、美、日等典型大都市圈进行对比，结构发现中国都市圈核心城市规模小、集聚能力弱，以粗放型经济增长方式为主，受政府主导而导致城市间产业结构雷同、部门逐利现象严重。王兴平（2014）基于逻辑推演和实践观察，提出了创新型都市圈的基本特征和发展机制，认为复杂网络、跨政区和多尺度是创新型都市圈的基本特征，服务配套、政府规划与政策、创新要素和平台是创新型都市圈发展的三大动力。施继元等（2009）基于都市圈创新系统视角，通过构建创新博弈模型分析都市圈创新效应原因，推导发现都市圈的形成与发展促进了都市圈创新系统各子系统的全面发展，从而促进都市圈创新效应的发挥。丰志勇（2012）构建都市圈创新力指标体系，并通过因子分析模型形成综合评价值，对国内七大都市圈的创新力进行评价分析，都市圈创新力呈现出由东向西空间递减态势，东部都市圈虽然创新力强，但区域创新力差异较大，中西部地区都市圈创新力较弱，但区域创新力差异较小。解学梅（2013）构建了都市圈协同创新效应模型，分析了都市圈协同创新效应的内在机理，结果发现圈内创新要素的耦合、不同创新主体之间协同链接所产生的"外溢效率"将决定都市圈协同创新效应。朱凯等（2014）基于创新国家建设背景，剖析国家和地方层面创新发展的形势，指出多元化城市走向系统多样化区域、创新城市建设走向区域创新协调、资源单点集聚走向资源全面协调将成为我国创新型都市圈发展的三大趋势。

(二) 都市区发展与创新之间的互动

学界对都市创新体系的研究源于区域创新系统研究。Nelson（1993）认为区域创新系统是围绕创新的系列规则在经济区域维度上的反映。Asheim和 Isaksen（1997）认为包含高校、科研机构、企业等创新主体的集合就是区域创新系统。龙海雯和施本植（2016）认为区域创新系统是各创新主体、创新要素耦合、互动而形成的新兴系统。陈志宗（2016）、李婧和何宜丽（2016）和苏屹等（2018）均定义了区域创新系统。都市创新体系是区域创新体系在都市区的映射。Peter Hall（1998）较早探索城市与创新的关联关系，认为区位因素对创新有较大影响，新事物不断涌入的城市往往具有创新特质。当前，交通的网络化、现代信息技术的数字化促使都市圈向同城化和一体化加速推进，这促使创新要素从中心都市区向都市圈扩散和重组（王兴平，2014）。Liu 等人（2010）以我国台湾地区为制造业研究对象，研究了产业内研发的外部性与企业在都市圈的分布特征，结果发现研发的溢出效应存在于所有都市圈，且企业规模越大，其获得的溢出效应就越高。Patricia 等人（2013）以荷兰中小企业为研对象，构建结构方程模型分析了创新与集聚经济之间的关系，发现私有科研机构对中小企业创新成功至关重要。Franz 和 Michaela（2013）以维也纳都市圈为研究对象，分析了大都市区域创新影响因素，结果发现良好的交通和通信设施、具有丰富知识的科研机构和高校、商业服务推动了都市圈创新。

解学梅（2010）基于协同学理论和博弈模型，分析了都市圈技术创新"孤岛效应"的内在机理，推导发现城际相互信任和协同机制的缺乏、协同激励的不足以及投机的高诱惑性和惩罚机制的缺乏会导致圈内不同城市之间非理性竞争，最终导致都市圈技术创新出现"孤岛效应"。潘宏亮（2015）以中原经济区中小企业为研究对象，通过问卷调查等方法分析都市圈协同创新、知识吸收能力与中小企业升级的关系，研究发现都市圈协同创新有利于驱动中小企业升级，但二者关系受知识吸收能力的调节作用。郭斌（2016）借鉴东京、首尔等都市圈的科技协同创新模式，从区域科技资源耦合视角，发现京津冀都市圈科技资源的整体分布处于"易集聚、难分散"的不均衡状态，资源配置不合理阻碍了京津冀经济协同发展，并进一步构建了京津冀都市圈科技创新的区域共生机制。

2.2.8 城市群和都市圈创新资源要素集聚

人才是城市创新的关键力量，人才集聚能够促进都市圈中心城市发展（张所地等，2019）。吸引、留住人才是推动区域经济增长、增强区域竞争优势的重要手段（Yigitcanlar 和 Lonnqvist，2013）。中国各大热门城市为了推动创新发展战略，纷纷推出了人才新政，比如上海推出人才新政 12 条、广州推出人才新政 10 条、成都推出人才新政 12 条等。Frenkel 等人（2013）将人才分为工作的人、休闲的人、家庭成员三种角色和娱乐、运动、家庭活动、工作式四种休闲方式。城市的舒适性、多样性和包容性满足了人才的三种角色、四种休闲方式的需求，吸引了人才的集聚。创新能力强的城市与创新人才存在良性互动，创新能力强的城市更容易吸引创新人才，而创新人才会提高城市的创新水平（王荣和张所地，2016）。经济环境、教育条件、高校及科研机构等创新主体对人才集聚产生重要影响（孙健，2007），城市圈尤其是中心城市的经济环境好、教育条件优质、创新主体多，为创新人才集聚提供了土壤。

城市基础设施的完善提高了人们生活的获得感，有利于吸引人才集聚，促进区域经济发展。大城市交通、水电等生活基础设施的便利性，释放了人口的正外部性（Castells，2017），同时，大城市文化设施、生活方式对创新型人才具有较强的吸引力（Florida，2002），大城市更容易吸引创新人才集聚。城市基础设施的便利性和通达性，提高了城市人才的生活质量，加快了人力资本的流动速率，促进了城市创新水平的提升（梁双陆和梁巧玲，2016；邵晖和温梦琪，2016）。

金融中心可以提供便捷的支付能力、高效的资源配置能力（Charles，1974），服务于较大空间尺度的经济中心（David，1995）。金融协同可以带来规模经济，区域金融发展程度越高，对经济的促进作用越突出（Guiso et al.，2002）。Richard（2008）发现大都市区域为跨国公司提供了人才、专业知识、便利的基础设施，吸引了资本集聚。

都市圈创新要素集聚对区域创新、经济发展产生重要影响。张向荣（2020）以粤港澳大湾区制造业为研究对象，运用门限回归模型，分析粤港澳大湾区要素集聚过程对创新效率的异质性影响，研究发现要素集聚过程提升了创新效率。高丽娜等（2016）以长三角城市群为研究对象，运用柯布—道格拉斯生产函数，分析创新要素集聚对城市群增长核心的影响，发现城市创新要素集聚度的提升有助于推动城市极化效应的提高。

2.2.9 创新要素集聚的空间效应

R. Vining、Christaller 等多位地理学家研究了区域的空间结构，马歇尔、韦伯等新古典经济学家构建了传统区位理论体系，这为研究创新要素集聚的空间效应奠定了基础。Alkay 和 Hewings（2012）探讨了经济集聚的决定因素，发现城市化经济具有较强的地理集聚和行业集聚特征，市场潜力、劳动力市场潜力是影响经济集聚的重要因素。Kiuru 和 Inkinen（2017）研究了人力资本和创新的区位分布特征，发现受过教育、有才华、有创造力的劳动力往往在大都市集聚，人力资本是区域创新体系发展的重要推动力。

中国关于创新要素集聚的空间效应评价研究。张文武和熊俊（2012）研究了地理距离对外资、技术创新与区域经济增长的调节作用，发现地理距离弱化了外资、技术创新聚焦对区域经济增长的推动作用。苏楚和杜宽旗（2018）以江苏省为研究对象，发现江苏省研发人才集聚的空间溢出效应为负，但社会保障、宜居环境对研发人才集聚的空间溢出有积极作用。刘鉴（2018）以长三角城市群26个城市为研究对象，运用空间计量经济学方法，分析长三角城市群城市创新产出的空间集聚及其溢出效应，研究发现长三角城市群的创新产出空间集聚特征较明显，总体上形成了以上海为核心，以南京、杭州、宁波、合肥导等城市为重要创新节点，由沿海向内陆发散的空间集聚格局。长三角城市群城市创新产出在地理空间上具有显著的正向空间溢出效应，邻近城市创新产出的提高，将促进本城市创新能力的增强。孙红军等（2019）以中国的30个省（自治区、直辖市）为研究对象，发现科技人才集聚对区域内、区域间的技术创新具有显著的空间溢出效应，进一步区分空间权重形式，在经济空间权重形式下的区域内、区域间溢出效应最大，在邻近空间权重形式下的区域内、区域间溢出效应最小。

中国关于创新要素集聚的空间效应特征研究。张宓之等（2016）以浙江省 11 个地级市为研究对象，运用空间辐射效应、空间吸纳效应和空间比赛效应，分析区域创新要素空间集聚模式演进，研究发现地区与邻近区域创新要素集聚空间关联度影响区域创新要素集聚，空间关联度促使创新要素从空间无序向集聚态势转变。刘晖等（2018）以京津冀为研究对象，运用空间杜宾模型分析京津冀专业技术人才的空间集聚格局，研究结果发现专业技术人才空间布局不均衡且有空间依赖性，中部密集度高，南北人才集聚度低，随着时间的推移，专业技术人才集聚不均衡态势加剧。葛雅青（2020）以中国的 30 个省（自治区、直辖市）为研究对象，分析区域国际人才集聚的空间格局演化特征，发现中国国际人才集聚度总体较低，区域之间发展不均衡且存在显著的空间相关性，这主要体现在东部地区的国际人才集聚度较高，而西部地区国际人才集聚度较低，中部地区国际人才集聚呈两极分化态势，湖北、安徽的国际人才集聚度较高，而河南、山西的国际人才集聚度较低。

综上所述，已有研究存在以下不足：国内外学者对创新、城镇化做了大量研究，但往往是孤立碎片式的研究。对创新集聚能力和城镇化质量间的耦合关系系统研究较少；已有研究较少关注城镇化对创新要素集聚的驱动；城镇化的创新驱动语境虽常见，但目前特别是对中小城市缺乏可操作性的路径和机制研究。

第3章 都市圈创新空间与演化研究

3.1 都市圈的研究演化

都市圈作为一种基于市场力量发展到一定阶段，在城市和区域间形成了新的分工之后形成的空间组织形式，得到了广泛关注。西方国家的经济发展和城市发展相对较早，在第二次世界大战之前就已经形成了城市和区域理论。

早在1898年，英国学者霍华德提出的"田园城市"理论本质上是解决工业革命带来的城市土地和居住生活条件的冲突而产生的解决方案，直接指出了城市应与农村和谐共生。这一模式对我国当今的城市化和乡村振兴融合发展等实践有很好的启蒙作用。1915年，英国生物学家盖迪斯很好地阐述和预期了城市的进化阶段(城市形态演化理论)，城市会不断地进行扩散，从单个的城市不断地演化为城市集群和世界级城市，其中城市集群的描述与现代的城市群和都市圈类似。1933年，德国城市地理学家克里斯泰勒则提出了著名的中心地理论，这也被认为是都市圈理论的基石。该理论认为，城市的中心和外围都是有层次和等级划分的，越是趋于中心地带，就越会承担城市的更多职能和任务，等级也就越高。依此类推，城市之间也可以进行等级分类，形成了中心城市和外围城市的理论。1939年，德国著名经济学家勒施更进一步地提出了现代城市圈的理论，不仅论述了城市的由来，以及城市圈的演变进程，更是提出了市场规律的作用，最终会形成以城市为中心的网络，发展为大城市圈经济区。

第二次世界大战的结束，各国经济发展迎来了一段非常好的稳定期，城市建设也如火如荼，城市化的步伐明显加快，世界级城市和城市群初具雏形。特别是到20世纪60年代，纽约、东京、巴黎、伦敦这样的世界级都市圈开始形成，单个城市或者独立城市的空间格局开始向城市集群和城市圈转变，这是经济活力的表现，也是市场力量的驱动。

在都市圈、都市区等类似空间的界定上，统计意义上的标准在不断地演变。1910 年，美国在做国家统计调查时直接提出了大都市区的概念，这也被视为都市圈概念的源头。1949 年，因传统都市区人口的不断增加，美国因统计上的界定，对大都市区的概念和标准进行修正，改为"标准大都市区"，1959 年又修正为标准大都市统计区。1980 年又提出新的标准，改名为"大都市统计区"，按照该标准，大都市统计区由中心区域的市县和周边的县市共同组成，也就是由之前的若干个相邻的标准大都市区来组成。1990 年又因为统计范畴的调整，大都市统计区再次回归大都市区的叫法。按照大都市区的标准，中心城市化地区的人口必须在 5 万人以上，大都市区即为这一中心区域和若干个围绕这个中心区域的县市共同组成。

都市圈概念特征理论的形成主要是在日本。1951 年，日本学者木内信藏提出，城市圈是多层次的，由中心城市、城市郊区和外围区域三部分组成，这一思想被总结为"三地带学说"，是都市圈理念的源泉。日本在都市圈概念之外也做过其他类似的尝试，但最终接受了都市圈的概念。这一说法也得到了很好的实践，在日本取得了巨大的发展，也逐步成为许多发达国家的主要空间形态。日本对都市圈的层级也进行了有益的划分，主要分为大都市圈和地方都市圈，大都市圈是指国家政令指定城市（东京、大阪、神户、名古屋）为核心的都市圈，类似于以我国直辖市为核心的都市圈。地方都市圈是指以其他政令指定都市（类似于我国的省会城市）为中心的都市圈。这些都市圈在内部形成了一个有效运转的闭环系统，以三分之一的国土面积，集聚了日本三分之二的人口和 GDP 总量，发挥了极好的集聚效应和增长极作用。

1957 年，法国学者戈特曼在完成对美国最发达地区从波士顿到华盛顿东海岸大城市的考察后，形成了"城市带"理论，他把距波士顿 600 英里半径范围内的 3000 万居民的城市区域称为大城市带。在这样一个巨大的城市范围内，空间的组织形式已经不再是单独的城市个体，而是城市集群或者说是城市的一个集合。城市集群内，城市间的经济活动和社会联系非常紧密，城市资源包括人才、资本、技术得到了充分的流动，从而形成对周围地区的辐射和带动效应，产生了巨大的经济活力，成为国家的重要经济力量。戈特曼的理论强调以大城市为中心，以城市间要素流动和交易为基础活动，它是对城市理论的新突破，引导了都市圈理论的进一步发展。弗里德曼于 1986

年，通过空间演化模型构建了城市—外围理论模型，认为中心城市之所以成为中心，是由一系列的变化而引起的，包括制度政策的变化，经济模式的变革等，其他城市则慢慢地成为外围城市。弗里德曼提出的城市层级体系中，以中心城市为圆心，向外扩散和辐射形成不同梯度的同心圆，每个圆构成不同的层级，在都市圈和城市群的分工中，每个城市承担不同的职责。

随着经济的不断发展和变革，都市圈的发展也趋于渐变性的更迭。都市圈的成因不仅有产业结构调整，人口结构的变化等，经济全球化和信息技术的科技革命也深层次地影响着都市圈的发展，对都市圈的探索也逐步转向空间结构上的研究。以 M. Casteles、Friedman、P. Hall、Gilles Duranton 为代表的学者们均认为，信息技术革命不仅带来产业的变革，也会影响城市功能和城市定位的重新洗牌，旧有的空间约束将越来越小，新技术新浪潮可能给城市空间演变带来更加集聚的需求，也可能驱动城市和乡村的紧密融合，为新的城市空间组织提供了更多可能。都市圈这种类型的空间组织会给中心城市、外围城市和城市间广阔的郊区地带赋予更多的功能和可塑性。

城市发展和都市圈经济模式的实践在我国起步较晚，相较于国外学者，我国的研究者们对城市空间格局的认识，伴随着我国经济发展和城市格局的不断演变而逐步深化。从都市圈概念的解读、特征内涵的理解到都市圈的实践，最后上升到国家区域发展战略，经历了从 20 世纪 90 年代到现在的探索历程。1989 年，周起业等人在他们的《区域经济学》一书中提出，城市的格局应该形成这样一个网络，以大城市为支撑，在各个大城市周围形成若干个中小城市，即在大城市中心的周围形成不同的中小城市中心，通过中小城市把之间的城镇和农村联系起来，大小交错，城市与农村相邻。这也是最早的对城市经济圈的探讨。其他不同的学者都提出过类似的观点，均是通过对美国、日本和欧洲等发达国家的都市圈实践的比较研究和理论总结，比如中心城市附属的卫星城市的提法，城市圈的产业结构和分工理论，等等。

3.2 都市圈的基本理论

都市圈的界定和概念一直都是与时俱进的，特别是新技术、新工具、新业态的不断涌现，交通交流的速度和便捷程度的变化，以及人口规模的变化都会导致都市圈概念和标准的重新界定。而且，都市圈的叫法也各有不同，大都市圈、城市圈、城市群、都市区等词语会经常不加区分地等同，但并不改变其内涵本质。本书研究都市圈视角下的创新要素问题，根据本书研究需要，对都市圈的内涵做适当的界定，以区分城市群等完全不同的空间组织形态。同时，为了分析都市圈这一组织形式对创新要素的影响，需要首先对都市圈的形成和作用进行系统性的概括和总结。

3.2.1 都市圈的基本概念

如前所述，国外学者在对都市圈的界定和概念上进行了非常有益的探索。都市圈是工业化进程产生的一种特殊的城市空间组织形式，具有极高集聚度的构成要素 (人口、资本和基础设施网络等)，形成高度协作和联系、分工的城市区域。都市圈是社会进步的体现，是产生创新的重要发源地，也是人类文明的集中表现形式。在实践中，美国通常以人口为标准，都市区是一个人口高度集聚区和临近次聚集区构成的地理单元，都市区的人口规模以100万进行划分。日本是世界上最注重都市圈建设和发展的国家，因此不仅在都市圈发展上有成熟的理论基础，也有很好的实践典范。都市圈以不到三分之一的国土面积，承载了 80% 的人口。日本对都市圈和大都市圈有着标准的界定，都市圈必须以中心城市为核心，协同周边若干个小城市和地区的空间组织，中心城市城区至少有 50 万人口，这个界定让日本形成了大中小都市圈格局。中国学者也几乎有一个共同的认识，都市经济圈就是以一个或几个特大城市为中心，与邻近或外围一定规模的中小城市结成紧密联系的一体化城市系统。但这一认识并没有完全区分城市群和都市圈的关系和区别。

这一点在国家发展和改革委员会发出的文件《关于培育发展现代化都市圈的指导意见》(发改规划〔2019〕328 号) 中明确指出，城市群和都市圈一般是两个不同的概念。都市圈是指围绕某一个中心城市 (即超大或特大城市) 的城镇化形态。城市群是由若干个都市圈构成的广域城镇化形态，其内部应该包含若干个中心城市。在体量和层级上，都市圈要低于城市群的概念。同时给出了都市圈的内涵定义 "都市圈是城市群内部以超大特大城市或辐射带动功能强的大城市为中心、以 1 小时通勤圈为基本范围的城镇化空间形态"。

从上述描述可以看出，都市圈应具备以下特征：第一，一个中心城市，该中心城市应具有强大的经济势能和对周边地区的辐射能力，这也是都市圈能否成形和健康发展的关键因素；第二，邻近周边若干个中小城市，这些城市与中心城市存在着强烈的依附关系，并且来往交通发达，交流便利；第三，中心城市与中小城市在产业互补、人才交流、经济互通上有高度的协同效应，在分工合作上能互利共赢；第四，以中心城市为圆心，经济发展能力往外呈有梯度的层级体系。

因为交通工具的不断更迭（从马车、汽车到火车、高铁等）导致的通勤圈时间的不断递减，本书淡化都市圈的时间限定，将都市圈界定为：以特大型中心城市为核心、以邻近外围中小城市为支撑、以城市等级体系为呈现的经济社会高度一体化的空间协同组织。

按照此内涵定义，国外的著名都市圈包括了纽约都市圈、伦敦都市圈、巴黎都市圈和日本的东京都市圈、名古屋都市圈和大阪都市圈。其中，纽约都市圈被公认为产业分工布局最为完善，这也说明纽约都市圈是产业在空间上的分工之后所形成的都市圈；伦敦都市圈则以创意产业的分布形成的空间协作；巴黎都市圈主要依靠政府主导推动，在产业和空间上规划而形成；日本的三大都市圈则完成了交通体系的高度一体化。改革开放以来，国内的都市圈发展主要是以政府为主导。1982 年，国务院就提出过以上海为中心建设经济城市圈的设想：以上海为中心，囊括邻近的江苏和浙江共 9 市 45 个县，后又扩展为华东五省一市，但因经济协同性上的巨大差异性，以失败告终，但也是改革开放后的第一次尝试。20 世纪 90 年代，上海都市圈再一次提出，中央和地方政府对都市圈作为一种推动区域经济均衡发展的区域空间组织结构寄予了很高期望，各地都在大力推进都市圈建设。2007 年 12 月，国务院批准了武汉城市圈和长株潭城市群为全国资源节约型和环境友好型社会（简称"两型社会"）建设综合配套改革试验区。2008 年 9 月国务院发布了《关于进一步推进长江三角洲地区改革开放和经济社会发展的指导意见》明确了以上海都市圈为主体的长江三角洲经济区的发展思路，加上环渤海湾经济圈、珠三角都市圈，在国家层面的都市圈或泛都市圈发展规划就已经达到五个。之后，城市群和都市圈的建设风起云涌，随着中国加入 WTO，区域经济的发展壮大，城市规模的不断外延，使得具备都市圈中心城市条件的特大城市不断涌现，经济势能不断加强，地方政府对都市圈的发展更是热情高涨。出现了具有世界竞争力的上海都市圈、深圳都市圈，其经济增长动力结构最为多元化，目前，提出通过建设都市圈以推动区域经济发展的就有几十个，如东部的南京都市圈、徐州都市圈、青岛都市圈、济南都市圈、杭州都市圈、宁波都市圈，中部的武汉都市圈、长株潭都市圈、郑州都市圈、太原都市圈等，东北的大连都市圈、沈阳都市圈、哈尔滨都市圈，还有西部的兰州、乌鲁木齐等都市圈建设。

3.2.2 都市圈的本质特征

由以上分析可以判断，都市圈在空间上是一个圈层化、等级化的城市体系，不同圈层和等级城市之间应存在密切的经济和社会联系，在产业布局上分工明确，要素畅通，交通体系发达，等级结构由里向外，层面分明的一体化组织形式。最终要形成若干空间结构清晰、城市功能互补、要素流动有序、产业分工协调、交通往来顺畅、公共服务均衡、环境和谐宜居的现代化城市体系。

第一，都市圈的圈层意味着等级分化。一般而言，从国外都市圈的结构来看，都市圈具有三个圈层，像纽约、日本和巴黎，以及上海都具有标准的三个层级。第一个圈层是最里面一个圈层，也就是都市圈的中心城市，这是都市圈能够形成的关键所在，也是都市圈能否具有竞争力和综合实力的主要基础；第二个圈层是中间圈层，是中心城市的邻近区域，一般以地级市区的形式存在，具有一定的经济带动能力；第三个圈层是外围圈层，主要以最外围与中心城市距离较远，但又能承接一定规模的产业的区域存在。第三个圈层是否完全是经济实力较弱的县级市并不一定，因为地缘经济的原因，有时候，第三个圈层可能也是另外周边地区的中心城市，这就相当于几个圈层的重叠。比如上海都市圈中心是上海，外围到了南京等地，而南京又是南京都市圈的核心。都市圈的等级体系主要体现在三个维度：经济发展梯度、产业梯度和技术梯度，由里向外从高到低。这样一种等级化、圈层化的结构更能够挖掘出城市资源集聚和配置的广度和深度。

第二，要素资源的高度集聚性。首先是中心城市的资源集聚特征明显。中心城市凭借其中心地位，人才、资本和技术等要素优势获得更高的经济势能，从实践中看，在都市圈中，中心城市的首位度一般都很高，这也意味着存在天然的经济优势；其次，要素资源的内部流动性较为充分。在都市圈内，因为打破了行政壁垒，很多要素和资源可以相互流通，同时交通的便捷，交易成本的相对低廉让外部的人口资本和技术向都市圈聚集，也让内部的要素能够自由流通；最后，都市圈内部城市具有复合互补性。所谓一荣俱荣一损俱损，各个城市互为依存，共同发展。

第三，都市圈具有边界并动态变化。因为经济的极化和辐射效应的存在，都市圈内部会形成一个高度的增长极和平行结构。增长极的辐射是有半径范围的，随着半径的扩大，辐射能力是逐步递减的，这就造成了边界。同时，由于可能的产业结构调整和转型发展的需要，原有的中心城市受到其他城市的挑战，角色和地位就可能发生变化，或者周边城市的位次和排序发生变化，这种动态调整显然是客观存在的，而在都市圈内部应该接受这种变化。都市圈作为一个总体，通过集群的合力能形成更大的竞争优势和竞争力，这个可以在区域竞争中吸引更多的资源入驻。

因此，可以判断，一个成熟和有综合竞争力的都市圈必须具备三大要素。一是一个非常具有竞争力的中心城市，能够通过强大的经济势能引领和带动邻近城市发展；二是需要有完善的城市等级体系。让城市之间能够在产业分工、功能定位等方面互为协调，融合共生；三是具有鼓励要素自由流动的体制机制。在都市圈内部，应有对应的体制机制设计，让要素自由流动，带动整个区域的充分发展。

3.2.3 都市圈的空间形态

从《关于培育发展现代化都市圈的指导意见》（发改规划〔2019〕328号）可以看出，都市圈的最主要形式为单极型都市圈，而同时拥有两个甚至更多的中心城市的都市圈归类为城市群范畴。

单极型都市圈是最为标准的都市圈形式，更加符合"圈"的特征。这种空间形态的都市圈在圈层体系中由里向外呈现金字塔式结构。内圈是中心城市，中圈是次中心城市，外圈是广大中小城市。次中心城市连接着中心城市和中小城市。单核心都市圈中，城市的空间布局会很明显地呈现圈层状态，中心城市和中小城市类似于包围与全包围形态，中心城市与中小城市的接口会是各种交通干线，比如武汉城市圈、南京城市圈等，中小城市像卫星城一样环绕在武汉和南京周围，中间以城际铁路、高速公路等交通干线相接；圈层级别的差异主要以交通距离的远近来衡量，距离中心城市越近，来回时间越小，经济联系强度越大，距离越远，经济联系强度越小，也就是中心和远离中心的关系，同时也呈现出一种经济 GDP 由里向外从强到弱的格局。

单极都市圈的首位度最高，所有的教育资源、医疗资源和科技资源都非常集中，中小城市都以非常强的向心力与中心城市连接，中小城市之间的联系往往需要通过中心城市作为中介和桥梁。这是因为在单极都市圈中，规划的交通体系是以中心城市为圆心，呈放射状。中国中西部的都市圈多数为单机都市圈类型，因为对于中西部经济而言，往往只能举全省之力培育出一个中心城市，这个以武汉城市圈和成都都市圈尤为明显。在武汉城市圈中，是 1+8 格局，武汉的首位度特别高，周边城市落后于湖北其他城市，武汉和周边的咸宁、黄石、黄冈、孝感等存在着巨大的经济发展差异。这种都市圈格局也是在发展中需要避免的现象，防止"一城独大"。都市圈的建设本身是为了发挥中心城市的辐射和协同效应，但如果所有的财力、资本、要素资源、科技、民生资源都集中在中心城市，那就会产生虹吸效应甚至是剥夺效应。以武汉大都市圈为例，2008 年获批"两型社会"试点，由此开始的武汉"1+8"城市圈的建设，初衷是发挥武汉的辐射效应，与周围 8 个城市协同发展，但是武汉当时的财力显然并不能和上海、深圳等沿海一线城市相比，尚不足以形成较强的集聚和溢出效应。武汉的首位度的畸形较高，对周围城市产生的虹吸效应较为明显，8 个城市的经济发展已经远远落后于宜昌和襄阳等非城市圈成员，并没有形成很好的都市圈城市体系。

3.3 都市圈的创新体系建设经验

在城市的发展历程中，人们越来越意识到，城市是一国最具创新力和活力的区域。分工不仅促进了城市的发展，也提高了创新的效率。而随着经济发展和城市的推进，城市的空间组织形式越来越趋向于城市群和都市圈，未来的竞争不再是单独个体城市的竞争，而是城市群和都市圈之间的竞争。

都市圈不仅聚集着更多的产业、资本、人才和技术，而且还能通过更好的自由流动，让这些要素进行最优的组合，发挥更高的效率和产出，这直接推动着创新要素的集聚，提升区域创新能力和效率。

(一) 都市圈是创新要素集聚地

城市反映着经济、社会和空间结构的变迁，城市集聚的过程即为要素的空间集聚过程，而要素集聚产生的扩散和外溢效应会正向促进城市创新能力的集聚。从专利发明来源的地理布局来看，本身就是一个城市现象。Pred (1966) 发现 1860 年前后美国 35 个重要城市的人均专利数量是全国水平的 411 倍，城市越大，人均申请专利数就越多。Jacobs (1969) 认为城市中的竞争性市场结构有助于创新和知识积累。Jaffe 等 (1993) 发现，近邻于发明源有利于激发彼此之间的创新热情，城市的集聚更有利于创新与发明；而且知识外溢的邻近性和区域性，使得创新在城市里更容易集聚 (Furman 和 Porter, 2002)。Glaeser 和 Matthew (2010) 的城市发展理论提出城市拥有一国最多的研发和创新，城市的集聚伴随着创新要素的集聚，这也直接导致了都市圈、城市群的形成。吴福象、沈浩平 (2013) 研究认为，城市群正是通过要素在区间的自由流动，提高了要素集聚的外部经济性和研发创新效率，从而促进经济增长，这有效支持了以克鲁格曼为代表的新经济地理学理论，即空间上的集聚导致技术溢出的外部性，集聚有利于创新。万钢 (2016) 也指出，城市群是创新要素的重要载体，中小城市更应成为创新要素的主要聚集地，来推动城市集聚，以形成大中小城市协同格局。在都市圈中，中心城市将发挥集聚功能，增强对区域的辐射能力，起到增长极的作用。新经济地理学特别强调集聚力在城市群体系中的作用。Fujita 等 (1999) 发现，在都市圈中，随着到中心城市距离的增加，集聚的向心力占主导，随着距离以及运输成本的上升，离心力逐渐发挥主要作用。这两种作用力和要素流动引发循环累积效应，导致出现"中心—外围"的层级模式，形成都市圈内部的产业分工。

(二) 都市圈具有要素自由流动性

地理空间上的邻近有利于创新和知识的溢出。但是知识和创新的溢出往往又会受制于行政区域上的边界的隔离。都市圈正是打破这一障碍的有力武器。在城市单兵作战时代，因为政府之间的竞争，创新主体和要素的流动总是处处受阻，缺乏效率，直接降低了整个区域甚至是国家的创新能力。都市圈的建设首先要打破这些障碍，让人才、资本、技术获得更大更广的流动空间，在都市圈内实现自由流动。一定程度上，特别是在中国，行政边界就是区域创新的边界。都市圈的出现和发展是城镇化进程自然而然的行为结果，是以市场为主导的发展趋势，这种趋势不因行政命令进行人为划定而形成。从世界范围看，都市圈作为城市发展的更高形态，总是自然而然地由空间邻近、分工协作、相互互补的城市集群组成。比如纽约都市圈，有以金融、贸易为中心的纽约，以制造业闻名的费城和以高科技为特色的波士顿。都市圈创新要素应该按照市场规律，跨区域内部实现自由流通，不仅仅是产业分工和协同的网络化格局的客观要求，也是因为新形势下急需提升区域和国家创新能力的强烈呼唤。只有这些创新要素能在更大范围内自由流动，实现创新要素更好的优化配置，才能创造出更好的技术和成果。

(三) 都市圈具有协同创新能力

在区域协调发展战略的指引下，都市圈作为一种主要的城市空间平台，更多的是需要加强中心城市的反哺功能。都市圈内部城市不再是相互竞争关系，更多的是相互协同合作关系。而在经济转向高质量发展阶段，推动经济发展的动能已经转化为创新驱动，都市圈更需要加强的是协同创新能力，建立协同创新网络系统。都市圈的协同创新网络应该是创新主体(企业、科研院所等)相互联动、合作和协同的创新过程，通过区域内的协作、溢出、扩散和辐射等机制来实现协同创新。既然是网络，必然会有节点和链接。都市圈协同创新网络的结点是企业、组织、政府和个体，是每个能创新的主体，结点之间通过关系网络、社会组织这样的中介通道进行链接，在通道上，让人才、资本、信息和技术畅通地流动，这便构成了一个都市圈协同创新网络。企业是最终实现创新产出的主体，高校、科研院所、中介机构是产学研转化的行为主体，通过协同和交互效应形成知识链、技术链和创新链，在产学研上形成稳定关系，而这些主体行为均可在都市圈内实现共享共利。都市圈协同创新更加强调区域间的产学研创合作，更加注重政府在协同创新中的主导作用，更加看重都市圈的整体协同能力，而不是中心城市或者某个城市的创新能力。

3.3.1 美国纽约创新发展模式

纽约都市圈的创新发展模式其实是整个都市圈城市的转型推动的。纽约位于美国东部，从美国诞生之日起，就一直是美国的重要港口城市和经济中心，也是全世界的金融中心。纽约的发展是伴随着港口贸易发展起来的，17世纪，纽约一度是劳动密集型制造业的世界中心，所有的移民和工人大量涌入。但到了20世纪，科技革命的浪潮席卷全球，产业格局发生了重要变化，因为纽约的高成本和高福利，美国制造业产业纷纷西迁，导致纽约的制造业中心地位迅速衰落，这导致纽约整体上的反思和改变，并开始了向科技和金融方向的转型。同时，也开始加强与邻近地区产业的协同和分工。

在纽约都市圈中，囊括了波士顿、纽约、费城、巴尔的摩和华盛顿5个大城市，以及40个中小城市。5个大城市分工明确，自我功能定位非常清晰，协同效应非常显著。纽约都市圈的协同极大地推动了创新要素的集聚和创新产业的发展。第一，纽约拥有全世界最充足的金融资本，最为灵活的金融体制，金融服务业异常完善，集聚了金融、保险和证券等中介服务机构，全球头部金融企业总部都汇集在此，华尔街就是世界资本的高地。这让都市圈所有企业都因此受惠，只要创新技术和模式领先，就能吸引到金融资本的青睐，这也极大加速了波士顿等地科技资源集聚的迅速兴起。纽约服务业系统的高度集聚，又因此直接受益于波士顿、巴尔的摩的信息技术产业的发展和革新。这种双向的正效应反馈让交易市场高度活跃，高质量人才加速流入和汇集，创业创新资本进一步集中，这又进一步加速企业的自我革新和对新技术的大量需求，逐步提升高新技术产业的集聚和快速发展。

目前，纽约都市圈的高新技术产业主要集中在新兴战略性产业、信息产业和生物医药产业。两大产业的集群一方面促进了创新要素的集聚和扩散，以及知识溢出；另一方面也迫使企业你追我赶，不断地创新向上。比如在生物医药产业集群中，产业的集聚充分发挥了哈佛等高校的研发优势和人才优势，发挥了政府规划和制订政策推动产业发展长效机制的天然优势，更是金融资本发挥协调发展功能的典型案例。在强大的集群优势和资本投资的引领下，形成了颇具特色的纽约创新型都市圈。

纽约都市圈的创新模式的兴起是作为中心城市的纽约发挥着金融中心、人才中心和要素中心的作用，再与波士顿等地的顶级高校、科研人员相融合，形成了优势产业的供应链、技术链和创新链。新泽西的生物医药快速崛起就是这种融合的成功案例。可以说，纽约都市圈高新技术产业的集群都市圈是人才、资本、技术和顶级研发平台高度融合的自然结果。

3.3.2 英国伦敦创新发展模式

伦敦也是世界级金融中心，但同样地，伦敦也是经历了从工业和制造业中心向金融和创意文化服务业中心的转型。这种转型一方面伴随着科技创新的驱动，另一方面也是区域合作的结果。因为英国是一个狭长地段，伦敦都市圈的创新模式，是以伦敦—利物浦为中心轴线的城市集群，囊括了英国的主要城市伦敦、伯明翰、谢菲尔德、曼彻斯特、利物浦和沿线的中小城镇。伦敦都市圈内拥有非常多的中小企业，主要聚集在教育、科技和文化创新等产业。都市圈内聚集了大量顶尖的教育资源，沉淀了40%的资本和60%的创新人才。依托于中小企业的创新网络，通过政府、风险资本的扶持和投资，孵化中小企业的成长和创新，不断提升伦敦都市圈的创新创意能力。

伦敦都市圈充分利用了自身的文化底蕴和艺术天赋，成了创意文化产业的中心，这也是中小企业众多的一个原因。伦敦都市圈的产业并不依赖于大型企业的研发和投入，而更多依托于中小企业的灵感和创意。因此，扶持中小企业的健康发展，维护中小企业的创新效率和创意，伦敦都市圈强化了创新活动政策的激励和引导。首先，跨区域构建中小企业联合创新网络，让中小企业的创意和理念能够获得更大的市场支撑，也获得更多的碰撞；其次，鼓励知识产权在都市圈内部的转移与利用，支持牛津剑桥等高校与中小企业的产学研创深度合作，广泛支持技术和创意的无障碍沟通和联系，实现创新要素流通的一体化，创新能力的整体提升。最后，强化创新主体地位。中小企业是伦敦都市圈的创新主体，引导主体与中介服务的密切互动，推动都市圈内部创新的良性反馈和可持续发展。

伦敦都市圈创新模式，本质是以文化创意和金融服务业的中小企业为主体，以顶尖的科研院所提供创新要素资源，以有效的政策制度和金融资本为支撑，形成了具有英国特色的创新模式。

3.3.3 日本东京创新发展模式

由于日本的地形条件的限制，交通基础设施的快速发展，让日本很早就选择了都市圈模式，以东京、大阪、神户、名古屋为中心城市，建设了多个大都市圈和大量的中小都市圈，主要就是要突出区域的协同和溢出效应。因此，不管是在实践中还是理论上，日本的都市圈规划都有着丰富的经验。日本是都市圈理论的倡导者，从20世纪50年代开始就是卓有成效的实践者。这其中以东京都市圈最为典型。

东京都市圈，是以东京市区为中心画圆，呈发射状，半径为80公里，涵盖了东京都、埼玉县、千叶县、神奈川县等县区，城镇化率达到80%以上。围绕着东京都市圈的发展，日本进行了5次比较大规模的首都都市圈规划和修正。这五次规划让东京这一中心城市实现了产业结构调整，传统产业的外迁。东京也彻底从制造业中心转型为金融和服务业中心。在都市圈体系内，产业分工协作的空间体系逐步形成，而中心城市则为外围和邻近城市提供金融服务和创新要素供给支撑。这也形成了一个新的模式，高科技公司和跨国公司的总部、研发机构和创新部门位于都市圈的中心城市，而生产部门和生产环节则转到了邻近的中小城市，中心城市负责高端制造和研发业务，中小城市则负责生产和提供劳动密集型服务。中心城市东京则从集中生产成熟产品转变为高附加值和高科技含量产品的创新聚集地。

东京都市圈创新模式的发展，一是形成了一个中心城市和邻近中小城市分工协作、共同发展的体系；二是形成了自成日本特色的政产学研创为一体的协同创新平台。不仅加速了都市圈内部的成果转化能力，而且还能在干中学，通过吸收模仿实现二次创新。三是在中心城市和中小城市之间加大基础设施的建设，比如东京港、水滨城的建设极大加快了物流和交易的速度。在东京都市圈中，创新的主体主要是大集团公司，而往往大集团公司在区域之间需要有这样的协同和分工，这也是东京都市圈创新模式的基础。

3.3.4 中国都市圈创新发展模式

在我国城市群和都市圈建设中，最具代表性的是长三角都市圈、珠三角都市圈和京津冀都市圈，并且在创新发展模式中各有各的特点和优势。

改革开放以来，长三角都市圈一直是最有创新活力和经济活力的区域。在资本集聚上，长三角有着得天独厚的条件，一是凭借其特有的地理区位和政策优势，长三角以其开放外向型经济吸引了大量外资的流入，因首家证券交易所让内资也聚集于此，同时还有最具活力的民营资本，长三角区域对创新的财政支持都是全国前列。在知识和人才集聚上，上海交大、浙江大学、复旦大学等 985 高校云集于此，长三角的科研机构比例占到了全国 10% 以上，高等院校占到了 13% 以上，科学家等高端人才也占到了 20%，为创新产生提供了优越的环境和强大的智力支持。在企业创新转化上，长三角民营经济发达，产业集群数量很多，这些都是孕育创新企业的孵化器，也是让研发成果转化的重要主体。长三角地区最具优势的雄厚资本和高端人才聚集，创新协同一体化发展体系已经形成。

同样的，"外向型"也是珠三角都市圈的一个重要特征。珠三角与我国香港比邻，香港的外来资本为珠三角的经济发展和创新发展提供了重要的驱动力。而且，珠三角的民营经济和资本异常发达，一大批具有国际竞争力的企业集聚在珠三角都市圈，如华为、格力、腾讯、美的、比亚迪等各行业龙头公司带动了创新的发展，它们也是技术创新活动的主力和创新要素集聚的最重要载体。这些公司让中国在通信通讯、家电制造、新能源汽车等领域走在世界的技术领先水平。珠三角的创新发展模式经历了以中小企业为主体到龙头企业引领的过程。

京津冀都市圈则在创新发展模式上还需要更好的融合和协同。在该区域，科教资源非常丰富，拥有着全国最多的 985 高校，其中还有两所世界一流高校清华大学和北京大学，但是该区域的创新要素发展也很不平衡，像河北的创新能力和要素是不能和北京、天津相比的。如河北没有一所 985 高校。同时从人才资源上看，北京聚集了中国最多的具有技术创新能力的人才，但河北因其区位和生态环境等因素是人才流出的。在资本上，这种不平衡的结构也是一样存在的。而京津冀都市圈的创新发展肯定主要靠政府推动，在创新要素的溢出和协同上也需要政府来打破行政壁垒，从政策上支持区域的创新协同，提高创新要素的集聚能力和扩散能力。

3.3.5 都市圈创新发展的经验启示

从国际国内都市圈的创新发展模式来看，几乎所有的中心城市在经济发展过程中都经历过转型和调整，或者说转型永远在路上。特别是在科技革命的浪潮中，都市圈的形成主要依靠的是创新驱动，而且当发现单体城市的创新能力出现瓶颈时，又改变区域的空间形态，形成创新型都市圈，以集团优势加强协同和溢出。

（一）中心城市的转型和辐射

城市发展到一定阶段，自有的要素供给开始饱和需要外溢的时候，就会与邻近城市发生协同和溢出，这也直接导致城市集群和都市圈的发生。这种发生的过程其实伴随着中心城市转型的渐变性而形成的辐射性。例如，纽约和东京都是从过去的制造业中心转变为科技与金融中心，并以科技和金融带动和引领邻近区域的转型和发展。这时候，中心城市就是创新要素活动的集聚地，提供金融、人才和技术等创新要素，也有着服务和管理的功能，不但能提升自身的创新能力，也能指导和率领邻近城市的创新活动和指向。也就是说，都市圈不断演化的过程也是中心城市不断转型和创新的过程。

（二）注重都市圈内各区域的分工合作

国外创新型都市圈的建设，一方面强调中心城市的极化和辐射效应，另一方面也特别关注与邻近中小城市的互动和联合，重视一体化发展。因此，不仅在基础设施网络和连接上不遗余力地建设着，也会强化圈层内部资源的合理分配，突出技术创新的整体效能。都市圈创新能力的提升，是区域内所有城市协同共进的结果，中心城市的不断转型，产业的调整需要中小城市有梯度地承接，并孕育出新的产业和技术。纽约都市圈更强调协同，东京都市圈强调分工，伦敦都市圈则强调部门间的合作，都市圈内部的城市规划更需全局眼光，形成合力的产业布局和层次，呈现秩序井然、各司其职的都市圈面貌。

(三) 具有顶尖的科教创新资源

从四大都市圈创新发展的路径看，有一个重要的基础就是科教创新资源和文化土壤。硅谷有斯坦福大学和加州大学伯克利分校，纽约都市圈有哈佛大学、纽约大学等顶尖高校，伦敦有牛津大学和剑桥大学等名校，东京都市圈则有东京大学等世界名校，每个顶级都市圈的中心城市中都有世界级的名校，这提供了无数的创新人才和要素资源，取之不尽用之不竭。这些科教创新资源才是中心城市能够转型成功、创新驱动的基础，也是建设创新型都市圈的核心要素。

3.4 都市圈创新集聚的形成机制

随着世界经济的大变局，科学技术革命的日新月异，以及中国经济发展动能的转化，创新已经占据现代化建设全局中的核心地位，而对于单体城市而言，已经不适应单兵作战，需要联合和协同，都市圈也是适应时代需要的产物。对于都市圈而言，创新的主体仍然是高校、科研机构和企业，创新的区域则从单个城市转为整个都市圈区域，创新的依托是产业发展，产业集聚能推动创新要素的集聚，城市的发展能吸引创新要素的流入。因此，制度环境、生态环境、文化氛围、民生工程、产业发展都是创新集聚的内生动力。

(一) 有竞争力的中心城市

中心城市是都市圈的核心区域，也是支撑都市圈高质量发展的关键所在。中心城市不但承担着自我生长的过程，也肩负着辐射和引领邻近中小城市的任务。这意味着中心城市首先要具有强大的竞争力，特别是在创新驱动的新时代，中心城市需要通过自身的吸引力，集聚发展的资源要素和禀赋，并进行有机的整合，不断地对外辐射。第一，这要求中心城市具有高水平的创新资源整合能力。能够对都市圈内的创新要素和资源进行合理的配置和分布，比如对产业的布局，应该基于各个地方的资源禀赋和比较优势来重新科学谋划，对圈层内的科技资源如高校和科研院所应该进行重新的整合，等等；第二，要求中心城市具有强大的辐射和领导能力。虽然在都市圈内，特别是中国的行政区域具有天然的隔离功能，但在都市圈发展到一定阶段，中心城市的产业调整和转移应该能够得到周边城市的有力承接，产业的溢出和扩散应能得到周边城市的响应。世界上成熟都市圈内的中心城市都能够利用自身突出的首位度汇聚高端资源，普惠邻近区域。都市圈的创新集聚，重中之重是中心城市的创新集聚，只有中心城市具有很强的竞争力，才能吸引到高质量的科技企业集聚，发挥对周边腹地的辐射和协同效应。

(二) 不断优化的政策和制度

虽然都市圈的形成是市场规律起主要作用，但是政府的调控和规划也能够起到助推和加速进程的效果。特别是当今世界经济和产业格局大变化之际，没有政府的介入，城市的创新主体很容易陷入困境，政府的职能也就变得更加重要。第一，在都市圈的整体规划和产业布局上，需要依靠政府强有力的手。政府在引导纽约、东京和上海等城市从制造业向科技和金融服务业的转型上发挥了巨大作用。第二，政府也是都市圈创新主体的一员。科研经费的投入需要政府的财政扶持，科技人员的福利和权利保障需要政府的支持，科研平台的构建同样依靠政府的政策许可和支持。政府既是进行宏观调控的把控者，也是科技发展方向的指引者，政策指向哪，科技的走向就会走向哪。政府是企业、高校、科研院所工作开展的保驾者和助推器。第三，政府在技术创新网络创建中具有重要作用。都市圈内技术创新的流动和联合，都需要政府来推动、鼓励和支持。比如上海都市圈的集成电路产业，深圳都市圈的新能源战略，政府都特别注重培养产业发展的充分必要条件，并为此建立科研平台，设置学科专业，培养专业化人才，促进产学研融合发展。而十八大以来的大众创新万众创业政策让创新创业之风植根于各个城市。

但是经济、产业和技术都是动态调整的，都市圈内的政策和制度也需要不断地优化和调整，与时俱进，往最有利于创新集聚的方向去适应和调整，这样具有确定性的制度和政策才能吸引更广泛的创新集聚。

(三) 良好的区位优势和基础设施

不管是梳理城市的历程还是经济发展的变迁，城市的地理区位和经济区位都是不可忽视的一个因素。所谓靠山吃山靠水吃水，人在选择栖息地的时候都会选择更好的区位和地理位置，纽约之所以是纽约，是因为它位于美国东北海岸线重要的海港位置，第一批移民和人口就是聚集到纽约。纵观国内外持续性发展最好的都市圈，都是有着良好的地理区位，上海都市圈、深圳都市圈莫不如是，而且中心城市一般还承担着交通枢纽的职能，拥有世界级的空港和海港，有着良好的放射功能，在对外联系和开放上更具优势。同时，在经济区位上，这些都市圈的中心城市往往享有更好的政策红利，比如上海和深圳，一直都是中国改革开放的先行先试区，所有的政策总是先在这些地方倾斜，有着很好的政策环境和营商环境，这也吸引着最好的创新资源包括人才资本技术蜂拥而至。因此，区位优势是形成创新集聚的重要因素。

纽约超具规模的高速公路网络设施、上海四通八达的高铁网络和北京大兴机场的建设都昭示着基础设施在都市圈中的重要性。都市圈内发达的交通网络，不仅能够有效地促进中心城市和中小城市的互联互通，特别是中小城市的链接，还将区域内所有的城镇放入网中，为资源的流动和流通创造了坚实的硬件基础，这也是都市圈建设必不可少的基本条件。同时，基础设施的完善还包括了数字信息工程、民生工程、教育资源、医疗资源的建设。这些基础设施的改善，也满足了人民对美好生活的向往，生活的便利性和美好程度更能吸引人口的流入，这有利于思想的碰撞、创新的开展。比如5G网络的建设，更能减少通信的时间和成本，让知识和技术更好地交流、流通和外溢，激发创新的形成。基础设施的改善能够为各项要素在都市圈层中的汇集、交流和扩散提供支撑。

(四) 高质量的社会资本

这里的社会资本指的是社会组织、规范和准则。一般而言，一个区域的社会资本越高，创新要素的集聚度就会越高，创新能力就会越强。而都市圈的创新集聚，必然需要高质量的社会资本。只有都市圈内存在很好的规范和准则，透明的机制，严格的知识产权保护制度，才可能孕育出良好的创新成果，形成优秀的创新文化，营造浓厚的创新氛围。高质量的社会资本一定能够孕育出高质量的创新文化，高质量的社会资本也一定能激励更好的企业家精神。在一个高质量的社会资本环境下，创新活动能够更有效地展开，催生更多的思想火花，新技术、新理念都能更有效地付诸实践，从而提升整个都市圈的综合创新能力。

社会资本可以传导出两个机制，一是"社会资本—文化—人才—创新"正向的良性反馈机制，优秀的创新文化能培养居民更好的科学素养，激发圈层内广泛的科技活动，提升整个都市圈的创造力和活力，催生都市圈创新集聚的进一步集中。二是"社会资本—知识产权—R&D活动—创新"的传导机制。社会资本的高质量，会让整个社会更加尊重知识产权，保护知识产权，保障科研人员的权利，这将激励科研人员更有意愿从事科研活动，也会直接产生更多的技术创新。

（五）完整的中介服务体系

在都市圈内，如果做到了政策环境下的要素自由流通，还需要媒介来推动，这就要求高质量的科技中介服务体系来支撑。比如，高校的科研成果与企业的产品化之间还有很长的一段路，这个就需要各方面的中介来提供服务，最后实现成果产业化。特别是中小城市的研发成果，与产业的对接因为信息的不畅更加的困难。没有一个完整的中介服务体系，创新要素就无法在这里落地生根，而无法形成集聚。一方面需要构建完善的科技服务平台，全方位地提供专利服务、项目申报、资本对接和其他一些金融服务等。另一方面又需要在都市圈内，构建产业创新信息平台，让每个产业的技术人员能够第一时间获悉关键信息，促进创新的转化，更有利于推动产业的互联互通互享。

（六）金融资本的有力支持

在现代社会，金融是支持实体经济的最有力工具。创新同样离不开金融的支撑。从上述几个都市圈的论述可以看出，每一个都市圈的中心城市都是世界性的或者区域性的金融中心，再通过金融的辐射为中心城市和中小城市的产业提供资本支撑。而且，创新型都市圈更加注重区域之间的产业协同和互补共赢，这将更加依赖于金融服务业的资金倾斜。

以上海都市圈为例，中心城市上海是国际金融中心，所有金融机构的总部几乎都云集于此，证券、银行和保险等金融机构成熟完善，能够提供创新创业的资本需求。投资咨询、风险投资业务兴盛，与国内的高新技术企业、初创企业都联系紧密，这些都有效推动了创新活动的发生，更助推了高新技术产业在都市圈的集聚。而产业的集聚和繁荣反过来又推动了金融服务业的发展，两者相辅相成，形成良好的良性反馈机制，将对都市圈创新要素的集聚，起到有效的保障支撑。

(七) 深厚的产学研底蕴

每个创新型都市圈，都集聚了众多的创新要素。这些要素包含了资本、平台、技术和人才。而其中，人才和平台是产学研能实现协同转化的基础。

高校、科研院所和研发机构是创新型都市圈形成的关键主体，是科学技术创新的孵化地，也是新思想新技术的初创地，不仅承担着创新活动和技术研发，更是创新的思想源泉。所有的都市圈中，如果缺乏高校和科技机构的话，要形成创新要素的集聚和经济的创新驱动基本是个空话。成熟的都市圈都有历史悠久的顶尖大学或科研机构，并且能持续不断地为创新输送人才和提供前沿技术。同时，大学和科研机构在都市圈内都创立了大学园区和科技园，不断孕育孵化创新型企业，加快了创新型都市圈的形成。高新技术人才的培育是形成创新型都市圈的先决条件，创新知识的贯彻和学习，创新思维的形成和发展，都是靠创新型人才来得以实现的。在都市圈中，应该形成各种层级的人才结构，因为中心城市和中小城市的产业差异，更要注重人才的引进和培养。

"平台 + 人才"是都市圈的基本创新要素，只有这些基本要素汇集于此，才能推动都市圈的创新发展。

第4章 武汉城市圈创新要素集聚能力评价及比较研究

4.1 创新要素的概念和构成

(一) 创新的内涵

创新的理解和界定并没有形成一个统一标准的范式，人们在对创新进行定性和定量分析时都是从不同的角度，创新的概念在经济学、管理学和社会学上都是有不同的论点和论据的，很难标准化。从创新经济学的角度来看，最早对创新进行解释和系统性研究的是著名经济学家约瑟夫·熊彼特（J. A. Schumpeter），他在其里程碑式的创新经济理论著作《经济发展概论》中提出，创新是重新"建立一种新的生产函数"，也就是说创新一定在旧有的组合或者规则上有所突破，要么是在新建立的生产函数上重新组合生产要素，要么就是把之前从来不曾出现的生产要素组合成新的生产方式的经济过程。熊彼特的创新理论包含了五个方面的要素：①新产品或新服务的推出；②新的要素供给开发；③新市场、新商业模式的发展；④新生产方法的采用；⑤新组织的运行。

熊彼特的创新理论和对创新的研究模式和方法开创了创新研究的先河，产生了广阔和深远的影响。后续学者们基本都是按照熊彼特的研究模式来开展的。Mansfield（1971）认为，创新是"首次被应用的发明创造"，新产品的直接被应用才是创新，产品创新是从有想法到实现，最后以销售和应用为终结的探索性活动。如果按照这个定义，实验室里半产品的研发都算不上创新。持这种观点的学者有很多，像 Mueser（1985）也同样认为创新需要具备两个特征：一是创意上的新颖性，二是创意的成功实现，具备这两项特征的非连续性事件才是创新活动。如果新的技术开辟了新的市场，才可以视作创新（森谷正规，1985）。如果单纯地从经济学角度来看，基于技术研发的新工艺、新产品、新系统和新装置真正实现了商业性应用来看，才能定义为创新，或者说创新是一个技术的、工艺的和商业化的全过程（Freeman，1997）。

国内对于创新的认识始于 20 世纪 90 年代。许庆瑞（1990）把创新视作一种新思想新思维的落地，也就是这种思想最后形成产品而被市场认可的过程。柳卸林（1993）认为创新就是新产品的生产、新技术的应用、新工艺的采用，创新也不仅是产品创新，还包括了过程的创新，而且创新也是要必须扩散的。郭晓川（2001）把创新分类为狭义的创新和广义的创新，狭义的创新和以上观点类似，创新应该是从实验室到商业应用的过程，而广义的创新则在此基础上，还强调创新思想的溢出和扩散。狭义和广义并无对立，主要在于对创新范围的理解不同而已。如果以二维的方式来认识创新会更加透彻。从技术到产品是一个过程，从技术的不为人知到产品的广泛应用是另一个过程，二者相互辩证统一。也就是说创新是一个社会过程，是一个系统化和网络化的过程。这个社会过程包括了技术的物质化过程和产品的市场化过程。

本书认为，创新是一种经济的行为过程，创新和技术发明等行为不同，它是从技术的研发到商业应用的一个过程，是通过商业应用去检验技术本身是否属于"创新"。因此，创新其实是一个系统工程，它需要研发人员、企业来进行接力，真正实现产学研的过程才是创新。没有得到商业应用的只能看作是技术发明。

约瑟夫·熊彼特对技术变迁的阐释经历了发明、创新到扩散三方面的进程，创新衔接了发明到扩散，是一个中间过程。这可以被视作严格意义上的创新，而在当下，人们总是不加区分地把创新和发明、改变进行等同，把创新看作具有知识产权的专利、物化的东西。基于这种观点，学者们从不同的视角对创新进行了量化和测度。

但是因为对创新概念的理解不统一、侧重点不一致，所以测度和量化指标也千差万别，但最主要还是从几个层面来进行测度的。一是从创新投入的角度。创新投入常被采用的是在输入端投入的人力和资本，以研发人员和研发支出来度量，也就是知识生产函数的自变量（Porter 和 Stern，1999；Jaffe，1989；Feldman，1994）。二是从创新产出的角度。创新产出主要指最终产品或者是最终成果，如专利授权量或者其他的创新产品。因为数据的不易得性，一般主要采取专利数量来衡量（Godin，2002），区别是采取授权量还是申请量，以及发明专利数量还是总数量的区别。在多数国家和地区，专利数据相较容易获取，比如中国的统计年鉴，科技统计年鉴和地区统计年鉴都可以查到。大部分学者都以国家、地区或者企业的专利数据来展开研究。但是专利在创新的定义中只能算作中间产出，而不是最终产品 [（Griliches, 1990; Jeffrey L. Furman（2002）]。大部分学者都以国家、地区或者企业的专利数据来展开研究。但是专利在创新的定义中只能算作中间产出，而不是最终产品（Griliches, 1990; Jeffrey L. Furman, 2002）。所以 Edwards and Gordon（1984）提出，因为关于直接创新的调查数据能更好测量最终产出，因此可以采用关于直接创新的调查或普查数据来指代创新过程的最终产出，而这个数据在美国和英国容易获取。Feldman（1994）率先用美国小企业管理局的数据库对创新的空间特征展开研究，Ace、Anselin 和 Varga（2002）在对比创新计数和专利数据发现，两者在空间上特征非常相似。三是从创新主体的角度。创新主体主要强调企业的创新地理区位，不同于创新投入和创新产出。创新主体包括了企业、实验室等研发机构和产业化公司。因此，创新主体的数量和质量都可以作为衡量创新能力的指标。四是从创新网络的角度。这主要是基于创新的综合系统分析。还有学者采取了其他一些创新指标，比如文献统计数据、技术统计数据、公司技术合同成交额等。

但创新肯定不能局限于研发，创新的投入也不会全部能够转化为产出，也不是所有的发明创造都通过专利数据来体现，因此，不管采用哪个指标来衡量创新能力都会有所偏重。创新能力的度量也显然不是一个指标能够替代的，是一个系统性的问题。

因此，本书从创新要素集聚能力的角度去考察我国地区间的创新能力，最主要是考察武汉都市圈的创新能力和空间溢出与协同机制。

（二）创新要素的构成

创新是一个系统，包含了创新投入、产出和主体以及其他构成。也就是说，创新是一系列要素组成和融合的一个系统，这一系列要素即为创新要素。很显然，创新要素的集聚能力和整合能力直接影响创新能力的高低，建设创新生态系统离不开生态里的创新要素。

但是基于第 2 章的创新要素分析可以发现，创新要素的概念和构成，以及其他方向的研究并没有形成统一的体系。也就是说，要对创新要素做出一个公认的概念或定义，需要理清楚创新系统里的要素构成，也需要弄明白创新要素在创新系统里的基础性作用以及和其他关联的化学反应。根据创新地理学，一个区域的创新要素与提升取决于内部各创新要素之间的相互作用，也取决于内部的要素流动和外部的产出相互之间的作用力。那么如果在一个完全自由和要素充分流动的区域里，创新要素的流入会提升该地区的创新能力，技术和知识会吸收和扩散，进而优化其溢出效应的正外部性，提升整个区域的创新能力。同时，现在关于创新要素的构成也总是在创新体系里综合来分析。假如根据创新要素对创新体系的影响因子进行排序后，有的学者认为政府、企业和科研院所应为主体要素，也是核心要素，而人才和环境等是次要要素，制度是第三类要素。如果对创新系统的内外要素进行界定，有学者认为内部要素主要为企业的创新力和产学研转化能力，外部要素则指的是基础设施和服务软环境（包括了政策、人文环境和市场要素等）。

根据以上分析，把都市圈当作一个整体区域，都市圈的创新要素就是指那些能够在整个区域里自由流动，并且能够创造出创新产品的生产要素以及和创新活动密切相关的其他要素。这些要素要么是创新投入，要么是创新产出，或者是那些能支撑创新的主体。本书认为，在都市圈体系内，创新要素主要是指直接要素，也就是生产函数里的创新投入和产出资源，涵盖了人才要素（普通高等学校在校师生数、科技活动从业人员和研发人员等）、资本因素（研发经费投入、财政投入等）、平台因素（高校数量、科研机构数量等）和技术因素（专利、技术合同成交额等）等。而宏观政策制度、市场环境、基础设施等客观要素只能视作创新的外部影响因子。基础设施的改善会使得交通和通信更快捷，促进创新要素的快速形成和聚集，创新环境的优化会提升创新要素的流入，而制度、社会资本等影响因素一样是为了达到这种效果而不断提升。

因此，对于都市圈而言，创新要素和影响可以这样来描述，中间圈层是创新的主要构成，外围圈层为其影响因素。

（三）要素集聚的原因和形式

要素是指任何系统里的组成单元，而要素的表现形式主要就是集聚和扩散。如果单独拿出一个要素出来，都是单独的个体，不能发挥任何效应。所以说要素必须视作是个整体，并且需要集聚并发挥化学反应。这需要深层次地去分析集聚和扩散的动力和表现形式。首先要理清楚，什么是集聚。

"集聚"是指事物在空间上形成有机的组合和集合，也就意味着并不是简单的聚集，集聚和聚集是两个概念，聚集是事物集中在一起，并没有发挥合起来的作用，而集聚是聚集在一定空间范围内的物体通过某种组织和力量产生出化学效应，强调了有机整合，最终是一个有序的有规律的物理网络系统。因此，要素和集聚看起来是两个概念，但其实是一个集合体，要素必须集聚，不集聚便无法发挥效应。而要素的扩散则是集聚到一定程度的溢出。比如说，产业集聚是由政府、企业、资源和制度等一系列因素共同组成的，政府的产业定位，招商引资政策和企业的吸引力等共同推动产业的集聚，并发挥溢出和辐射效应。

(四) 创新要素集聚的内涵

这也意味着创新要素集聚不会是创新要素的简单聚集，而是会在特定的空间范围内发生彼此关联，相互作用而提高创新能力的过程机制。也就是说区域创新要素集聚的形成是一种综合作用力的结果。或者说为什么能形成创新要素集聚，一定是这个区域有其他地方不可比拟的创新优势和比较优势，这种优势被形象地称为"第一天然优势"，意指地方的要素资源禀赋优势，这种天然优势一定会吸引一部分创新要素的集聚，并在集聚中自我增值，吸引更多的要素流入，形成集聚的良性循环，最后趋于溢出和扩散。其他的动因和作用力主要是要素集聚的外在动力，包括区域形成鼓励创新的文化和政策制度，或者国家的开放程度，导致要素的自由流动，而形成要素的集聚高地。Cooke（1996）把这样一个集聚高地称为区域创新系统，是指这一区域范围内的邻近创新主体包括高校、企业等组成的能够提升区域创新能力的有机组织。

在都市圈这样一个物理空间，一旦形成了有效的都市圈协同机制，在都市圈内创新要素能够自由充分的流动，然后形成一定的集中和集聚，将会产生极大的集聚效应，并促进都市圈的其他要素的进一步集中，创新能力的进一步提高和经济社会的进一步发展。都市圈创新要素集聚的表现形式通常是如下两种：一是创新要素集聚能力的提升。创新要素不断地流入和集聚，最后形成扩散；二是因为新技术新业态的变化，创新要素的配置也随之发生变化，重新进行新的组合，这里面会涉及创新要素比例的调整，边际效应的改变，以及新要素的加入，最后形成新的集聚，然后成为一个稳态。

（五）创新要素集聚的过程

本部分从创新的主体出发讨论创新要素集聚的形成过程。创新主体到创新要素集聚系统的演变过程通常是这样的：古典集聚模型—产业综合体—创新要素集聚系统（任森，2008）。首先是创新要素空间上的集聚，到产业的集聚，再形成"要素—产业"的双向正反馈良性循环。同时，人力资源、知识技能、社会资本、制度与环境等创新要素一旦以合适的组合方式聚集在一起，就可能从空间的聚集从量变到质变，这种变迁的过程就是创新要素的集聚过程（赵陆，2008），而且这种集聚方式和集聚的路径也会随着产业结构的调整，技术变革和经济的转型发展而发生改变（朱方伟等，2008）。

从微观上看，创新要素的集聚首先要一个载体，这个载体要么是研发机构、高校院所，聚集了大量的科技人员和研发人才；要么是企业，聚集了优质的资本和产学研转化能力。而且，在不同的载体，创新要素需要按适当的比例进行分配和组合。从高校院所的角度，那些具有比较优势率先获得更多创新要素的平台会凸显出更强的创新能力，进一步吸引要素的流入，溢出和辐射邻近区域。从企业的角度，那些凭借政策和先发优势获得创新要素的企业，随着创新能力的显著增强，护城河的门槛相应提高，超额利润也会相应提升，而这会驱动上下游产业链上的企业纷纷进入，形成新的产业集聚，并促使创新要素更进一步的区域流入，创新要素集聚能力的再次提升。然后企业继续通过高门槛的创新力吸引更优质的创新资源，并通过市场化的方式进行整合，使得集聚能力的空间效应更为显著。这时企业就会开始寻求与政府、高等院校和研究机构的产学研深度合作，组成创新联合体，以实现更大的技术优势和创新优势。这种方式将会促进区域创新要素集聚能力的第三次提升，依此递推下去，直至进入稳态和溢出。

从宏观上看，因为微观创新载体的集聚和载体内创新要素集聚能力的提高，提升了区域创新要素集聚度，使创新能力极大增强，会带来该区域技术优势和经济效应的快速发展，这将导致新的集聚，直至集聚的规模不经济现象出现。在都市圈内同样会呈现这样一个趋势，首先是创新要素随着创新载体向中心城市集聚，而导致周边城市创新要素的流失和经济空心化，但中心城市的空间承载能力总是有限的，最终因为集聚程度过高，导致交通拥堵、生活成本过高、人力资本上升、环境承载力不够等后果，而正外部性下降甚至为负后，要素开始扩散，人才、资本、技术等创新要素会集体向地理位置相近的落后区域转移，并在周边中小城市形成新的集聚，使得邻近区域的科技、经济发展水平都有了一定程度的提高。中心城市的扩散和中小城市的集聚开始对向而动，大量创新要素的一致性流入使得邻近中小城市创新要素呈现出空间集聚特征，且集聚度进一步增强。所以说，创新要素集聚的过程有两种模式：集中集聚和分散集聚。

4.2 武汉城市圈的创新要素分布现状

基于以上章节的论述，都市圈是指围绕某一个中心城市（即超大或特大城市）的城镇化形态。同时考虑到未来交通工具的进一步发展，和研究对象的典型性，本书把武汉城市圈等同于武汉都市圈。武汉城市圈，又称武汉"1+8"城市圈，是指以中国中部最大城市武汉为圆心，覆盖黄石、鄂州、黄冈、孝感、咸宁、仙桃、潜江、天门等周边8个城市所组成的城市群，其中武汉为中心城市。

武汉城市圈是湖北的最主要区域，也是科学技术和教育资源非常集中的地方。在创新要素组成中，人才要素，科研平台要素，科研成果及技术要素均具备丰富的底蕴。无论是高校数量、科研机构数量、在校大学生数量、专任教师数量，国家科技奖含金量均位居全国前列。

1. 武汉市概况

2018年，武汉市地区生产总值1.48万亿元，比上年增长8%。其中，第一产业增加值362亿元，增长2.9%；第二产业增加值6377.75亿元，增长5.7%；第三产业增加值8107.54亿元，增长10.1%。三次产业构成比为2.4∶43∶54.6。按常住人口计算，全市人均地区生产总值13.51万元，增长

6.4%。

武汉市在校研究生13.8万人，比上年增长8.6%；在校本专科生96.9万人，增长2.3%。

武汉地区科技研究机构111个，中国科学院院士31人，中国工程院院士36人。全年创投资本总额1337.9亿元，比上年增长9.1%。重大科技成果就地转化1072个，签约总金额371.4亿元；技术合同认定登记1.75万个，技术合同成交额722.54亿元，增长19.8%。全年"四上"（规模以上工业企业、资质等级建筑业企业、限额以上批零住餐企业、国家重点服务业企业）高新技术企业实现高新技术产值超万亿元，增长16.1%；高新技术产业增加值占GDP的比重达到20.6%。新认定高新技术企业1366个，总数达3536个。专利申请量6.05万件，授权量3.24万件，分别增长21.7%和26.9%；发明专利申请量2.91万件，授权量8807件，分别增长25.2%和4.3%。每万人发明专利拥有量34件。PCT国际专利申请量1475件，增长21.1%。

2. 黄石市概况

2018年，黄石市地区生产总值1587.33亿元，按可比价格计算，比上年增长7.8%。其中，第一产业增加值95.64亿元，增长2.9%；第二产业增加值929.54亿元，增长8.3%；第三产业增加值562.15亿元，增长8%。三次产业比重为6∶58.6∶35.4，第一产业增加值占GDP比重下降2.2%，第二产业增加值占GDP比重上升1.6%，第三产业增加值占GDP比重上升0.6%。人均GDP 64249元（现价），增长7.2%。人均地方公共财政预算收入4737元，增长5.2%。

黄石市纳入高新统计的规模以上工业企业243个，比上年增加36个。高新技术产业增加值247.4亿元，增长12.4%，占GDP的15.6%。全市专利申请总量6013个，增长20.9%，其中发明专利申请量2095个，增长2.6%；专利授权总量2702个，增长91.8%，其中发明专利授权量149个，增长3.5%。

黄石市各级各类学校共有1003所，在校生511120人。高校5所（含1所成人高校），在校生61386人，教师3303人。

3. 鄂州市概况

2018年，鄂州市地区生产总值1005.3亿元，比上年增长8.2%。其中，第一产业增加值94.15亿元，增长2.7%；第二产业增加值523.7亿元，增长

7.4%；第三产业增加值 387.45 亿元，增长 11.4%。按常住人口计算，全市人均生产总值 93317 元，净增 8865 元，增长 10.5%。三次产业结构由 2017 年的 11.3：52.7：36 调整为 9.4：52.1：38.5。

鄂州市增加高新技术认定企业 38 个，增加高新产品登记备案企业 36 个，增加备案产品 53 个，增加省级知识产权示范企业 2 个，共 40 个。授权发明专利 60 个，全市每万人发明专利拥有量 3.8 个。鄂州市常住人口 107.77 万人，其中城镇人口 71.03 万人、乡村人口 36.74 万人。城镇化率 65.9%。鄂州市拥有高职院校 4 所，在校学生 2.55 万人。

4. 孝感市概况

2018 年，孝感市地区生产总值 1912.9 亿元，按可比价格计算，比上年增长 8.1%。其中，第一产业增加值 287.13 亿元，增长 3%；第二产业增加值 925.58 亿元，增长 8.3%；第三产业增加值 700.19 亿元，增长 10.1%。三次产业结构由上年的 17.1：48.2：34.7 调整为 15：48.4：36.6。全市常住人口 492 万人，其中城镇人口 283.24 万人。城镇化率 57.6%。

孝感市高新技术产业增加值 257.2 亿元，比上年增长 14.1%。认定高新技术企业 105 个，高新技术企业总数 277 个。新培育科技型企业 166 个。技术合同登记 21.5 亿元，转化科技成果 155 项。孝感市拥有各级各类学校 1273 所，在校生 63.06 万人，教职工数 5.17 万人（专任教师 4.19 万人）。

5. 黄冈市概况

2018 年，黄冈市地区生产总值 2035.2 亿元（现价），按可比价格计算，比上年增长 7.2%。其中，第一产业增加值 376.1 亿元，增长 2.8%；第二产业增加值 832.04 亿元，增长 7.7%；第三产业增加值 827.06 亿元，增长 9.1%。三次产业结构由 2017 年的 21.71：38.94：39.35 调整为 18.48：40.88：40.64。人均地区生产总值 32124 元。

黄冈市高新技术产业增加值 182.4 亿元，占 GDP 比重 9%。高新技术企业认定 114 个，总数 285 个。建成国家级孵化器 1 个、省级孵化器（众创空间）29 个、加速器 13 个，培育在孵企业 240 个、科技型中小企业 174 个。国家级高新区 1 个，省级高新区 6 个，组织实施 6 个省级重大科技专项和 24 个省级研究与开发项目，新增高新技术产品 232 个。新建科研平台 41 个，黄冈市科研平台总数增至 190 个，建成院士工作站 34 个、省级产业技术研究院 1 个、省级工程技术中心和校企共建研发中心 60 个。争取省级以上各类科技计划项目 124 个，落实项目经费 3123 万元；获批省级重大科技专项 6 个。转化科技成果 97 个，技术合同成交额 29.52 亿元。申请专利 5553 个，万人发明专利拥有量 1.14 个。

黄冈市拥有各级各类学校 2005 所，其中小学 680 所（不含农村教学点 790 个）、初中 238 所、高中 61 所、中等职业学校 26 所、特殊教育学校 9 所、高校 4 所（成人高校 1 所）。在校生 94.18 万人，教职工 6.95 万人。

6. 咸宁市概况

2018 年，咸宁市地区生产总值 1362.42 亿元，按可比价格计算，比上年增长 8.5%。其中，第一产业增加值 186.88 亿元，增长 2.9%；第二产业增加值 662.83 亿元，增长 8.8%；第三产业增加值 512.71 亿元，增长 10.6%。三次产业结构比为 13.7∶48.7∶37.6，与上年相比，第一产业增加值占地区生产总值的比重下降 1.9%，第二、三产业比重分别提高 0.3% 和 1.6%。全年人均地区生产总值 53655 元，增长 8.1%。

咸宁市申报登记省、部级以上科技成果 67 个，比上年增加 8 个。专利申请量 3764 个，其中发明专利 1212 个。专利授权量 1886 个，其中发明专利授权 92 个。签订技术合同 463 个，技术合同成交额 31.86 亿元，增长 42.4%。获省级科技奖励 7 个，其中三等奖 6 个，科技创新奖 1 个。咸宁市有各类中小学校 509 所，高校 2 所，在校学生 40.66 万人，教师 2.39 万人。高校在校生 32840 人，专任教师 1512 人。

7. 仙桃市概况

2018 年，仙桃市地区生产总值 800.13 亿元，按可比价计算，比上年增长 8.3%。其中，第一、二、三产业分别增加值 86.92 亿元、413.25 亿元、299.96 亿元，分别增长 3%、8.3%、10.5%。三次产业结构为 10.86∶51.65∶37.49。

仙桃市拥有国家级创新平台 5 个、省级创新平台 45 个、省级工程技术中心 6 个、校企共建研发中心 5 个、星创天地 9 个、市级技术创新中心 10 个，新认定高新技术企业 2 个，纳入高新技术产值统计的规上企业为 87 个。登记备案高新技术产品 26 件、省级高新技术产品 204 件，高新技术产业产值 301.1 亿元，增加值 75.4 亿元，增加值增速为 11.9%，高新技术产业增加值占 GDP 比重 9.42%。专利申请 904 个，增长 31.4%，其中发明专利 300

个，增长 23.4%。专利授权 425 个，增长 36.7%，其中发明专利授权 35 个。万人发明专利 2.26 个。实施科技成果转化 41 个，技术交易额突破 11 亿元。

仙桃市拥有各级各类学校 141 所。其中，小学 98 所、初中 30 所、高中 9 所、中职学校 3 所、特殊学校 1 所、高校 2 所（成人高校 1 所）。专任教师 9977 人，在校学生 14.74 万人。

8. 潜江市概况

2018 年，潜江市地区生产总值 755.78 亿元，比上年增长 8.3%。其中，第一产业增加值 75.29 亿元，增长 3%；第二产业增加值 398.09 亿元，增长 8.1%；第三产业增加值 282.4 亿元，增长 10.2%。三次产业结构比从上年的 10.9：52.4：36.7 调整为 10：52.6：37.4。全市人均生产总值 78279 元，增长 12.3%。

潜江市高新技术企业 51 个，高新技术产品登记备案企业 71 个。其中，高新技术产业统计单位 88 个，比上年增长 14.3%。高新技术产业增加值 137.4 亿元，按可比价计算，增长 13.4%，高于规上工业增加值增速 5.6%；高新技术产业增加值占 GDP 的比重 18.2%，排全省第 3 位；高新技术产业增加值占全省的比重为 2.1%，占比提升 0.4%。

9. 天门市概况

2018 年，天门市地区生产总值（GDP）591.15 亿元，增长 8.2%。其中，第一产业实现增加值 80.44 亿元，增长 2.8%；第二产业实现增加值 302.85 亿元，增长 8.2%；第三产业实现增加值 207.86 亿元，增长 10.7%。第一产业增加值占地区生产总值的比重为 13.6%，第二产业增加值比重为 51.2%，第三产业增加值比重为 35.2%。

2018 年，天门市共获各类专利授权 542 件，发明专利累计拥有量 81 件。全市高新技术企业增至 74 家，实现增加值 59.8 亿元，同比增长 13.5%。财政投入科技支出 1.70 亿元。

从总体上看，武汉城市圈的经济发展和创新要素主要以武汉一家独大，其他城市相对还有很大发展空间，见下表 4-1 所示。

表 4-1　武汉城市圈主要创新要素指标（2018 年）

指标层	GDP（亿元）	高等学校数（个）	高等学校在校生数（人）	高等学校专任教师数（人）	高新技术产业增加值（亿元）	专利申请量（个）	专利授权量（个）	研发经费支出（万元）
武汉市	14847.29	84	969323	58586	3052	60511	32397	3784174
黄石市	1587.33	4	45773	2469	247	6013	2702	297504
鄂州市	1005.30	1	14995	726	131	1708	576	116203
孝感市	1912.90	3	35624	1850	257	6551	3174	324231
黄冈市	2035.20	4	41921	1987	182	5553	2138	130827
咸宁市	1362.42	2	30554	1797	148	3764	1886	104580
仙桃市	800.13	1	4126	223	75	1455	601	33293
潜江市	755.78	1	6743	367	137	1151	279	70891
天门市	591.15	1	2200	128	59.8	1092	542	17000

注：数据来源于《中国城市统计年鉴 2019》《湖北统计年鉴 2019》和各城市统计年鉴。

　　从人才因素看，2018 年武汉都市圈拥有普通高等教育本专科在校生 115 万人，高等教育专任教师 6.8 万人，从事研究与开发人员有 40 余万人，"两院"（中国科学院、中国工程院）院士达到 67 人，还有其他各种人才计划 500 余人。

　　从科研平台因素看，武汉都市圈拥有普通高校 101 所（其中 985 工程大学 2 所，985 工程优势学科创新平台大学 4 所，211 工程大学 7 所）；国家级科技创新平台 50 余家（含国家实验室、国家重点实验室、国家工程技术研究中心、国家产业技术创新联盟、国家级对外科技合作平台等各类国家级创新平台）；各类科学研究和开发机构 1200 多家，在中部各都市圈中创新平台优势突出。从技术因素看，2018 年，武汉都市圈专利授权量为 43753 件，技术市场成交额 1000 多亿元，国家级高新区有 7 个，几乎都市圈中每个城市都有一个国家级高新区，整个湖北共 12 家，武汉都市圈的高新区占据了湖北省一半以上，也意味着是湖北高新要素集聚的核心地段。高新技术企业增速达到 10% 以上，但随着高质量发展的推进，更加注重高新技术产业的质量而不是数量，高新技术企业增加值 4200 多亿元；科研论文、专著发表数量上均创历史新高，位居全国前列，中部第一；同时也具备产业优势，在以东湖高新技术开发区的示范下，武汉都市圈在激光、光通信、生物基因、导航信息、半导体等重大领域中处于领跑地位，是名副其实的世界"光谷"。在以武汉为中心的都市圈建设中，以创新平台、人才和技术为基础要素的创新要素正在加速聚集。

虽然在创新驱动发展中，独特而丰富的创新人才、平台和技术要素是武汉都市圈最大的比较优势，但同时也应该看到，这些创新要素资源的集聚，却并没有很好地转化为发展优势。与东部沿海都市圈建设相比，创新驱动的持续动能明显不足，已是武汉都市圈亟待解决的关键问题。主要表现以下方面。

（1）在空间分布上，武汉都市圈的创新资源要素主要集中在省会武汉市，比如武汉城市圈的 101 所高校中，武汉占到 84 所，比例达到 84%。而其他科研机构，创新人才更是主要集聚在武汉，这种极化分布造成一市独大的格局，也导致其他城市的创新动力严重不足，制约了全省的创新水平的提升，长期居于全国中游水平。另一方面表现在承载主体的异质上。武汉都市圈的创新要素主要集中在高校和科研院所等经济效率低下的主体中，比如武汉的高校几乎集聚了一大半的国家级创新平台和博士等高学历人才，作为推动经济发展、吸纳创新人才的重要载体——国有企业和民营企业拥有的要素资源数量少，政府支持力度小，这也导致企业的创新动力不足。

（2）在创新投入上，武汉都市圈具有人才、平台和技术优势，但在创新资本上，却要素匮乏，在引进外资、风险资本、创投资本等方面与沿海省市相比存在明显差距，这导致一辆装备完好的汽车缺少了引擎一样。没有资本的推动和糅合，这些优势就无法有效配置，形成合力。科技金融发展体系也不成熟，特别是武汉城市圈的中小城市，几乎没有任何资本来与技术相对接，这让有的技术和专利只能转让给沿海企业，创新要素的聚集必须是整个创新过程所有要素的聚集，才能更好地转化为创新力。

（3）在产业集聚上，武汉都市圈的创新产业发展存在着跟风和同质性。城市之间没有根据自有的资源禀赋，制定合理的产业规划和空间分布，这种到处开花的产业格局导致城市间的竞争性，以及要素资源流动的封闭性，使得创新的内在动力不够。而且，产业的分散，导致创新要素的分散甚至是竞争，形成内耗，这使得创新要素转化为生产力的最重要载体——产业没有发挥出应用的集聚和溢出效应。

4.3 创新要素集聚能力评价体系构建

在综合评价方法运用的实践中，有多种评价方法。有因子分析法、主成分分析法、指数法等。根据确定权重的不同，有主观赋权评价法和客观赋权评价法。主观赋权法依赖主观判断，缺乏客观性。本书采用客观赋权法中的熵值法，通过信息熵原理来确定权重，能够客观准确地评价研究对象。

4.3.1 指标体系构建原则

① 科学性原则

科技创新资源集聚能力评价指标体系要保证所选取的指标能够科学地反映科技创新资源集聚能力的特点，并建立在可行的、有保障的数据收集渠道之上，进行计算分析和量化处理。

② 系统性原则

科技创新资源集聚能力评价指标体系是由不同层次、不同类型的要素组成，构建指标体系要考虑其完整性。根据各层次、各要素之间的特点及相互关系，可把整个体系划分为若干个既相互联系又相互独立的子系统。

③ 可量化原则

可量化包括三层含义：一是要求定性指标可以间接赋值量化，二是定量指标直接量化，三是指标充分考虑动态变化。

（2）指标体系构建方法

科技创新资源集聚能力评价指标体系的构建经历四个步骤：理论准备→指标体系初选→指标体系完善→指标体系应用（如图4-1所示）。

① 理论准备

通过研究国内外相关文献，了解有关创新要素集聚能力的研究进展，学习科技创新发展、资源经济学、集聚理论的相关理论知识，为指标体系构建打下良好的理论基础。

② 指标体系初选

根据前人的研究结果，借鉴相关评价指标体系中的合理成分，结合研究特点，初步建立指标体系，从结构主义视角，用系统分析法构建指标体系的基本框架。

③ 指标体系完善

将初步构建的指标体系进行核实，分析是否能反映创新要素集聚能力，分析评价指标体系结构和评价功能，判断是否能达到对创新要素集聚能力评价的目的等。通过专家咨询法，对指标体系做进一步完善工作。

④ 指标体系使用

在对创新要素集聚能力评价指标体系进行多次试评价、修改后，最终确定能够反映评价目的的指标体系（如图 4-1 所示）。

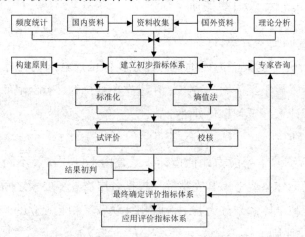

图 4-1 创新要素集聚能力综合评价指标体系构建流程图

在指标体系的构建过程中，采用理论分析方法、频度统计方法和专家咨询方法设置和筛选指标，以满足科学性和完整性原则。理论分析方法是在对科技创新资源集聚能力的内涵以及特征进行综合分析时，选择重要的结构性指标；频度统计方法是指对目前有关科技创新资源集聚能力测评与评价指标设计的报告、学术论文进行频度统计时，选择使用频度较高的评价指标；专家咨询方法是在确定初步指标体系的基础上，征询相关专家意见，进而对指标进行调整。

4.3.2 指标体系构建

如前所述，学者们对于创新要素测度曾进行了一些积极探索。关于创新要素集聚能力的测度，学者们的角度各有不同：Lucas（1988）主要采用人力资本来衡量创新资源集聚变量；Aghion and Howitt（1992）则运用 R&D 经费支出测度创新要素的集聚能力；Glaese and Gottlieb（2009）以专利授权数、市场化程度和对外开放程度为基础测算了城市创新的综合资源集聚能力，并认为其能促进城镇化和城市福利的提升；米娟（2009）采用各地区科技活动人员、全社会 R&D 经费支出、专利授权（公开）数三项指标的人均和地均水平数来计算一个地区的技术创新要素集聚能力；黄晖、金凤君（2011）侧重从产业集聚的角度分析技术创新的集聚能力；常爱华（2012）通过一个地区科技创新的土地空间、人口空间和经济空间三个维度来度量该区域的创新要素集聚能力；还有一些学者基于数理模型，分别建立了科技人力资源集聚指数、产业集聚指数、科技创新要素水平评价指标体系与集聚效益评价指标体系来评价区域创新要素集聚能力。

本书根据《科学技术部关于进一步推进创新型城市试点工作的指导意见》，在参考《建设创新型城市工作指引》的基础上，按照国际主流评价标准，按照科学性、系统性、可量性原则，结合指标变量的可获得性，通过研究国内外相关文献，借鉴相关评价指标体系中的合理成分，分析评价指标体系结构和评价功能，采用专家咨询法，判断是否能达到对科技创新资源集聚能力评价的目的等。最后对创新要素的构成分为人才资源要素、资本要素、平台要素和技术要素，并筛选出研发从业人才、研发经费投入、高等院校师资、高新技术企业、专利授予权等各种指标（如表 4-1 所示），以度量国家级、湖北省地市州和武汉都市圈创新要素的集聚能力，再进行综合评价分析。

表 4-1　创新要素集聚能力评价指标体系

指标变量	指标内容	单位
人才要素	普通高等学校专任教师数	人
	普通高等学校在校学生数	人
	科技活动从业人员	人
	研究与试验发展（R&D）人员全时当量	人年
资本因素	研究与试验发展（R&D）经费内部支出	万元
	研究与试验发展（R&D）经费投入强度	%
	高技术产业技术改造经费支出	万元
	高技术产业投资额	亿元

续表

指标变量	指标内容	单位
平台因素	普通高等学校数	所
	研究与开发机构数	个
	高技术产业企业数	个
技术因素	高技术产业主营业务收入	亿元
	高技术产业新产品开发项目数	个
	高技术产业进出口贸易	百万美元
	发表科技论文	篇
	出版科技著作	种
	技术市场成交额	亿元
	国内专利申请授权量	项

4.3.3 集聚能力评价方法

熵值法是一种客观赋权法，其根据各项指标观测值所提供的信息的大小来确定指标权重。设有 m 个待评方案，n 项评价指标，形成原始指标数据矩阵 $X = (x_{ij})_{m \times n}$，对于某项指标 x_j，指标值 x_{ij} 的差距越大，则该指标在综合评价中所起的作用越大；如果某项指标的指标值全部相等，则该指标在综合评价中不起作用。

在信息论中，熵是对不确定性的一种度量。信息量越大，不确定性就越小，熵也就越小；信息量越小，不确定性就越大，熵也越大。根据熵的特性，我们可以通过计算熵值来判断一个方案的随机性及无序程度，也可以用熵值来判断某个指标的离散程度，指标的离散程度越大，该指标对综合评价的影响也越大。因此，可根据各项指标的变异程度，利用信息熵这个工具，计算出各个指标的权重，为多指标综合评价提供依据。

由于本书从四个维度，18 个指标，建立综合评价体系，具有层次多、覆盖面广的特点，但也存在指标间的相关性问题，增加了评价难度。本书采用熵值法，通过信息熵原理来确定权重。同时，为了能够实现不同年份之间的比较，本书借鉴杨丽、孙之淳（2015）的方法，对熵值法进行改进，加入时间变量。改进熵值法评价模型如下：

（1）指标选取：设有 r 个年份，n 个截面，m 个指标变量，则 x_{ijh} 为第 i 年个体 j 的第 h 个指标值。

（2）为了消除各项指标量纲差异的影响，使用极差标准化法对数据进行标准化处理，其公式为：

$$x'_{ijh} = \frac{x_{ijh} - \bar{x}}{\max(x) - \min(x)}$$

式中：x'_{ijh} 为标准化后值，x_{ijh} 为原始数值，$\bar{x}$ 为第 h 项指标的均值，$\max(x_h)$、$\min(x_h)$ 分别为 h 指标原始数据的最大值和最小值。根据统计学中的 3σ 原则，借鉴廖进中等（2010）的方法，运用坐标平移方法以消除负数影响，平移后的数值为：

$$Z_{ijh} = x'_{ijh} + A$$

（3）确定指标权重：

$$y_{ijh} = \frac{x'_{ijh}}{\sum_i \sum_j x'_{ijh}}$$

（4）计算第 h 项指标的熵值：

$$e_h = -k \sum_i \sum_j y_{ijh} \ln(y_{ijh})$$

式中：$k = 1/\ln(rn)$，有 $0 \le e_h \le 1$。

（5）计算指标信息效用值：

$$g_h : g_h = 1 - e_h。$$

（6）计算各指标的权重：

$$w_h = g_h \Big/ \sum_h g_h。$$

（7）根据得出的各项指标权重进行加权求和，即得综合得分。

4.3.4 数据来源与处理

本书不仅要计算武汉都市圈创新要素的集聚能力得分，也要横向比较武汉都市圈和湖北省其他地市州的创新要素集聚能力，同时也要对比湖北省创新要素集聚能力在全国省级区域中的地位。因此，本书的数据范围非常广泛，但结合数据的可获得性，本书省级指标数据选取的时间为2008—2018年，省级指标数据主要来源于2009—2019年的《中国统计年鉴》《中国科技统计年鉴》；湖北省各地市州（含武汉都市圈城市）的指标数据选取时间段为2008—2018年，数据来源于历年的《湖北统计年鉴》《中国科技统计年鉴》《中国城市统计年鉴》和各地市州的统计年鉴，空间矢量数据来源于湖北1：400万基础地理信息库。(因数据可得性，以下分析没包含中国港、澳、台等地区）。

4.4 中国创新要素集聚能力的总体评价

本书基于 SPSS 21.0 软件，采用客观赋值评价法中的熵值法，最终计算湖北省及中国内地其他省（自治区、直辖市）的创新要素集聚能力的综合得分，分析湖北省省创新要素集聚能力的排名情况，科学判断湖北省的创新集聚能力地位，计算结果如表4-2所示。

表4–2　中国各省（自治区、直辖市）创新要素集聚能力评价得分比较

创新要素集聚能力值	2013	2014	2015	2016	2017	2018
北京	3.030	3.225	3.390	3.469	3.557	3.698
天津	1.766	1.834	1.868	1.922	1.947	1.945
河北	1.643	1.693	1.736	1.776	1.816	1.855
山西	1.496	1.529	1.553	1.558	1.545	1.558
内蒙古	1.412	1.443	1.443	1.452	1.472	1.477
辽宁	1.890	1.927	1.921	2.018	1.924	1.915
吉林	1.554	1.581	1.677	1.593	1.621	1.648
黑龙江	1.636	1.659	1.659	1.652	1.635	1.620
上海	2.460	2.516	2.495	2.533	2.573	2.587
江苏	3.846	4.291	4.399	4.335	4.508	4.610
浙江	2.288	2.458	2.549	2.600	2.738	2.795
安徽	1.749	1.847	1.925	1.982	2.028	2.113

创新要素集聚能力值	2013	2014	2015	2016	2017	2018
福建	1.739	1.794	1.850	1.847	1.914	2.279
江西	1.596	1.681	1.709	1.729	1.836	1.857
山东	2.330	2.539	2.685	2.774	2.914	2.986
河南	1.848	1.956	2.060	2.138	2.249	2.291
湖北	1.912	2.013	2.100	2.220	2.317	2.328
湖南	1.792	1.851	1.943	1.984	2.040	2.107
广东	3.675	4.015	4.588	4.294	4.516	4.872
广西	1.499	1.536	1.533	1.552	1.565	1.583
海南	1.315	1.330	1.335	1.328	1.327	1.331
重庆	1.555	1.640	1.696	1.773	1.807	1.892
四川	2.036	2.126	2.213	2.285	2.284	2.334
贵州	1.411	1.430	1.439	1.466	1.494	1.504
云南	1.450	1.470	1.482	1.499	1.533	1.552
西藏	1.262	1.314	1.314	1.315	1.316	1.314
陕西	1.826	1.907	2.002	2.124	2.152	2.181
甘肃	1.427	1.447	1.465	1.484	1.486	1.501
青海	1.288	1.291	1.293	1.294	1.297	1.305
宁夏	1.299	1.303	1.310	1.317	1.318	1.327
新疆	1.368	1.377	1.377	1.381	1.391	1.396

计算结果表明，2013—2018 年间，创新要素集聚能力较强的省份主要还是江苏、广东、浙江等东部省区，只是在 2013 年，创新要素集聚能力最强的是江苏省，而在 2018 年则是广东省，这与广东省深圳市的快速创新发展是分不开的。从表 4-2 数据可以看出，创新要素集聚能力与经济发展的关联性很高。如果按照经济分区把中国各省分成东部、中部和西部来对比会更加明显。东部沿海发达的省份基本上都具有很强的集聚能力，这也是因为在经济发展更发达的城市会有更高的收入和更好的生活品质，能够吸引包括人才等创新要素的集聚。中部地区包括了湖北省、湖南省和河南省等省创新要素集聚能力也一直保持稳步上升趋势，但是和东部发达省份相比，其实这

个差距有扩大的趋势，而并没有缩小，创新要素集聚能力随着经济的继续发展并没有显著的提升。而西部和东北地区（包括东三省、青海、宁夏、内蒙古等地）的创新要素集聚水平一直保持在停滞状态，可能是创新要素的外流所导致的，创新要素的集聚能力主要靠要素的自我生长和内生性。在循环累积因果的作用下，东部、中部和西部之间的创新要素集聚能力差异在持续扩大。

从这个时序数据可以看出，第一，进入十八大以来，我国已从高速增长阶段进入高质量发展阶段。在供给侧改革的背景下，各省份的结构性调整取得成效，创新动力不断加强，每个省份的创新要素集聚能力都是稳步递进的。第二，科教资源或者创新要素存量较大的省份在创新要素集聚上有先天优势。这不仅反映在东部沿海发达省份如上海和北京，在中西部也非常明显。除去沿海省份，中西部集聚高教资源最多的省份是湖北省、陕西省和四川省，这三个省的创新要素集聚能力不仅保持了稳步上升态势，与其邻近省份相比，也确实保持了更强的集聚能力。比如与湖北省邻近的湖南省就一直比湖北省的集聚能力弱一些，而四川省和陕西省更是在西部地区属于集聚能力较强的地区。第三，创新要素集聚能力一旦确定了优势，随着时间的推移，这种优势地位就很难改变，只会得到加强和稳固，这种"护城河"效应也加大了追赶者迎头赶上的难度。第四，创新要素集聚能力的强弱不仅与省市区的地理位置有很大的关联性，也与经济发展水平有较大的关系，整体态势是东部最强，中部次之，西部最弱，这与经济水平上的区位划分相匹配。

按照表4-2所示，如果从高到低将各省（市区）科技创新资源集聚能力划分为四个等级。可以看出，十八大以后，在由高水平到低水平的四大梯队中，始终居于高水平梯队的是广东省、江苏省、山东省、北京市等地，这里浙江省还不属于第一梯队，与其经济地位不相符。但是到2018年，浙江省从第二梯队跃居第一梯队，同时还有部分中西部省份从第三梯队跃升为第二梯队，包括有河南省、安徽省、湖南省、陕西省等省份，贵州省、甘肃省等省份从第四梯队上升为第三梯队，提升趋势明显。一直居于第二梯队的主要是湖北省、四川省等省份，排在第三和第四梯队主要集中在中西部省份等欠发达地区，这也与其经济发展状况、财政收入、人口要素、科教资源等创新投入要素相关联。

　　湖北省在全国的创新要素集聚能力排名中，始终居于第二梯队，在全国创新要素集聚能力排名稳定在第 10 名左右，在中西部地区排名前列，这主要得益于其深厚的科教资源，同时也显示其他创新要素等方面与广东等省市相比差距明显。这个排位虽然与其经济发展的地位相一致，但与排名前列的科教资源地位是不相符的。这其实也意味着，如果从全国大的空间来看，东部沿海发达省市在创新要素集聚上更有能力，有着更多的资本和更集聚的产业集群，虽然创新要素在资本以外的方面不一定高于中西部某些省份，但是加上资本和产业因素，这个集聚能力就可以得到跃升。这也说明，丰富的科教资源和其他创新要素还需要有催化剂来推动，才能形成集聚力。那么，对于湖北省内部而言，又是哪些区域的创新要素集聚能力更强，而哪些区域相对较弱，并且影响了整体的集聚能力。同时，这种区域空间上的强弱又是什么原因造成的，下面我们再探讨一下湖北省市域创新要素集聚能力的演化。

4.5　市域创新要素集聚能力的时空演变

　　根据创新要素集聚能力计算公式，计算湖北省内各城市创新要素集聚能力，计算结果如表 4-3 所示。

表 4-3　湖北省各城市科技创新资源集聚能力的时序演化

创新要素集聚能力值	2012	2013	2014	2015	2016	2017	2018
武汉	6.177	6.597	7.034	7.345	8.013	8.579	9.095
黄石	1.224	1.272	1.258	1.243	1.304	1.468	1.512
鄂州	1.181	1.271	1.282	1.306	1.350	1.446	1.603
孝感	1.092	1.128	1.193	1.251	1.308	1.353	1.355
黄冈	1.130	1.173	1.222	1.263	1.285	1.313	1.362
咸宁	1.055	1.066	1.078	1.101	1.161	1.176	1.256
仙桃	0.931	0.943	0.961	0.974	0.991	0.999	1.031
潜江	0.916	0.927	0.942	0.944	0.966	0.988	1.003
天门	0.942	0.953	0.949	0.956	0.962	0.967	0.983

续表

创新要素集聚能力值	2012	2013	2014	2015	2016	2017	2018
宜昌	1.263	1.325	1.393	1.469	1.890	1.898	1.986
襄阳	1.487	1.647	1.703	1.828	1.959	1.975	2.195
十堰	1.209	1.252	1.267	1.309	1.356	1.370	1.363
荆门	1.020	1.042	1.039	1.060	1.157	1.226	1.229
荆州	1.315	1.353	1.391	1.416	1.458	1.447	1.615
随州	0.965	0.989	1.002	1.008	1.027	1.043	1.056
恩施	0.988	0.997	1.035	1.048	1.063	1.074	1.101
神农架	0.890	0.892	0.886	0.885	0.887	0.886	0.886

从全省范围看，湖北省各城市创新要素集聚能力变化差异显著，可以看到，湖北省省会武汉市创新要素集聚能力最强，而且集聚能力得分并没有因为基数大而降低提高速度的意思，从2012年到2018年，又提升了50%，这让武汉市无论是在绝对值还是在增量上，与其他地级市的差距越来越大。这与武汉市拥有全省最优质的科技教育创新资源有着极大关系，高等院校、科研机构、高新技术企业、高层次人才等，无论是数量还是质量都占据绝对支配地位，同时也与全省的资源和政策倾斜，武汉本身的吸引力上都密不可分。但是到底武汉市发挥了辐射效应还是虹吸效应，不能完全地下定论，因为也有可能是省外创新要素向武汉的集聚，也可能是武汉自身创新要素的内生性和成长性。但有一点可以肯定，溢出效应就算有辐射，辐射的半径和范围也不会很大。

4.5.1 湖北省层面

从表4-2年份上看，集聚能力保持稳定增强的是宜昌市和襄阳市。这与湖北省政府2011年提出"一主两副"的发展战略有极大关系，这使得湖北省在加强武汉资源投入的同时，也对宜昌市和襄阳市有所偏重，而随着这两个城市的经济发展和城镇化水平的提高，各种创新要素也是处于流入状态，形成了创新集聚和经济发展，城镇化推进的良性循环反馈。荆州市作为传统的要素集聚地，也保持了一定的增速，排名第四，而鄂州市因其得天独厚的地理位置，排名上升很快，2018 年已表现出强劲的集聚能力，而且提升速度也很快。黄石市本身有着很好的基础，在 2012 年时还和宜昌市发展水平差不多，但是在 2018 年已经被拉开差距。不过从 2015 年开始，黄石市的提升也在开始加速，这说明与武汉市和鄂州市的邻近效应已开始发酵，经济关系一体化渐入趋势。

从空间分异上看，2012 年到 2018 年期间，湖北省内各城市的创新要素集聚的分异格局总体没有变化，呈现以中心城市极化集聚的特征。第一是省会中心城市武汉市的创新要素垄断地位不断强化，两个副省级城市宜昌市和襄阳市的要素集聚能力不断加强，这与武汉都市圈省的城市定位和"一主两副多极"战略空间布局基本保持一致。这种多圈层的"核心—边缘"结构，也导致湖北省内"一主两副"的创新要素集聚格局的形成，极大地抑制了边缘地区的创新要素集聚能力的提升。但如果比较武汉市、襄阳市、宜昌市三个核心城市的邻近市县的时空演化发现，武汉市、襄阳市、宜昌市这三个核心城市的辐射半径在加大，特别是宜昌市的辐射范围明显拓展。出现这种情况的原因，主要是武汉市在各种资源要素的一家独大，襄阳市和宜昌市两个省内副中心城市，是省内除武汉外经济实力最强也是重点扶持的两个城市，它们在汽车、化工、装备制造等产业方面积累了技术资本，而目前在高质量发展阶段，在区域协调发展战略下，这种集聚效应溢出现象逐渐显现。但十堰市因为二汽总部的外迁等原因，集聚扩散效应在减弱。

4.5.2 武汉城市圈层面

从表 4-2 年份上看，武汉城市圈"1+8"的其他 8 个城市的创新要素集聚能力在时间轴上虽然总体上是保持位次不变、稳定提升的趋势，但这个增长的趋势与"一主两副"这些城市比，并不明显。特别是与它们同时期快速发展的 GDP 增长速度相比较，创新要素集聚能力的提升速度实际是明显的下降趋势。2012 年到 2018 年期间，中心城市武汉市的创新要素集聚能力提升速度最快，增幅达到 50%，而邻近 8 个城市中，以鄂州市的进步速度最大，增幅也只有 30% 多，其他城市更是没有达到 30% 的提升幅度。这说明武汉市的虹吸效应在时间上不仅没有缩小，反而有扩大的趋势。随着经济的发展，更多更好的创新要素在武汉市得到进一步集中。

从空间分异上看，在武汉城市圈范围内，武汉市的创新要素集聚能力在明显加强，不断强化，但辐射的方向主要是向北和向东，辐射的方向还没有呈现发射状，甚至可能仅仅是对光谷以东区域，鄂州市受益明显，黄石市、黄冈市次之。同时还发现，三个省管县级市仙桃市、潜江市和天门市可能与武汉创新要素集聚区相对较远，并没有被辐射到，这也验证了武汉市创新要素集聚辐射的半径有限，还需要发挥更好的溢出和扩散能力。在打造武汉市为国家中心城市的同时，对周边鄂州市以外的7个城市的产业、要素也需要纳入武汉都市圈的发展范畴。在新型城镇化以城市群的形态为主的发展新形势下，武汉市的辐射效应需更早、更主动地发挥出来，推进城市间的协同共赢效应。因此，湖北省政府在新的"十四五"规划纲要中提出，要打造武汉城市圈升级版，充分发挥武汉城市圈同城化发展对全省的辐射带动作用，支持武汉做大做强。

4.6 本章小结

本章基于熵值法，构建了创新要素集聚能力评价指标体系，同时比较了湖北省与全国其他省份，武汉城市圈城市与湖北省内其他地市州的创新要素集聚能力，以及对武汉城市圈创新要素集聚能力的时空演化进行了实证分析。

（1）湖北省在全国的创新要素集聚能力排名中，始终居于第二梯队，这虽然与其经济发展的地位相一致，但与排名前列的科教资源地位是不相符的。这也说明，丰富的科教资源还需要有催化剂来推动，才能形成集聚力。

（2）湖北省多圈层的"核心—边缘"结构，导致"一主两副"的创新要素集聚格局的形成，极大地抑制了边缘地区的创新要素集聚能力的提升。但比较发现，武汉市、襄阳市、宜昌市这三个核心城市的辐射半径在加大，集聚溢出效应在提升。

（3）在武汉城市圈范围内，武汉的创新要素集聚能力在明显加强，不断地强化，但辐射的方向主要是向北和向东，鄂州市受益明显，黄石市、黄冈市次之。同时还发现，三个省管县级市仙桃市、潜江市和天门市可能与武汉创新要素集聚区相对较远，并没有被辐射到，这也验证了武汉创新要素集聚辐射的半径有限,还需要发挥更好的溢出和扩散能力。

因此,中国共产党湖北省第十一届委员会第八次全体会议提出新的发展战略,要着力构建"一主引领、两翼驱动、全域协同"的区域发展布局,加快构建全省高质量发展动力系统。与之前"一主两副"空间格局的典型区别在于,不再局限于单个城市,而是着眼于城市群和都市圈的协同发展。这里的一主引领,不再局限于武汉"一城",而是既充分发挥武汉的龙头引领和辐射带动作用,又充分发挥武汉城市圈同城化发展对湖北省全域的辐射带动作用,赋予了武汉城市圈更高的使命。并且,要发挥这种对湖北省全域的辐射带动,首先要发挥城市圈内部创新要素的充分流动和溢出,发挥武汉对城市圈的辐射带动作用和协同效应。

第5章 创新要素集聚与都市圈城镇化水平的耦合协调分析

十八大以来，党中央国务院根据国际国内经济形势，围绕五个发展理念，作出推进新型城镇化，坚持创新驱动发展的战略布局，并不断指引着中国经济健康有序发展。在供给侧改革的背景下，创新驱动的新型城镇化战略，必将通过创新要素的空间集聚来推动城市创新、产业升级来完成人口集聚，反过来又会促进以人力资本为代表的创新要素的进一步集聚。

作为本书的案例区，武汉都市圈不仅是我国经济发展的核心区域，也是决定中国中部和长江经济带新常态下经济结构转型成败的重要战略支点。在城镇化发展与经济发展转型、结构性改革的矛盾进一步加大的背景下，迫切需要回答新型城镇化的推进模式，如何与创新驱动有机结合共同发展等关键性问题。笔者也迫切地想弄明白在城镇化往城市群和都市圈方向发展时，创新要素和创新是如何形成和演化的。而且，城市的集聚又会带来区域上发展不平衡不充分的问题。假如创新要素的提升与极快的城市集聚速度不匹配时，就会造成空间上的要素投入结构上的不均衡，那么城镇化的驱动就要依靠创新，进而带来城镇化率和质量的提高，也需要以城镇化发展推进创新要素集聚的进一步融合，并形成创新集聚和城镇化质量的良性互动机制，创造有效供给，这不仅有利于增添地方经济发展动力，也有利于增强人民群众的获得感，促进社会的公平正义，解决区域间发展的不平衡、城乡间的不协调性，充分调动广大干部群众的积极性，体现创新、协调、共享、开放的包容性发展。

城市之所以存在，是因为人类科技创造了生产和交换系统。一个城市的发展必须具备三个条件：农业生产过剩；城市必须生产；拥有用于交换的运输体系。而这个发展的过程就是城市化的过程。因此，城市化的过程既可能伴随交易而生的，也可能是伴随工业化而生的，更是人类生产和生活活动在区域空间的聚集，是各种要素在空间上的集聚，是人类现代化进程的重要表现形式。

城镇作为社会—经济—资源要素复合系统，历来就是知识外溢和技术创新的中心，创新要素的集聚不仅有利于知识的传播，也有利于人口空间上的集聚，推动经济发展；城镇的形成又进一步推动创新要素的集聚和区域创新能力的提升，城镇化质量与创新集聚的双正向反馈，是内涵增长和长期内生动力的体现，两者的耦合协调对全要素生产率增长具有长期的正面效应。

与国内沿海地带三大都市圈相比，武汉都市圈在创新要素的聚集上并不弱，关键是弱在集聚能力上，而且也存在着区域间集聚严重失衡的现象，这严重制约了中小城市和欠发达地区的新型城镇化战略，也阻碍了区域创新能力的提升。因此推进新型城镇化，提升都市圈内的城市创新要素空间集聚能力，增强都市圈城镇化与创新要素集聚能力的耦合性和协调性至关重要。

要素的集聚总是伴随着产业集聚和人口集聚，产业集聚和人口集聚又推动着城市的集聚，城市化的过程又反过来推动要素的进一步集聚。因此，城镇化进程与要素聚集一定是耦合协调共同发展的，而创新驱动的新型城镇化进程与创新要素集聚演化也一定是协调发展的。新型城镇化越依赖于创新驱动发展，创新要素集聚的速度就会越快。因此，本章从创新集群理论出发，借助区域经济、城市经济、新经济地理学和创新系统等理论，具体阐述创新要素集聚能力与新型城镇化耦合的形成和测度，以及对武汉城市圈创新要素集聚与新型城镇化耦合协调评价进行有益的探索。

5.1　创新要素集聚与新型城镇化耦合机制分析

5.1.1　耦合的概念及内涵

耦合（Coupling）是一个物理学上的概念，是指两个或者两个以上的系统或者运动之间相互作用、相互影响而形成的相互协调的动态关联系统。创新要素集聚和新型城镇化类似于这样的系统，因为存在类似的耦合关系。总体而言，耦合的内涵包括以下四个方面：一是耦合的整体性，耦合系统是一个完整的系统，而且是经过两个或多个主体相互作用后形成新的自核，每个主体和要素都遵循一定的规则和次序；二是耦合的关联性，在耦合系统内，各个要素之间是相互关联的，并不是孤立存在的；三是耦合的协调性，耦合的各个元素协调共生，相互协同，形成优势互补，互为促进的良性运行系统；四是耦合的一致性，即耦合主体之间有着共同的目标和利益，并且能够相互包容。武汉都市圈作为一种开放的、自适应、自组织的有机系统，新型城镇化和创新要素集聚之间相互联系、相互作用、相互制约、相互影响。都市圈内城镇化进程要求圈内创新要素之间产生耦合关系，这种耦合机制表现为都市圈内城镇化要素与创新要素之间产生的耦合互动。即都市圈内企业、高校、政府、科研机构和中介机构，与基础设施改善、人口流入、生态环境等通过耦合机制的耦合功能，加速技术创新扩散，产生增值效应。

创新要素集聚与新型城镇化之间的耦合关联，就是在都市圈内城镇化的演进过程中，创新要素和城镇化要素之间通过彼此的相互作用，然后在空间上、产业结构上和制度安排上产生新的相互关联的关系集合。整个耦合系统通过政府推动、市场驱动和中介效应等使得创新要素集聚与新型城镇化不断耦合升级的发展历程。也就是从耦合的萌芽期、成长期、发展期到成熟期的不断演进。

创新要素集聚能力与新型城镇化质量共同形成的耦合系统具有内生自发性、网络性和递进性等特征。

内生自发性。创新要素集聚与新型城镇化形成的耦合系统是一个由市场需求驱动而高度自发形成的系统。在市场的力量下，人民有着对美好生活的向往，而城市的发展能让生活更美好，这让城镇化成为推动经济发展的直接驱动力；同时人们也有着通过技术改善生活品质的美好动力，也让追求科学和技术的动力从没衰竭。当这些内生性需求转化为内生性动力，新型城镇化与创新要素集聚的耦合自然应运而生，通过相互作用、相互影响共同促进了彼此的发展，耦合产生的红利远远大于两个运行体系各自发展所产生的红利，系统内的要素会自发地相互联系、相互适应、共同发展。同时，创新要素集聚与新型城镇化耦合是在一定的区域范围内发生的，比如武汉城市圈内的耦合。耦合需要在这样的载体上发生，不能独立存在，会自然地形成一定的规则和组织结构。因此，创新要素集聚和新型城镇化之间具有耦合的内生自发性特征。

网络性。在创新要素集聚与新型城镇化的耦合系统中，要素集聚产生的成果是通过企业转化的，创新成果的转化机制必然经历一个产学研的过程，然后传递到产业和城市要素。在城市网络和创新网络间会形成一个共性的互联互通的网络。在这个网络上，城镇化进程中的要素需求和创新中的要素需求通过交集形成知识共享、技术交流和产业合作，创新要素的集聚推进城镇化，城镇化进程推动创新要素的集聚。因此，创新要素集聚与新型城镇化的耦合具有网络性和共通性，通过连接的网络相互促进。

递进性。任何事物的发展都会有生命周期，对于创新要素集聚与新型城镇化的耦合系统如是。而且，两者的耦合也是在政府推动等多方面的因素下循序渐进地发展，不会是跳跃式的，中间也会有波折，但是会及时地得到修正，与其他事物一样，向上的趋势不会改变，是一种递进式的前进过程，最后达到一个稳态。

5.1.2 创新要素集聚与新型城镇化的耦合形成机制

十九大以来，中国经济已经转入高质量发展阶段，要素高投入为特征的粗放型经济增长模式已经是过去式，区域创新是以实现经济发展方式转变的新增长模式为支撑。创新集聚与新型城镇化的耦合协调形成机制的相关研究尚没有形成系统的理论框架，主要是在参考产城协调发展的基础上，或者是从创新能力和城镇化关系上展开研究。关于要素耦合和协调关系的研究文献有很多。著名的赫克歇尔 - 俄林模型又称资源禀赋理论（H-O 模型）就是在探索资源和要素的优势禀赋基础上形成的要素关系的集大成者。1996 年，著名学者 Venable（1996）的垂直关联模型（简称 CPVL 模型）中，把产业集群创新与新型城镇化的耦合关系纳入一个实证分析模型中，从生产要素跨区域间流动的视角，重点考察其对产业集聚和城镇化的影响。此模型的关键之处在于以关联视角，分析了两个主体之间耦合协调的关系，而且同时还可以扩展为多个主体。Amiti（2005）在 H-O 模型基础上，分析了产业供应链上的企业间的耦合协调关系。Forslid and Midelfart（2005）则以 CPVL 模型为架构，引入了政府的要素，论证政府在创新集群和新型城镇化互动过程中的重要角色。

随着城镇化的进程和要素的集聚现象越来越明显，不同学者都开始关注集群创新与城镇化的关系。从产业集群与城镇化关系到技术创新与城镇化关系等，均是基于两个主体或者多个主体之间的互动关系，这些方法显然也适用于耦合协调形成机制的研究。万钢也指出，城镇化是创新要素的重要载体，中小城市更应成为创新要素的主要聚集地，来推动城镇化发展，以形成大中小城市协同格局，这也是都市圈创新体系构建发展的思路。

由于创新要素集聚是以创新人才有效聚集为基本特征，而新型城镇化也是以人为本的城镇化，显然是可以相互促进的。创新要素集聚的内生性力量很大程度上能够促进所在区域的新型城镇化进程，新型城镇化质量和水平的提高也需要创新能力的快速推进和创新要素的更多投入，两者相互促进。新型城镇化为了提高城镇生活的效率与质量，这也相应地增加了对创新要素集聚的需求。总而言之，创新要素集聚与新型城镇化之间同样存在明显循环效应的投入与产出的联系，这表现出明显的基本创新要素。

同时，创新要素集聚的承载需要产业和企业载体，推动产业集聚，并以产业集群的形态推进城镇化进程。产业集群与新型城镇化的协调作为现代经济系统运营过程中的重要组成部分，同时也存在紧密的良性互动发展的作用机制。

而且，创新要素集聚与新型城镇化耦合协调也具备空间特征，创新要素集聚程度的变化和城镇化的提升也对区域整体的空间结构形态和空间发育程度均产生一定作用力，同时，空间结构的调整在一定程度上也会对创新要素的分布以及城镇化空间分布产生明显的影响，区域空间格局与新型城镇化以及创新要素分布之间存在很强的关联性。

但也更应该看到，政府政策因素也是影响创新要素集聚与新型城镇化耦合的重要变量。新型城镇化的驱动力决定了创新能力和创新要素的集聚程度，创新集聚和能力的大小又决定了城镇化的发展模式，两者的耦合是以政府推动为基础的。

综上所述，本书的研究观点认为创新要素集聚与新型城镇化耦合协调形成机制是由基础创新要素、空间因素、产业因素和政府政策因素等四方面共同作用而体现的。

（1）基本要素的耦合

两大系统在知识、技术、资本与经济、产业和环境等基本要素之间的耦合。知识上的耦合主要是指显性知识和隐含知识的相互联系，技术上的耦合主要指技术上的吸收和溢出，资本上的耦合是资本的配置和组合上的问题。这些创新要素同样也是城镇化进程中所需要的，并同时会传导到城镇化进程中。从知识上的耦合来看，知识的溢出和扩散会传导到政府、产业和企业，而相应的优化政策、制度和技术，推进创新发展的同时也会推进城市质量的提升；而城市环境的改善、经济的发展显然会提高教育质量，传导到知识存量和增量的提升。从技术上的耦合看，技术上的吸收和溢出会带来产业的进步和结构升级，进而推动城市人口素质的提升和产业能级的增强，城市会向着更智慧、更高效的方向发展；而城镇化的进程同样会带来人才和新的技术，为创新的技术要素集聚提供新的源泉。从资本的耦合上看，无论是城镇化还是创新发展都离不开资本的投入和驱动。资本能让两者更好地润滑和耦合。

知识外溢是影响创新要素集聚与新型城镇化耦合协调的主要因素之一，知识包含了隐性知识和显性知识，客观来说，这是哲学上的范畴，Michael Polanyi（1958）提出，人类的知识应该区分为隐性知识和显性知识。前者是指能以书面文字、图表和数学公式加以表述的知识，而后者是指不能或者未被表述的知识，像我们在做某事的行动中所拥有的知识。其中，相较于显性知识，隐性知识才是个体内部认知整合的结果，是主体人格的有机组成部分，对个体在环境中的行为起着主要的决定作用。知识的外溢包含了隐性知识的外溢和显性知识的外溢。显性知识可以通过模仿、学习等方式转移，而隐性知识的外溢更加困难一些。同时，知识的外溢不仅仅局限于企业间的学习，也会跨越集群或者城镇的地理边界，具有多样化的正外部性。在都市圈内，新型城镇化在城市、区域和社会中逐渐形成融合嵌入的知识和要素创新体系，创新要素集聚与新型城镇化的融合发展趋势会越来越协调。显性知识和隐性知识的溢出均是以人为主体，同时以产业载体和空间载体为辅助的协同系统。这样，新型城镇化和产业集群共同形成创新产业企业和创新人才集聚圈，而创新人才又能通过创新事务合作和城镇生活互动，互相认识、交流沟通新思想或者新点子，获得更多的显性和隐性知识，进一步形成了新的城镇生活圈子和集群创新网络。同时，同在一个都市圈内部，地域上的邻近赋予了知识外溢的通道，更加有助于创新知识的扩散，创新企业为了能够获得更多的隐性知识，必须通过交流沟通和建立关系来获取，新型城镇化将加速这一进程。因此，创新要素集聚与新型城镇化耦合协调更容易在两个地理位置趋近、创新知识互补的区域内完成。知识外溢本身的空间局限性又同时推动创新要素集聚与新型城镇化耦合协调在临近空间上的耦合协调。

总而言之，创新要素（创新人才和风险资本）在不同区域间的配置将成为影响城镇化水平和差异的内在机理。创新人才既是创新成果生成的主体，同时还是创新成果商业化的消费者之一，他们在区域内的自由流动，也必将影响城镇化水平和质量。而资本在产业间适当调整或者重组配置最终的追求目标依然是创新再定位，积极的要素配置能有效地推动高新技术产业的聚集，有利于集群创新成果的实现。耦合内容如下图5-1所示。

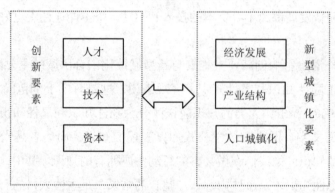

图5-1 创新要素与新型城镇化的要素耦合

（2）产业上的耦合

产业集聚是创新要素集聚和新型城镇化发展的中介，是连接创新要素集聚和新型城镇化进程的桥梁和纽带。创新要素集聚要通过产业集聚来完成，新型城镇化需要产业集聚来推动。因此，创新要素集聚和新型城镇化的耦合也需要产业上的耦合。

首先，产业集群与创新要素的耦合。从马歇尔的外部经济理论可以发现，在产业链上存在着投入产出关联的企业，出于成本上的考量，会自发地在空间上发生邻近现象。特别是在新时代下，在产业集聚的内部，更多是集聚新知识和高科技等知识密集型企业。而知识密集型企业具有知识重叠和共享的特性，但同时也会各自拥有自己特有的独立知识和知识产权，在一起分享重叠部分的知识时，也会不自觉地将彼此各自拥有的部分进行共享和交流，彼此的再学习和再创造共同推动创新知识的积累和扩散，从而有效地加速创新人才的进一步集聚，推动创新要素和产业的进一步集聚。而一旦形成一个产业集聚区，这种互动和交流就会更加频繁，创新人才等要素的聚集就会更加的明显。而且，新产业组织形态的一个基础性条件就是创新驱动。当产业发展到一定的程度和规模，过去固有的产业组织和生产方式开始不适合于时代和企业的发展。这时候，就需要对原有的格局加以改变和调整，使其更好地适应和融合于现代产业格局，更好地与创新协调发展。因此，创新要素集聚也能推动产业的集聚。在城镇化进程中，因为市场需求效应的存在，创新知识、新一代信息技术等的应用和扩散，会加速相关产业的集聚。北京的中关村、美国的硅谷就是典型的例子，都是在创新要素集聚的条件下，形成了高新技术的产业集聚，表现出强大的产业集群创新能力。而且，创新也会创造需求。现代社会的创新力越来越强，而消费者的需求反而具有一定的滞后性，有些产品的发明和创造会创造出新的需求，比如智能手机的出现，带来完整和巨大空间的智能手机产业链和集群。这种市场需求的创造力会大大加快产业发展的演进速度，也会极速改善产业结构的优化升级。

其次，产业集群与城镇化的耦合。产业集群与新型城镇化的耦合协调，是产业中的生产要素与城市分工和定位相结合的关键。产业集群的发展为新型城镇化的内涵增长提供支持，新型城镇化的配套发展又为产业集群的形成提供保障。产业集群的形成是从企业—龙头企业—产业链—集聚—集群的演化过程。首先，是由一家或几家龙头企业带动的，最后因为规模经济的影响，吸引上下游产业链企业的集聚，形成集群。产业集群一方面是其内部企业组织和生产要素的配置优化的结果，另一方面也是城市推动的结果，城市的新型城镇化水平能够为产业集群提供强大助力，让生产要素的有效配置更加有质量。在产业集群和城镇化的这种互动中，相互促进、相互融合、协调共生。

最后，产业集群在创新要素集聚与新型城镇化耦合中的中介效应。第一，在上述产业集群与新型城镇化互动过程中，部分具备创新能力的高新技术企业会借助城镇化的不断推进，努力增强自身的创新要素集聚能力，以核心竞争力让劳动力要素和资本要素在不同类型企业间的重新配置。随着城镇生活水平的持续上升，生产性服务产业、创意文化产业、战略型新兴产业等产业集群的繁荣和发展，会对金融、教育和咨询等行业和资本产生巨大的需求，或者说是对创新要素的质量提出了更高的要求，同样地，随着产业集群创新的发展，在科技金融、网络信息技术等产业从业的高技能创新人才收入的快速增涨，这会使城镇消费需求急剧增长，从而促进新型城镇化的有效提升。在需求乘数传导机制影响过程中，三者的耦合和协调会有更加深入的发展，产业间创新要素的重新配置将促进三者的耦合协调布局的出现。

（3）空间上的耦合

一般来说，创新要素在空间上的集聚，必然会涉及区域选择问题。要素为何集聚在此，而不是别处，或者说有一些要素集聚在这块区域，另一些要素又集聚在其他区域，必有其内在的逻辑。

第一，城镇化水平更高的城市拥有更好的基础设施，是吸引创新要素集聚的先决条件。创新要素和产业会首先选择在交通便利和区位优势明显的地区集聚，随着区域条件越来越好，要素集聚度越来越高。一旦达到集聚边际效应递减的临界值，城镇空间从适度集聚向过渡集聚演变，创新要素会往边际效应更高的地方集聚。这时候，创新要素会开始从集聚向周边扩散发展，出现一定程度的离心化趋势，这种现象在江浙沿海都市圈地带曾一度出现。而且，从离心力来看，不同的都市圈按照发展程度的区别，离心化程度也是不一样的。例如，雄安新区的设立初衷是为了缓解北京中心城区的非首都功能，但完全没有削弱北京对创新要素的吸引力，而宁波等城市则可以吸收杭州等中心城市要素的扩散，这显然说明都市圈的发展模式和阶段对创新要素流动的影响差异，或者说是都市圈里城镇化水平和发展的差异性造成的，相较于周边城市，基础设施和相配套的城市服务水平更高的中心城市会有更强的集聚能力，而基础设施和城镇化的均衡化更有助于创新要素的充分流动。与资源要素配置类似，在中心城市经济增长到一定程度之后，创新要素会通过产业资本转移、关键技术扩散、创新资源流动、人才流动等方式由经济增长高的区域带动周边发展程度相对较低的地区发展的整个过程。

第二，产城融合更紧密的区域是创新要素的集聚地。在一个都市圈内部，产业与新型城镇化的融合发展，是以产业集群发展为主，以新型城镇化为辅的。两者间通过创新知识和高新技术的流动来促进两个主体的耦合协调。同时，产业集聚区的扩散作用会带动周边地区的产业配套和创新要素集聚，同时为周边城市的创新集群与新型城镇化之间耦合协调提供强劲的动力。中心城市在保持新型城镇化和产业集聚融合发展的同时，会提供城市和产业所需的更好的创新要素，诸如科技金融与专利、版权等法律服务的创新要素服务能力；而那些较低的产业集群基于租金高于其创新信息交换、创新资本获得和高素质劳动力获得等创新要素的利益时，就会不断地向城镇郊区转移。中心城市的高端产业集群创新与新型城镇化形成良性互动的模式，逐渐形成耦合协调的典型集聚区。而处于创新链中低端的产业集群外迁于周边地区后，势必会一定程度上改善区域的人口结构和空间布局，形成对新型城镇化新的需求，两者间的互动融合会提升周边中小城市的创新要素集聚能力。产业在空间上的集聚和扩散效应，不仅体现在与城镇化的互动，拓展耦合的空间边界，扩大新型城镇化创新集聚的半径范围上，也深深影响着各类创新要素的空间格局。

第三，创新要素的空间集聚必然驱动新型城镇化的发展。创新要素的空间集聚会因此在都市圈内城市中聚集大量的创新人才、高新技术和金融资本，以及各类创新平台和高新技术产业，这一方面会带动城镇消费市场需求的快速上升，客观要求城镇化配套服务设施的建设。另一方面，创新人才的生活和工作半径在不断扩大，相应的居住区也在向城镇外围持续地扩展，带动了相关区域的新型城镇化水平的提升，有效地促进了两者间的耦合协调。同时，创新要素集聚地、创新要素空间集聚水平较高的区域也会对周边城镇的创新集群与新型城镇化之间耦合协调产生积极影响，这种影响机制是借助于要素配置、知识外溢和区域创新人才流动、交通可达性等因素而实现的。以上海都市圈为例，中心城市上海创新要素的高集聚程度显著地带动了与上海邻近的嘉兴、南京、苏州、无锡、杭州和宁波等地的创新集聚与新型城镇化之间耦合协调。一般而言，邻近城市因为空间上的邻近，会更能够吸收中心城市的创新扩散和知识溢出，但这也会因城市群发展模式和阶段而异。笔者认为，上海都市圈已经形成了很好的辐射和协同效应，而中部城市群往往会以虹吸效应居多。

我国中部的创新要素集聚和新型城镇化均在空间上呈现出比较明显的非均衡性特征，中心城市创新要素和新型城镇化的耦合协调一旦具有正外部性，就能带动周边地区创新要素和新型城镇化的耦合发展，而如果具有负外部性，则可能在创新链与城镇化的联系上产生冲突。

(4) 政策制度上的耦合

创新驱动城镇化发展已经上升为国策。在党的十九大报告中，新型城镇化的发展模式就是以创新驱动的发展模式。在以创新为主体，来推动新型城镇化发展的模式下，创新要素集聚与新型城镇化的结合和协调就更是与生俱来了，这也是政策制度赋予的。新型城镇化依赖创新驱动，关键就是要吸引创新要素的流入，形成创新要素的集聚。而在同一个时期，创新要素又有其局限性，这又需要依靠创新，创造出更多的要素和新的需求，为城镇化提供源源不断的动力和源泉。

显然，政府推动的一系列创新政策制度能有效地降低经济发展中的交易成本、激发企业的创新行为、塑造企业家精神，并直接带动企业的创新发展和要素的集聚。无论是单个城市还是都市圈城市群，确定性的机制体制是吸引集群企业、创新要素、劳动力要素和资本要素形成集聚效应的最为重要的因素，政府政策也能对创新要素集聚与新型城镇化耦合协调构成明显的作用力，反过来，地方保护主义等因素则是阻碍两者耦合协调发展的主要因素。耦合协调效应往往依赖于所在国家或者区域成熟的市场机制的规整和完善。

对于城市个体而言，为了形成新型城镇化和创新要素汇集的双轮驱动，必然会借助地方保护政策限制创新要素的流出，吸引创新要素的流入，与其他地区形成竞争关系。这些措施虽然会短期提升部分创新要素的集聚，促成城镇化建设的推进，但缺乏长期和可持续效应。而如果基于城市群和都市圈的视角，区域的地方保护主义会阻碍创新资源、资本和创新人才的流动，也会限制区域间的研发合作和知识溢出，导致都市圈内创新活动的限制和经济活力的丧失。因此，政府推动的行政政策或者管制机制有其空间上的局限性和适用性，如政策得当，则能极大地推动创新活动和新型城镇化的互动发展；若管制不当，那么会导致市场对创新需求量的降低和城镇人口流入量的下降。政策工具既可以加强创新要素集聚和新型城镇化的耦合发展，也可以直接削弱和抑制这种耦合协调效应，从而限制创新要素集聚与新型城镇化的发展速度。

但同时，纵观十八大以后的政策，我国在推动新技术、新业态、新模式的发展上走在了世界前列。在中国，这些新技术的应用，特别是互联网的信息技术和通信技术的产生和运用，极大地推动了创新要素的集聚和城镇化的发展，这得益于政府对技术创新不遗余力的推动。新信息技术的应用，极大地拉近了创新主体的距离。基于互联网，可以随时随地建立一个知识交流和分享的平台，降低创新成本的同时也提高了创新效率。同时，互联网技术能够提高产业聚集区和企业内部的管理效能，优化内部结构及其与外界的互动关系。在"互联网＋"背景下，供给和需求可以精准对接，企业的创新导向将更加精准地满足消费者需求，这会为创新型企业带来更多的创新动力。

而且，政府在推动新型城镇化进程中，也把信息技术的应用进行了大力推广。智慧城市、智能交通等基础设施的建设均渗透了新兴信息技术，使得创新效应倍增，促进创新要素与新型城镇化的融合发展。受益于这些新技术的应用，新型城镇化有了新的方向和动力，城镇的智能化和质量水平明显得到提升，并有效促进了创新人才的聚集。在现代城镇化推进中，有一个现象，城市越智能、越便捷，对创新要素的吸引力就越高，这让中心城市的要素集聚能力进一步提升，而中小城市因为资本、理念和技术的不足，则可能会进一步地拉开差距。但也有学者认为，以互联网和新信息技术引领新型城镇化，能够推动资源的优化配置，互联网的"去中心化"和"去中介化"特征，会为中小城市和乡镇地区发展带来机遇。假如周边地区能够进行公园城市的建设，以生态环境吸引创新要素的流入，也是一个很好的路径，因为互联网的存在，可以让创新人才不一定要在同一个办公场所。也就是说，互联网技术和新信息技术的应用，有效突破了时空的阻隔和地域上的"歧视"，让信息流通在空间上能保持时间上的一致，这也为创新要素集聚与新型城镇化之间的融合产生了更多可能。

互联网信息技术促使创新要素与新型城镇化之间的关联更加紧密。从产业关联的角度，互联网等新信息技术对创新要素提出了更高的要求，先进的互联网技术并不能克服集聚在中心城区的力，更高级别的创新要素会更加密集地向中心城市集聚，使得中心城市的区位优势被不断放大，这也会相应地提升中心城市新型城镇化的质量和发展，为周边地区的新型城镇化模式做出表率和引领。从邻近的角度，互联网仍然强调市场邻近性，以市场需求为主导的态势并没有发生改变，这让新信息技术企业仍然呈现空间上的集聚格局，因为互联网技术让邻近企业的创新学习过程更加便利，更能让模仿和学习及时发生。这些都使得高级创新要素在中心城市更加密集，中低端创新要素在中小城市也形成集聚，推动不同层级的新型城镇化发展。

5.1.3 创新要素集聚与新型城镇化的耦合过程分析

就如同任何事物一样，创新要素集聚和新型城镇化也会有这样的生命周期。会经历从萌芽、成长、成熟到稳定再到衰退的生命发展周期。基于此，可以将创新要素集聚和新型城镇化的耦合过程划分为以下四个阶段：萌芽阶段（无耦合）、成长阶段（低度耦合）、发展阶段（中度耦合）和发展成熟期（高度耦合）。耦合系统的演进过程如下图5-2所示。

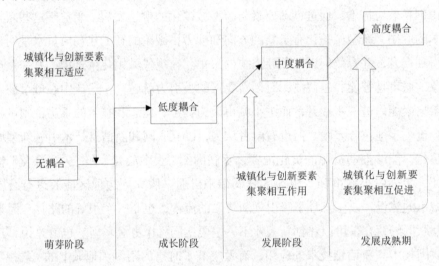

图5-2　耦合系统演进过程

1.萌芽阶段

创新要素集聚和新型城镇化耦合的萌芽阶段，是指耦合系统还没有形成，城镇的空间形态主要是依靠分工而形成的，耦合的中间环节是产业，在这个阶段，创新要素的集聚完全伴随着产业的聚集。在耦合系统的萌芽阶段，城市的创新体系还很弱小，是按照产业的需求和分工而做的，可能是产品的创新，工艺的创新或者是工具的创新，没有形成有生命力的创新系统，无法推动城镇化的持续发展。而城镇化也多以单独个体存在，对产业也没有有效的支撑，只是简单形成了市场、制度和组织架构，也无法对创新要素的进一步集聚提供动力。

2. 成长阶段

在创新要素集聚和新型城镇化耦合的成长期，创新要素集聚与城镇化进程的联系逐渐形成，耦合机制也初现雏形。这个时期主要表现为城镇化对创新要素集聚的基础性支撑。在这个成长期，城市开始承载更多的人口，城市密度快速提升，基础设施快速完善，城市与产业的结合更加紧密，开始具备一定规模的产业创新系统，有相当数量的创新人才和技术，城市的创新体系逐渐形成。反过来，创新要素的流入，开始在知识体系、技术创新方面为城镇化产业发展提供支持，帮助城市进行更新和改造，促进城镇化的健康发展。在这个阶段，主要是以城镇化推动创新要素集聚为主，而创新驱动城镇化进程动力还不够。

3. 发展阶段

创新要素集聚和新型城镇化耦合的发展阶段，是指两个主体之间的耦合关系继续发展，耦合关系和协调程度继续加强。在这个阶段，耦合系统开始出现有序的互动关系，城镇化的进程不仅能推动创新要素的集聚，也能促进创新要素之间的协同；创新要素的集聚导致大量的新知识、新技术和新制度的出现，产业链和创新链开始形成，大量的高新产业进入区域系统内，为城镇化发展提供强大的支撑作用，两者间的互动活动更为频繁。

4. 发展成熟期

在创新要素集聚和新型城镇化耦合的发展成熟期，城镇化的空间形态开始向更高层级发展，由单个的个体向城市群和都市圈方向转变，这意味着有更大的协同空间来承载要素的流入和流动。而创新要素在都市圈和城市群内已经形成相当大的规模，不仅人才、技术非常充沛，而且创新平台和创投资本纷纷涌入，区域内的创新活动已经规模化、组织化和有序化，能够有效推动产业集聚创新，促进城镇化的创新发展。在这个阶段，产业链和创新链深度融合，创新开始发挥巨大作用，两者的耦合系统走向成熟，相互促进，共同发展。

5.2 武汉城市圈城镇化水平概况

改革开放40多年来，中国城镇化进程取得了非凡的成就，诺贝尔经济学奖获得者斯蒂格利茨就曾高度肯定中国的城镇化对推动世界经济所做出的贡献。党的十八大以来，中央对新型城镇化做出了重要判断：目前，中国城镇化已开始从"要素驱动"向"创新驱动"转变，实现从重数量的外延式扩张转向重品质的内涵式发展，明确提出了质量方面的要求，并做了总体部署。正如李克强所言：协调推进城镇化是实现现代化的重大战略选择。在这样一个背景下，许多学者对新型城镇化的内涵、测度、模式等进行了系统的探索。

一是新型城镇化内涵的界定。新型城镇化是城镇化发展的新阶段，是新常态下供给侧改革的必然选择。对新型城镇化的内涵阐述主要集中以人为本、质量、集约发展、内涵发展等方面。中国科学院可持续发展战略研究组认为，新型城镇化即是创新驱动的发展模式。在空间上，就是要构建区域经济和产业空间布局紧密衔接的城市空间生态。仇保兴主张新型城镇化第一要转变城市发展理念，城市优先向城乡协调转变，第二要改变城市发展模式，从高能耗、规模型、放任式向低能耗、质量型、集约式发展。牛文元基于和谐理念，从民主角度提出新型城镇化应以提升农民和城镇居民的生存生活质量为核心，走内涵增长的发展道路。还有学者从可持续发展、绿色理念等方面发表了不同的见解。本书认为，新型城镇化"新"在以人为本、创新驱动、绿色发展的新特征。

二是新型城镇化的发展模式研究。自新型城镇化建设以来，各省市地区在不同方面不同层次，结合地方资源禀赋和比较优势进行了有效的探索，呈现出各种典型的发展模式。从区域上看，有成都模式、天津模式、广东模式、苏南模式、浙江模式；从产城融合角度看，有现代农业、新型工业化、生态旅游模式；从地域特点看，有山区模式、经济区模式、县城模式；从城市规模看，有城市带、都市圈、城乡一体化等模式。这些有益的探索和学者的分析为城镇化的发展提供了很好的借鉴模板和样本分析。

三是新型城镇化的动力机制。城镇化的发展既是经济发展的客观规律，也受社会、政策、制度等多重因素的制约，动力机制是研究城镇化问题的重要内容。近年来，不少学者对城镇化动力机制进行了研究，主要包括多元城镇化动力、制度与要素推进、内生与外力作用、"自上而下"推动等观点。王发曾（2014）从经济发展、社会发展、基础设施等方面构建新型城镇化核心动力机制；卫言（2011）认为新型城镇化的核心动力是产业结构转换和生产要素的流动，内生动力是经济聚集效应，加速动力是全球化推进；叶裕民（2001）表示新型城镇化的动力机制是由政府、市场、农民等多重力量协同推进，并指出政府是新型城镇化主导动力，市场是资源优化配置的有效方式，农民是新型城镇化的根本问题。还有学者从人口、资源、环境等制约因素构建定量模型，揭示它们之间的影响与关系；从新型工业化、旅游产业集群等构建新型城镇化的耦合模型；从总部经济、制度分析等视角探讨我国新型城镇化发展的动力机制。

基于上述理论和观点，本书认为，新型城镇化必然是"以人为本"的城镇化，也是更加重视产业、生态和人民幸福感的城镇化。本书从全国到湖北再到武汉城市圈人口城镇化比较来展开。

5.2.1 人口城镇化水平比较

（1）湖北省的城镇化水平

根据 Northam（1975）的城市化过程 S 形曲线理论，比较中国城镇化与湖北城镇化的发展历程发现，不管是全国还是湖北省，都大致经历了四个阶段：起步期（1949—1960 年），停滞时期（1961—1978 年），稳定增长期（1979—1999 年），加速发展时期（2000 年至今）。Kuznets 认为："城市化就是城乡之间的人口分布方式的变化。"在不考虑发展质量的条件下，人口城镇化是衡量城镇化水平的常用指标，也被认为是通用指标。如果从人口城镇化上看，即城镇人口在总常住人口中的比例来衡量城市化水平，目前正处于加速期（如图 5-3 所示），这是各种要素快速集聚的结果。

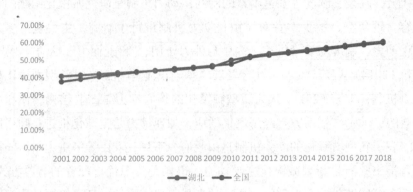

图5-3　湖北省人口城镇化水平和全国的比较

由上图可以发现，在2010年之前，湖北省人口城镇化水平低于全国的平均水平，这与湖北省当时的经济发展总量和地位是相匹配的。而在2010年以后，受益于中国的"中部崛起"战略，以及长江中游城市群的发展战略，湖北人口城镇化率开始加速，逐渐高于全国水平。2018年，湖北（常住人口）城镇化率为60.30%，高于全国（常住人口）城镇化率59.58%。

（2）武汉城市圈人口城镇化水平比较

武汉城市圈有一个副省级城市武汉市，也是城市圈的中心城市，有5个地级市（黄石市、鄂州市、黄石市、黄冈市、咸宁市）和3个县级市（仙桃市、潜江市和天门市），各个区域发展不平衡，在城镇化水平上存在空间分异性。比较武汉城市圈2018年的人口城镇化水平，如图5-4所示。

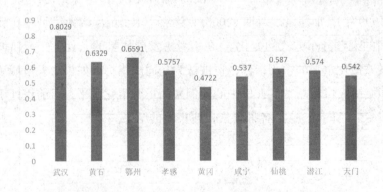

图5-4　2018年武汉城市圈城镇化水平比较

由上图可以看出，各个区域的发展极不均衡。武汉市的城镇化水平远高于其他城市，达到了 80% 以上，这已经与国际化城市的城市化水平相当。鄂州市的城镇化水平为 65.91%，居于第二位，这是因为鄂州市与武汉市联系得最为紧密，武汉市的地铁已经修到鄂州市，武汉大力发展的光谷东地带与鄂州市接壤，极大地推进了鄂州市的城市化水平和经济发展。后面依此是黄石市、仙桃市、孝感市、潜江市，最后是黄冈市，这也有其历史原因。黄冈市作为革命老区，面积最大，人口众多，又是大别山贫困连片地区，因此在城镇化上推进的难度也最大。值得注意的是，武汉城市圈中，有 5 个城市的城镇化率低于湖北省的平均水平。而武汉城市圈又是湖北省发展中最重要的都市圈，其地位和城镇化发展是不相称的。

5.2.2 都市圈内部联系强度

基于以上分析可以看出，武汉城市圈的发展是一个极不平衡的都市圈。都市圈内，几乎所有的要素资源和政策都倾斜于中心城市——武汉市。但对于都市圈发展而言，应该建立一个在空间上耦合协调发展的系统，促进创新要素在整个都市圈空间上的集聚和扩散。所以，本部分将考量武汉和周边城市的联系强度，以度量武汉城市圈中心城市——武汉在经济发展和创新驱动上的辐射能力。

都市圈的创新体系应该是一个开放的系统，而开放性的重点正是各城市内部同更广阔领域的周边城市的协作，通过这种产业调整和区域经济的联动，实现创新要素在区域之间的优化配置。上一章中，我们已经分析了武汉城市圈内的创新要素在空间上历年的分布情况，但是内部的联系和要素流动还不清楚，中心城市与其他城市的联系紧密强度，中心城市的要素在高度集聚以后，又会流向哪个城市，所以，接下来需要对都市圈内部各城市之间的要素流动趋势和联系强度做出分析。创新要素的流通主要有以下几种形式。

一是以高层次科技和研发人员、高校教师为主的人力资源方面的创新要素流通，以人才合理的换职、搬迁为主；以科技投入和风险资金为主的资金方面的创新要素流通，以信贷资金在都市圈内的流动、跨区域信用活动为主；而技术这类知识层面的创新要素的流通，以信息的共享和交流便捷程度来衡量，因为知识的转移不会因为受方的接受而减弱发出方的拥有量，而是一个信息扩散的过程。而以实验室为主的科研基础平台的流通，以领军人物的流动为主；以企业为主体的创新载体的流通，则以企业的自主搬迁为主。

然而，直接分析创新要素在大都市圈内部各城市流通的情况缺乏直接的数据支撑，因此，在这里本书借鉴牛顿万有引力公式，引入经济联系强度指数概念，采用宁越敏等（1995）用过的"经济联系强度"的公式，来考察武汉都市圈内部的联系强度。通过对都市圈内部联系强度的度量，就可以得出城市圈内核心城市对周边城市的辐射能力。如果说产业集聚是创新的本质，是内敛性的资源要素的优化重组，那么辐射就是开放性的资源要素的优化重组。因此，对辐射能力的分析可以从一个侧面看出创新要素在都市圈内部的流通状况。

经济联系强度的计算公式：

$$L = K_j \frac{\sqrt{P_i V_i}\sqrt{P_j V_j}}{D_{ij}^2}$$

$$K_j = \frac{1}{3}\left(\frac{V_j^*}{V_j} + \frac{P_j^*}{P_j} + \frac{T}{T_j} \right)$$

其中，L 为两个城市的绝对经济联系强度；P_i、P_j 分别为 i 城市和 j 城市的人口；V_i、V_j 分别为 i 城市和 j 城市的 GDP；D_{ij} 为两城市之间的空间直线距离。K_j 为引力系数，V_j^* 和 P_j^* 分别为 j 市市区非农人口和非农产值，T_j 为 j 市与 i 市联系的各项交通设施总时间（包括铁路、高速公路、国道），T 为所有城市到中心城市联系的各项交通设施总时间。

利用 2012—2018 年各城市的相关数据，就可以得到武汉都市圈的联系强度。在计算时，根据上一章的初步分析选择武汉为中心城市，来计算中心城市对其他城市的辐射能力。如下表 5-1 所示。

表 5-1　武汉城市圈内部城市的联系强度

年份	黄石	鄂州	孝感	黄冈	咸宁	仙桃	潜江	天门
2012	2.07	15.83	8.61	7.66	1.93	0.88	0.31	0.26
2013	2.32	17.98	9.78	8.67	2.23	1.01	0.35	0.28

续表

年份	黄石	鄂州	孝感	黄冈	咸宁	仙桃	潜江	天门
2014	2.55	19.92	10.86	9.69	2.49	1.11	0.39	0.31
2015	2.70	21.65	11.89	10.62	2.72	1.21	0.42	0.35
2016	2.94	23.94	13.06	11.68	2.98	1.32	0.46	0.41
2017	3.34	27.33	14.67	13.17	3.37	1.48	0.52	0.44
2018	3.67	30.56	16.32	14.37	3.76	1.65	0.59	0.49

从上表可以看出，作为中心城市的武汉对鄂州市、孝感市和黄冈市的辐射能力最强，因为这三个城市在直线距离、交通设施以及产业和经济合作上，与武汉的边缘区域有一定的优势，比如鄂州市已经无缝对接武汉光谷东，黄冈市和武汉城际铁路的通勤时间在半个小时，一天往返多趟，孝感市邻近武汉天河机场，发挥空港经济带的优势。而武汉市同黄石市和咸宁市的联系却并不是很高，虽然这两个城市都要融入武汉都市圈，承接武汉产业转移。仙桃市和潜江市两个县级市因为地理距离以及行政区划的限制并没有表现出很强的关联。从时间纵向看，每个城市都表现出逐步增长的联系强度，这一方面是 GDP 的表现，另一方面也表明协同的程度在加强，武汉市辐射的能力也在加强。其中，鄂州市与武汉市的联系强度几乎已经一体化了，2018 年这个强度已经达到了 30.56。这意味着是否能受益于武汉在要素和经济上的辐射效应，与空间距离和交通时间有密切关系，对于武汉都市圈内部交通设施的进一步优化提升是非常有必要的。

5.3 新型城镇化的测度与分析

在新时代背景下，中国经济已经从高速增长阶段转向高质量发展阶段，城镇化也不仅是人口的城镇化，更是一个综合协调发展的城镇化，不仅包含了人的城镇化，也是农村向城市集中的过程。它是一个具有多维涵义的综合指标。

(一) 评价指标的选取原则

1. 科学性与现实性原则

指标体系的设计必须建立在科学的基础上，客观真实地反映都市圈内各城市新型城镇化的现状存量，以及未来的发展潜力，同时也要从以人为本的角度，从政策引导的角度，选择能与创新要素相适应、相匹配的衡量指标，以求能对武汉城市圈内新型城镇化有一个真实、客观、可靠的评价。

2. 系统性原则

区域新型城镇化指标包括了多个层面、多个层次，要具体反映武汉城市圈新型城镇化的发展状况，选取的指标一定要具有系统性，能系统地反映整个区域内的新型城镇化的真实情况，也能更加具有指导性。

3. 可量化和可操作性

选取的指标在力求真实反映都市圈内新型城镇化的情况下，还要兼顾可量化和可操作性原则，这主要是为了实证分析时在数据的处理上更加便利。

4. 动态连续性原则

指标的选取要体现动态连续性原则，这主要是考虑到武汉城市圈新型城镇化是一个不断发展提高、不断演化的过程。因此，选择的指标还要体现出武汉城市圈新型城镇化的未来发展能力。

(二) 指标体系的构建

国内外学者均从不同视角构建了城镇化发展程度的指标体系，但至目前为止，还未形成统一的新型城镇化的评价标准。住房和城乡建设部课题组从城镇化水平、基本公共服务、基础设施、资源环境4个方面，选取18项指标构建城镇化质量评价体系，从国家指导层面给出了新型城镇化具体测算指标。叶裕民强调城镇化质量主要表现为城镇人均道路面积、人均拥有公共绿地面积、人均居住面积等指标的高低，城镇化质量是城市实力逐渐增强、人民生活质量进一步提高、环境和基础设施进一步改善，最终实现城乡一体化的过程。基于此，闫海龙 (2014) 从人口、经济、社会、空间、生态环境、基础设施、城乡一体化7大子系统构建新型城镇化指标体系。还有一些学者从人口城镇化、土地利用城镇化、经济城镇化、社会城镇化和生活城镇化等不同维度构建了新型城镇化的指标体系，比如赵永平（2013）从经济高效、结构优化、质量提升、就业充分、功能完善、城乡协调、环境友好、生态宜居等 8 个子目标构建指标；王富喜等（2013）从城镇化水平、经济发展、集约协调、民生改善、生态宜居等方面建立评价体系；叶裕民（2001）从经济发展、人口城镇化、生活方式、环境状态、城乡统筹 5 个方面进行新型城镇化的测度。就研究方法而言，主要运用主成分分析法、层次分析法、聚类分析法、熵值法、阿特金森模型等，对新型城镇化的质量进行了测度。就研究区域看，从全国、城市群、省到县市均有丰富成果。本书围绕五大发展理念的角度，构建包括人口、经济、生活方式、空间特征的指标体系，如表 5-1 所示。

表 5-1　新型城镇化的指标体系

目标层	准则层	指标层	
新型城镇化指标体系	人口城镇化	城镇人口比重	%
	经济城镇化	人均 GDP	元
		第二、三产业增加值 /GDP	%
		财政支出占总支出比重	%
	生活方式城镇化	每万人拥有公共交通车辆	标台
		人均城市道路面积	平方米
		人均公园绿地面积	平方米 / 人
		城镇居民消费水平	元
	空间城镇化	人口密度	万人 / 平方公里
		建成区面积	平方公里

和上一章类似，新型城镇化指标体系基于"人"的城镇化这样一个准则，从四个维度测量，分别是人口城镇化、经济城镇化、生活方式城镇化和空间城镇化。

人口城镇化主要指城镇人口比重，用城市人口 / 总人口来度量；经济城镇化选取了 3 个指标（人均 GDP，第二、三产业增加值 /GDP，财政支出占总支出比重），人均 GDP 是反映居民收入状况，因为一个城市的收入水平将直接影响新型城镇化的质量，第二、三产业增加值/GDP 指标则反映的是非农经济在经济总量中的地位，城镇化水平和农业经济两者在某种程度上是相互作用的，财政支出占总支出比重主要体现了政府可支配的投入水平，城镇化的推动最主要力量还是政府。生活方式城镇化选取了 4 个指标来度量（每万人拥有公共交通车辆、人均城市道路面积、人均公园绿地面积、城镇居民消费水平），每万人拥有公共交通车辆和人均城市道路面积指标体现的是城市交通基础设施的发达程度和城市居民出行的便利程度，交通基础设施是城市化建设中的重要因素。人均公园绿地面积反映了城市生态环境，有新的观点认为，在互联网新信息技术的高速发展下，生态环境可能会成为城市吸引创新要素的核心竞争力。城镇居民消费水平体现的是城镇居民的可消费能力，这也是反映人民幸福感的重要指标。空间城镇化选取了 2 个指标，分别是人口密度和建成区面积。人口密度是城市容纳人口的能力，建成区面积体现城市发展的规模，合起来又反映了城市的空间向上能力。

包含了 10 个指标，仍然采用熵值法来处理，得到武汉都市圈各年的综合评价指数。如下图 5-5 所示，并与中国各年的新型城镇化综合评价指数进行比较。数据来源于历年《中国统计年鉴》《湖北统计年鉴》和各个城市的统计年鉴。

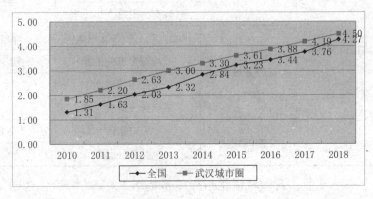

图 5-5　新型城镇化综合发展水平比较

图 5-5 显示，武汉城市圈的新型城镇化综合发展水平一直滞后于全国平均水平，也就是说，武汉城市圈的城镇化发展质量并不如全国平均水平，这和图 5-3 显示的湖北省人口城镇化已经超过全国平均水平的结论不一致。体现出武汉城市圈农村人口市民化的增速高于全国，但相关城市生活水平、

消费水平提高力度不大，城市的配套设施，城市的承载建设力度不足。在新型城镇化建设道路上，还有很长的路要走。虽然在 2018 年开始接近全国平均水平，但任重而道远，也许应打破过去的发展模式，更好地走协同发展道路。

5.4 新型城镇化与创新要素集聚的耦合协调度

都市圈创新要素集聚与新型城镇化的耦合协调度，是指区域创新要素各子要素和新型城镇化的要素之间的耦合程度，是一种多样化联系，其本质是建立在两者耦合度基础上的熵权评价。借鉴物理学中的容量耦合系数模型，本书将 C 定义新型城镇化与创新要素集聚协调发展综合指数，采用加权相加法进行合成，

$$C = \sqrt{\frac{u_1(e_1)u_2(e_2)}{\left[u_1(e_1) + u_2(e_2)\right]^2}}$$

定义 C 为创新要素空间集聚—城镇化水平耦合度函数。其中，$u_1(e_1)$ 为创新要素空间集聚对 C 的度，$u_2(e_2)$ 为城镇化水平对 C 的贡献度。

再构建创新要素空间集聚度与城镇化质量耦合协调度模型，判断两者间的耦合协调程度：

$$D = \sqrt{C \times \left[au_1(e_1) + bu_2(e_2)\right]}$$

定义 D 为耦合协调度，a、b 权重按照"均衡"发展的思想，各取 0.5。

一般而言，C、D 的范围取值在 [0，1] 之间，若接近于 0，说明系统耦合度极小；若接近于 1，说明耦合度极大，两者间处于良性共生耦合。从耦合协调度等级划分标准，本书划分为 4 个基本阶段。

表 5-2　耦合相关度度等级划分标准

耦合相关度	耦合程度	所处阶段
$C=0$	无耦合	萌芽阶段

耦合相关度	耦合程度	所处阶段
$0<C \leq 0.3$	低度耦合	成长阶段
$0.3<C \leq 0.7$	中度耦合	发展阶段
$0.7<C \leq 1$	高度耦合	成熟阶段

当 $C=0$ 时，说明新型城镇化水平与创新要素集聚之间无耦合，都市圈内新型城镇化水平与创新要素集聚耦合系统处于萌芽阶段；当 $0<C \leq 0.3$ 时，说明新型城镇化水平与创新要素集聚之间低度耦合，都市圈内新型城镇化水平与创新要素集聚耦合系统处于成长阶段；当 $0.3< C \leq 0.7$ 时，说明新型城镇化水平与创新要素集聚之间中度耦合，都市圈内新型城镇化水平与创新要素集聚耦合系统处于发展阶段；当 $0.7< C \leq 1$ 时，说明新型城镇化水平与创新要素集聚之间无耦合，都市圈内新型城镇化水平与创新要素集聚耦合系统处于成熟阶段。

表 5-3　耦合协调度评价标准

耦合协调度	协调等级	耦合协调度	协调等级
$D=0$	无协调	$0.5<D \leq 0.7$	良好协调
$0<D \leq 0.3$	严重失调	$0.7<D \leq 0.9$	优质协调
$0.3<D \leq 0.5$	低度失调	$D=1$	完全协调

耦合协调度 D 处于 [0，1] 之间。当 $D=0$ 时，都市圈内新型城镇化水平与创新要素集聚之间无协调，两个体系内部要素之间处于完全无关状态，两者各自发展；当 $0< D \leq 0.3$ 时，都市圈内新型城镇化水平与创新要素集聚之间处于较低水平的耦合协调阶段，此时，耦合系统之间各要素处于严重失调阶段；当 $0.3< D \leq 0.5$ 时，都市圈内新型城镇化水平与创新要素集聚处于轻度失调阶段，在这个时期，新型城镇化与创新要素集聚都获得了一定的发展，通过耦合作用彼此促进了各自的发展；当 $0.5< D \leq 0.7$ 时，都市圈内新型城镇化水平与创新要素集聚进入了磨合阶段，在这个时期，新型城镇化与创新要素集聚形成了良性耦合发展；当 $0.7< D \leq 0.9$ 时，都市圈内新型城镇化水平与创新要素集聚进入了很好的发展阶段，在这个时期，新型城镇化

与创新要素集聚处于优质协调状态，两者互相促进，共同发展；当 $D=1$ 时，是完全协调状态，耦合协调度最大，都市圈内新型城镇化水平与创新要素集聚良好共振。

按照以上方法，代入上述章节已经计算出来的武汉城市圈城镇化水平和创新要素集聚综合指数，本书对十八大以来武汉城市圈的城镇化水平和创新要素集聚的耦合协调度的测算结果，如图 5-6 所示。

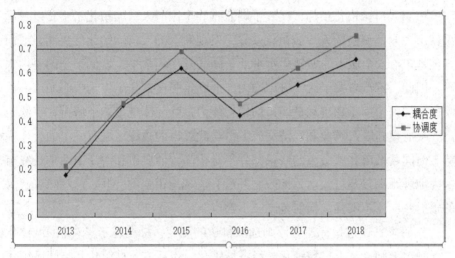

图 5-6 耦合协调度评价

由此可以看出，武汉城市圈城镇化水平和创新要素集聚的耦合协调度在 2013 年和 2014 年耦合协调度较低，处于一个低度耦合的状态；但是从 2013 年到 2015 年，也是一个快速上升的阶段，这主要是这期间经济高质量发展的动能转化的原因。而到 2016 年，耦合协调度都有一个向下的趋势，分别从 0.6 和 0.7 下降到 0.4 到 0.5 之间，这主要是由于这段时期内，城市圈的产业结构调整升级导致的暂时的停歇，而在 2017 年和 2018 年，耦合协调度又重新向上，并在 2018 年达到了高点。在这个时期，进入中度耦合和优质协调的阶段。从总体来看，耦合协调度从失调状态开始进入良好耦合协调阶段，朝着协调有序的方向发展。这也说明，在投资驱动向创新驱动的动能转化中，武汉城市圈的城镇化水平和创新要素集聚正趋向于同步协调发展状态。

5.5 本章小结

本章首先基于耦合协调理论，从基础要素、产业、空间和政府政策等角度分析了创新要素集聚与新型城镇化的耦合形成机制，把耦合过程分成了四个阶段：萌芽阶段、成长阶段、发展阶段、发展成熟阶段。其次，基于武汉城市圈人口城镇化指标，比较了湖北省和全国的人口城镇化水平，以及武汉城市圈内部城市的人口城镇化差异，发现武汉的人口城镇化优势明显，而其他地市有 5 个城市的城镇化水平低于湖北省平均水平，也低于全国平均水平。因此，重点考察了武汉城市圈内部的联系强度，显示作为中心城市的武汉市对鄂州市、孝感市和黄冈市的辐射能力最强，体现出三个城市在直线距离、交通设施以及产业和经济交流上，与武汉市的边缘区域有一定的合作优势。但同黄石市和咸宁市的联系却并不是很高，仙桃市和潜江市两个县级市因为地理距离以及行政区划的限制并没有表现出很强的关联。这意味着武汉的辐射效应还不够强，辐射范围还不够广。

然后本书通过指标建立原则选取科学的测度指标，基于"人"的城镇化这样一个准则，从人口城镇化、经济城镇化、生活方式城镇化和空间城镇化四个维度，采用熵值法建立指标体系，计算新型城镇化的综合性指标，并横向比较了武汉城市圈和全国的城镇化质量水平，发现武汉城市圈的新型城镇化综合发展水平一直滞后于全国平均水平，体现出武汉城市圈农村人口市民化的增速高于全国，但相关城市生活水平、消费水平提高力度不大，城市的配套设施、城市的承载建设力度不足等问题。

最后通过物理学中的容量耦合系数模型方法，同时测度了武汉城市圈城镇化水平和创新要素集聚的耦合协调度。结果显示，从总体来看，耦合协调度从失调状态开始进入良好耦合协调阶段，在投资驱动向创新驱动的动能转化中，武汉城市圈的城镇化水平和创新要素集聚正趋向于同步协调发展状态。

第6章 创新要素集聚能力的影响及空间效应研究

在新旧动能的转换期，城镇化在向城市群都市圈的方向发展，从单个城市的城市化向更高层次的空间组织向上延伸。伴随着这样的历程，在第5章已经证实，创新要素集聚能力和都市圈城镇化发展是密切耦合协调的。都市圈的发展需要依赖于创新要素的集聚，这与我国对创新驱动城市发展的定位是一致的。现今，创新要素的集聚水平已成为都市圈创新经济的重要特征，创新要素集聚程度越高，就越能为都市圈提供取之不竭的动力。

从前述章节的文献回顾和论述中可以看出，创新要素集聚本质上就是在空间上对创新要素的重新配置。一些研究分别从区域内部创新要素禀赋、社会资本、地方人力资本等视角探析了区域创新要素集聚与分散的原因。但在实践中发现，这些因素的控制与调节并不能促进地区创新要素的持续集聚。因此，另一些学者的研究触角扩展到一些不容忽视的外部影响因素：①制度因素，诸如政府干预程度、对外开放水平、市场完善程度等；②经济因素，诸如人均 GDP、基础设施水平、资源配置能力、产业联系、固定资产投资占 GDP 比重等；③科技因素，诸如创新能力、技术溢出机会、信息共享程度、教育水平等；④自然因素，诸如区位优势、资源禀赋差异、市场规模、环境因素等。以上因素形成了对创新要素集聚影响的综合性研究。但是从空间上来看，创新要素总是自发地存在空间关联性特征，就像互相之间有磁场一样，而这是导致技术创新空间分布失衡的重要原因。笔者在文献研究部分也已经详细阐述了学者们关于创新要素的空间依赖性和集聚性的特征。

按照空间经济学理论，要素的空间集聚和扩散是向心力和离心力共同作用的结果。向心力主要是因为吸引创新要素集聚的因素，比如，更旺盛的市场需求，更厚实的知识基础，更好的基础设施和民生工程，更加舒适的生态环境，等等；而离心力则是让要素离开的因素，主要是指更高的生产成本、生活成本、城市的拥堵和其他一些外部不经济的因素。如果是在都市圈内部创新要素的流动，向心力和离心力的作用，只让创新要素在城市圈内不同的城市之间流通。中心城市的生活成本高了，离心力大于向心力，创新人才就流动到周围的中小城市，这种流动不会让城市群受损，反而会通过流动足迹引起的溢出效应而带动中小城市的创新发展。对于中心城市而言，这种流动就是辐射效应。如果是中心城市向心力一直旺盛，并且也没有饱和，就会促使创新要素从中小城市向中心城市流动，这就会引起虹吸效应。但一旦都市圈内的要素集聚至饱和状态，那么创新要素就会"逃离"整个都市圈，要素流动的阻力和成本就会增大，这种离心力就会伤害城市圈创新发展。但因为城市圈的空间足够大，往往可通过自身在基础设施、公共服务、市场容量等方面的优势，形成要素集聚的强大向心力。同时，创新要素本身就具有"本地化"的特征，所以只要城市圈有足够的包容性和向心力，其在城市空间布局的紧凑性、城市的开放性以及内部的协同性方面都比城市群表现得更加显著，这样就能留住创新要素，仅仅是在圈内流动。

6.1 创新要素的空间效应类型

基于上述时空演化的实证研究可以发现，城市圈在集聚各类创新要素时，通过各种投入要素和宏观经济要素等的影响，使得创新要素在空间上呈现出一定的形态。而这种形态在空间上是一个演进的模式，表现出不同的效应特征（张宓之等，2016），即一定的创新要素空间集聚形态是由空间辐射效应、空间虹吸效应、空间协同效应和空间闭塞效应，以及这四种效应的相互作用共同形成的。这种空间效应归纳为空间辐射效应（创新要素高度集聚城市带动邻近城市创新要素集聚程度的提升）、空间虹吸效应（中心城市创新要素集聚度的提升依靠剥夺邻近城市的创新要素资源）、空间协同效应（中心城市与邻近中小城市相互溢出，共同提升创新要素的集聚水平）和空间闭塞效应（各城市自成体系，创新要素难以流动和扩散）。下面以武汉城市圈为例，对武汉城市圈的空间效应的演进路径进行描述，以识别武汉都市圈内邻近区域创新要素集聚能力的空间效应较量，以及城市间的空间协同困境。

（1）空间辐射效应

关于空间辐射效应的研究文献很多，主要考察的是各种要素因为组织邻近或者空间邻近通过相互学习和交流而产生的溢出和扩散效应。从区域上来说，空间上的溢出主要是从邻近的角度展开分析。在本书中，这个空间溢出效应只要是指中心城市和中小城市之间的互动。要素的溢出主要是从创新要素集聚度高的区域流向创新要素集聚度低的区域，是高区域的要素饱和后的自然流向。从国家发展战略和增长极理论等角度来看，在区域发展中，在每个区域里总是会首先有一个经济增长极，凭借其更强的经济地位、政治地位和文化地位集聚了大部分的要素，通过技术扩散、人才流动和产业扩散等方式溢出并带动周围地区的经济发展。

在城市圈中，一般就是城市圈中心的中心城市属于创新要素高度集聚地区，当其通过循环累积效应不断提升自身集聚到一定水平时，就可能对周边中小城市产生要素的溢出行为。从种种实践和理论分析知道，空间邻近是促进创新要素合作并提升创新能力的重要基础，而创新要素总是能提高自身价值与边际产出效益的方向流入。其主要表现会通过直接和间接的方式：①在开始阶段，因此中心城市能创造更高的边际产出效益，所以创新要素首先会涌入创新要素高度集聚区域，通过集聚效应会进一步激发创新要素的潜在效用，但区域所能容纳的创新要素具有一定的极限。一旦创新要素集聚达到某一个临界状态，就会形成要素拥挤，边际效用递减，创新要素就会开始向周围邻近地区流入，中小城市因此通过邻近地区获得溢出效应。这样的溢出方式可以带来持久的溢出效应，是直接辐射的方式。②创新要素不同于其他的生产要素，比如土地这一生产要素不会流动，机器设备也不会主观上地位移。而创新要素具有主观上的选择性。像创新人才、资本都会选择更利于发展的，具有更好的营商环境的城市，在主观上会具有偏向性。这是因为，在更好的城市，创新者有更好的学习和交流环境来提升自身素质，也能获得更好的生活环境和社会资本，也就是"良禽择木而栖"的道理。获得创新要素存量的极化地区，则是通过自身的高质量发展来辐射周围地区，带动整体发展，这是一种间接的辐射效应。总而言之，创新要素高度集聚地区通过空间辐射效应带动周边地区创新要素集聚程度的提升。

（2）空间虹吸效应

与空间辐射效应相反的是，当创新要素在某一地聚集的过程中，可能一直存在着持续的吸纳周边地区要素的现象。空间辐射效应会在某一个阶段的临界时，会发生向邻近地区的溢出，而空间虹吸效应却看不到这样的临界点。这种现象的解释要放在更广泛的空间来解释。比如，对于上海都市圈而言，上海的创新要素是来自全国各地所有地方，所以这种聚集度是能到一个临界值的，因为流入的要素是源源不断的，于是就可以在很短的时间内向外发生溢出现象，而发挥辐射效应，带动周边地区发展。但是有的城市群和都市圈，圈外流进的资源很少，或者说从圈外流入的与圈内向圈外流出的这个净流量正值很小，甚至是负值，那么也就意味着对于整个城市圈而言，创新要素的集聚度并没有提高。那么再从微观上看都市圈内的创新要素流动，对于圈内创新要素集聚度相对较高的区域，流入的创新要素其实主要来自邻近地区，这其实在增强高集聚地区之外，进一步削弱了周边区域的集聚能力。而对于高集聚地区，因为少有圈外的要素流进，又不能因为周边地区创新要素的不断流入而进入饱和状态，达到溢出的临界点，就只能持续不断地虹吸周边地区的各类生产要素，这就形成了都市圈内高集聚地区对邻近地区的持续虹吸效应，而且这种虹吸要持续多久还是未知的。这种现象在中西部地区的城市群和都市圈是长期存在的，虹吸效应的减弱需要各个都市圈不断增强内生创新能力和竞争力。

（3）空间协同效应

与经济极化现象完全不一样的是，现实中某些都市圈和城市群并没有形成非常突出的经济极，或者说经济极和其他城市之间的差距并不是特别大，一城独大的现象并不明显，在经济上处于较为均衡的发展态势。对于这样的区域，创新要素的集聚就可能产生协同效应，通过创新要素的交流、知识的共享形成技术和创新的外溢，让创新发展更有质量，并且提升整个区域的创新力和竞争力。像这样的空间形态，一旦在都市圈内建立协同创新网络，并且有代表性的城市引领，更加容易让每个个体城市在原有的社会关系和创新网络上得到延伸，从而让整个都市圈因此受益。这种空间协同容易在江浙地带发生，每个城市都具有很高的经济实力和创新能力，具备这样的协同基础。但是空间协同效应的发生，需要有非常好的协同机制和组织架构才可能推动。概括来说，空间辐射效应是创新要素集聚水平很高的地区通过辐射效应带动周围区域的创新要素集聚，从而提高了整体区域的创新要素集聚水平。空间虹吸效应反映的是中心地带通过吸纳周围地区的创新要素导致自身的集聚和周围城市集聚的削弱。空间协同效应则是更高层次的空间辐射效应，城市之间都形成了辐射。空间辐射效应是点到面的创新要素集聚过程，而空间协同效应则是网络状的创新要素集聚过程。

(4) 空间闭塞效应

空间闭塞效应并不是指所有空间的自我封闭，并非都市圈的城市各自为政，而是要素流动的行政限制造成的。空间闭塞效应是由要素集聚度高的城市与周边集聚度低的城市之间的巨大鸿沟造成的。一般来说，都市圈中的创新要素的运动是创新要素向中心城市或本身集聚度高的城市汇集，然后到一定程度的扩散，扩散后提升了周围地区的集聚能力，再产生新的回流，再度流入中心城市，再扩散再回流的反复运动。当这种运动中，回流的力度越来越小时，就在中心城市周围形成了鸿沟，要素流入的难度和速度开始减弱，同时受要素集聚程度较低地区的围绕，中心城市与其他要素集聚程度较高的地区必定处于空间疏远状态，这不仅直接阻碍了技术、信息和知识的有效扩散，地区间制度、社会文化差异往往还导致了相互排斥和距离感，从而不利于创新要素的跨区域流动。这种空间上的隔离又会使城市之间交通基础设施、交流信息的开放性都受到影响，这又会加重创新要素流动的成本。因此，闭塞效应的发生，主要是因为中心城市和周边地区在创新要素集聚上的巨大差异造成的，城市之间要素的无法流动又阻隔了与圈外地区的互动，从而让整个都市圈集聚能力无法得到提升。

(5) 多重效应的空间较量

以上关于区域空间效应的阐述，表明了区域要素的空间形态主要是由空间辐射效应、空间虹吸效应、空间协同效应和空间闭塞效应共同导致的。其中，空间辐射效应和空间协同效应可以不断提升邻近地区的创新要素能力，促进整个都市圈的要素集聚，只是两者在提升都市圈整体创新集聚能力的路径不同，空间辐射效应是以点带面、先树立增长极，再辐射周边，而空间协同效应则直接通过城市间网络状的互相辐射提升整体集聚水平；而空间虹吸效应和空间闭塞效应则会使得都市圈整体创新要素的集聚程度下降。其中空间虹吸效应促进了中心城市创新要素集聚能力的提高，但长期来看，会造成整体都市圈集聚能力的衰落，空间闭塞效应则在中心城市和周边城市的互动中，造成要素聚集的停滞。

从宏观层面来分析，如果在某一个时间段，假设没有新生的创新要素，这个时候创新要素的存量总体上是不变的，那么创新要素的流动就会造成空间上的增减。创新要素在某一个区域集中，就必将在另一个区域消失，要素在空间上的这种运动势必导致区域间集聚程度的高低。这也意味着创新要素集聚高的地方和创新要素集聚度低的地方就是由这种相互间的运动造成的。创新要素既可以通过空间辐射效应和空间协同效应带动整个区域的创新要素集聚，也能因空间虹吸和闭塞效应削弱整个区域的创新要素集聚度。所以说，都市圈内创新要素集聚还是分散从根本上而言是这些效应共同作用的结果，或者说是由于创新要素在空间上的流动方向决定的，这种流动既是市场导向，也会受到文化、政治体制、社会资本等等区域环境要素的影响。

本书通过创新要素集聚能力的驱动因子、空间传导机制等文献的梳理，基于空间杜宾面板模型，引入城镇化等控制变量，对武汉城市圈创新要素集聚能力的动力机制进行深入研究，并分析创新要素在都市圈流动中的空间效应，为武汉城市圈创新要素集聚能力和协同创新能力的提升路径提供依据。

6.2 研究方法

空间计量经济学是对一些统计检验和模型的总称，其主要用于解决回归分析中空间效应带来的影响。作为计量经济学的一个分支，它与传统经济学的差异主要在于它需要考虑数据中的空间信息，即数据中的空间依存性及回归模型中的空间异质性。得益于空间相互作用理论的不断创新和计算机技术的进步，近年来空间计量经济学取得了飞速发展。

空间计量的研究最早开始于 20 世纪 70 年代。在 1974 年的德国统计协会举办的年会上，Paelinck 第一次提出"空间计量经济学"这一概念，真正意义上把空间计量和经济学结合了起来。而空间计量经济学真正成为一个独立的领域是在 1979 年，在 Paelinck 和 Klaassen 合著的 *Spatial Econometrics*

里，给空间计量经济学的定义和研究对象做了界定。他们指出空间计量研究的对象主要有：第一，所研究变量的空间依赖性；第二，空间关系的不对称性；第三，明确其解释变量的重要性；第四，变量和空间滞后相互作用的区别；第五，需要一个明确的空间建模方法。

其后，进入到空间计量经济的成长期，这个成长的高峰的到来是 1988 年，Anselin 于这年发表了空间计量领域最具代表性的著作 *Spatial Econometrics: Methods and Models*。毫不夸张地说，该书成为空间计量经济学的一个里程碑之作，在该书中，首先完善总结了前期的理论和实证成果，又结合 Anselin 本人的发现，真正意义上使得空间计量经济学可以成为一门独立的学科，而 Anselin 本人也因此成为空间计量经济学的领袖。

在该书中，Anselin 系统化和学科化地阐述了空间计量经济学。他将空间计量经济学定义为因为区域空间的存在所导致的一系列空间特性的方法研究。同时把空间计量方法规范化，这其中就包括空间权重矩阵的设定，空间误差自相关模型、空间滞后模型，以及空间面板数据模型的估计方法等，还提出了这些模型的检验以及目前所存在的问题。采取的规范是与计量经济学如出一辙的，这也使得主流计量经济学家承认空间计量经济学确实是计量经济学的一个分支。

如今，空间计量经济学已经得到了广泛的应用，它已经不仅局限于区域统计的应用中，还延伸到了诸如环境经济学、城市经济学等多个社会经济领域。简而言之，空间计量经济学研究的是因变量的空间结构以及和其空间滞后或者其他空间变量的空间相互作用所造成的系统性问题，主要处理截面数据或者空间面板数据中存在的空间的自相关性和异质性的问题。

6.2.1 空间相关性与空间差异性

传统的计量经济学总是假定数据中各个观测值独立，然而在处理空间数据时这种假设是不成立的，这是因为地区之间的经济行为存在一定的空间效应，空间效应主要分为空间依存性和空间异质性。空间依存性是指空间上某点的观测值依赖于空间上与其相邻的其他观测值，其反映了不同区域之间的空间交互作用。空间异质性是指在空间上不同点的回归模型也不同，其反映了不同区域之间的经济属性差异。在实际经济研究中常常可以看到"俱乐部"现象，即不同区域可以根据其经济属性划分为几个不同的俱乐部集团，这主要是由不同区域的空间异质性造成的，一般只需要针对不同俱乐部分别建立不同的模型就能够估计了。如果数据中不仅存在空间异质性，还存在空间相关性，那么经典的确定方法就会失效，需要使用新的方法估计模型参数。为了确定数据中是否存在空间相关性，以及区分空间依存性和空间异质性，在估计模型参数之前必须检验数据的空间相关性。

6.2.2 空间自相关检验模型

基于上述空间计量经济学的理论模型，总结出空间计量经济学的检验步骤如下。首先检验被解释变量的空间自相关性是否存在，如果存在空间自相关性，则可以继续建立空间计量经济学的模型；如果不存在，则无此必要。空间相关性检验主要通过两种方法检验：第一种是全局空间相关性，主要用来分析空间数据在全局系统表现出的分布特征，一般用 Moran 指数 I（Moran Index，Moran's I）测度；第二种是局部空间相关性，主要用来分析局部子系统所表现出的分布特征，一般用 Moran 散点图和 LISA 来测度。

（1）全局空间相关性

Moran 指数 I 是最早应用于全局聚类检验的方法（Cliff and Ord，1973）。它检验整个研究区中邻近地区间是相似、相异（空间正相关、负相关），还是独立的。Moran 指数 I 的计算公式如下：

$$\text{Moran's I} = \frac{\sum_{i=1}^{n}\sum_{j=1}^{n} w_{ij}\left(Y_i - \overline{Y}\right)\left(Y_j - \overline{Y}\right)}{S^2 \sum_{i=1}^{n}\sum_{j=1}^{n} w_{ij}} \tag{6.1}$$

其中

$$S^2 = \frac{1}{n}\sum_{i=1}^{n}\left(Y_i - \overline{Y}\right)^2; \overline{Y} = \frac{1}{n}\sum_{j=1}^{n} Y_i \tag{6.2}$$

式中，n 是研究区内地区总数，w_{ij} 为权重矩阵 $\boldsymbol{W}$ 中的元素，Y_i 和 Y_j 是区域 i 和区域 j 的属性；$\overline{Y}$ 是属性的均值；S^2 是属性的方差。

（2）局部空间自相关

Anselin（1995）提出了一个局部 Moran 指数（local Moran index），或称

为 LISA（local indicator of spatial association），用来检验局部地区是否存在相似或相异的观察值集聚在一起。区域 i 的局部 Moran 指数用来衡量区域 i 和它邻域之间的关联程度，定义为：

$$I_i = \frac{(x_i - \bar{x})}{S^2} \sum_{j \neq i} w_{ij} (x_j - \bar{x})$$ (6.3)

正的 I_i 表示一个高值被高值所包围（高—高），或者是一个低值被低值所包围（低—低）。负的 I_i 表示一个低值被高值所包围（低—高），或者是一个高值被低值所包围（高—低）。

6.2.3 空间权重矩阵

空间权重矩阵并不同于传统的权重矩阵的定义，空间权重矩阵体现的是一种邻近关系，其和被解释变量的乘积往往被称为被解释变量的空间滞后，进而对被解释变量进行空间上的影响。比如一个简单的二元对称空间权重矩阵 $W_{n \times n}$ 呗用来表达 n 个空间位置的邻近关系，通常在空间计量经济学里，采用邻接和距离的标准来度量这种邻近关系。

因此，空间权重矩阵存在很多形式，最常用的是 01 矩阵和距离矩阵。在本书中，采取 01 矩阵进行度量空间的邻近关系。其定义如下：

$$W_{ij} = \begin{cases} 1 & \text{当区域 } i \text{ 与区域 } j \text{ 相邻} \\ 0 & \text{当区域 } i \text{ 与区域 } j \text{ 不相邻} \end{cases}$$

式中，$i = 1, 2, \cdots, n, j = 1, 2 \cdots, m, m = n$ 或 $m \neq n$。设定权重矩阵时，不仅要被解释变量在空间上存在着相关性，而且还需要对权重矩阵的元素进行预处理和标准化。空间权重矩阵还有其他的一些优点，比如通过距离标准，可以很容易地解释空间滞后项的估计系数，而且还能保证这一系数可以间断取值，而不因数据缺失受影响。因此，有很多研究采用距离矩阵，也有采用经济指标矩阵的。

6.2.4 空间滞后和空间误差模型

空间经济计量学不同于传统的经典计量经济学的一个重要原因就是在空间计量经济学模型中，考虑了将国家和地区间这种空间的相互作用。首先我们从经典的线性回归模型开始推导。

$$Y = X\beta + \varepsilon \tag{6.4}$$

如（6.4）式，其中，Y 是因变量，是一个 T 维的列向量；X 是包含常数项的所有自变量组成的 $T \times (k+1)$ 矩阵；系数 β 是一个 $k+1$ 维向量；ε 则是一个 T 维扰动项向量，具体到本书中，Y 代表人均 CO_2 排放量，X 则指的是各省市的人均 GDP。

对于（6.4）式，如果我们要考虑空间效应，则需要对因变量做一个修正，也就是引入一个空间权重矩阵。空间权重矩阵的引入位置的不同，直接导致空间计量模型设定的不同，如果我们以因变量 Y 左乘空间权重矩阵作为解释变量，则该计量模型被称为空间滞后模型，而如果我们以误差 ε 左乘空间权重矩阵，则被称为空间误差模型，两种模型都能体现变量空间上的相关性。

（1）空间滞后模型（Spatial Lag Model，SLM）。空间滞后模型如（6.8）式，是由 Ord（1975）提出，其模型表达式为：

$$Y = \rho WY + X\beta + \varepsilon \tag{6.5}$$

其中，W 即为 $n \times n$ 阶的空间权重矩阵；WY 是空间滞后因变量，可以揭示因变量在一个地区是否有溢出效应。ρ 是空间滞后自回归系数，其大小反映样本观测值中的空间依赖关系。若为正，表明存在正的空间相关性；若为负，则表明存在负的空间相关性。空间滞后模型的滞后项指的是其邻近地区的被解释变量，也正基于此，空间滞后模型的研究目的是邻近的经济活动对于本地区的影响效应。从表达式结构上看，空间滞后模型类似于自回归模型，因此，也经常被称为为空间自回归模型（Spatial Autoregressive Model，SAR）。

（2）空间误差模型（Spatial Error Model，SEM）。不同于空间滞后模型，空间误差模型的空间滞后是误差项的空间滞后。因为对于因变量而言，没有被自变量解释到的部分包含在误差项里，而这种空间相互关系是通过误差项和其空间滞后之间的相互关系来体现的。当在空间系统里，空间的相互作用因为空间位置的不同而表现出差异的时候，一般会采用空间误差模型，其具体形式如下：

$$Y = X\beta + \varepsilon$$
$$\varepsilon = \lambda W \varepsilon + \mu \qquad\qquad (6.6)$$
$$\mu \sim N(0, \sigma^2 I_n)$$

其中，ε 为被解释变量 Y 和解释变量 X 的回归产生的随机误差向量，$W\varepsilon$ 是随机误差项的空间滞后，随机误差项的空间滞后项系数 λ 是 n 维向量，μ 是随机扰动项，并服从正态分布。在此模型中，空间之间的依赖关系时通过参数 λ 来衡量的，这种依赖关系反映的是邻近地区 Y 的变化对其他地区 Y 的影响程度，参数 β 则反映了该地区解释变量 X 对被解释变量 Y 的影响效应。这种结构模型也可以称为空间自相关模型。

在上述两种模型中，主要采取极大似然法和工具变量法对其进行估计，因为如果还使用传统的最小二乘法，会导致结果有偏差。

6.2.5 空间杜宾模型

武汉城市圈创新要素集聚能力与新型城镇化和其他控制变量之间的空间关联性客观存在，为此有必要考虑空间因素加以分析。空间杜宾模型（SDM）是空间自回归模型（SAR）和空间误差模型（SEM）的更为广义的计量模型，为空间计量研究的一般形式。故而，本书从 SDM 出发，以便更好地反映实际的问题。具体而言，本书的 SDM 模型设定如下：

$$Y = \alpha + \rho WY + X\beta + \eta WX + u_i + \lambda_i \qquad\qquad (6.7)$$

式（4.1）中，Y 为本文的被解释变量，X 为解释变量，W 为空间权重矩阵，α 为常数项，ρ、β、η、u_i、λ_i 为待估参数。为了设定模型的具体形式，利用 Wald 统计量分别对原假设 $H_0^1 : \eta = 0$ 和 $H_0^2 : \eta + \rho\beta = 0$，即 SDM 是否可以简化为 SAR 和 SEM 进行检验。若均被拒绝，则应该选择 SDM。此外，如 Wald 检验与 Robust LM 检验不一致时，选用 SDM 更为合理。

6.2.6 直接效应和间接效应

空间计量经济学的一个较为重要的应用是空间溢出效应的分解，即直接效应、间接效应及总效应。根据 Lesage 和 Pace（2009）的研究，使用偏微分的方法可以更好地处理检验空间溢出效应时模型估计出现偏误的问题，且明确地提出在 SDM 中分解空间溢出效应。具体而言，将式 (6.7) 转换为：

$$Y = (I - \rho W)^{-1} \alpha + (I - \rho W)^{-1} (X\beta + \eta WX) + (I - \rho W)^{-1} (v_i + \mu_i) \quad (6.8)$$

再对上式求偏导，得到系数矩阵，矩阵主对角线上值的算术平均即为直接效应，表示本区域解释变量对该地区被解释变量的影响，非对角线上值的算术平均为间接效应，表示邻近区域解释变量对该地区被解释变量的空间影响。

6.3 创新要素集聚的空间效应检验

6.3.1 创新要素集聚的全域空间特性

表 6-1 是武汉城市圈创新要素集聚能力的全域 Moran's I 指数值。空间统计结果表明，2012—2018 年城市圈市级层次的创新要素集聚能力全域 Moran's I 指数值均为正值且通过 5% 的统计为显著性水平，这表明城市圈创新要素集聚能力在全域范围内存在显著的正向空间自相关，具有空间集聚特征。

表 6-1　创新要素集聚能力的 Moran's I 指数

年份	Moran's I	Z 值	P 值
2012	0.274	2.512	0.012
2013	0.310	2.797	0.045
2014	0.310	2.814	0.005
2015	0.300	2.750	0.006
2016	0.316	2.880	0.004
2017	0.309	2.829	0.005
2018	0.321	2.917	0.004

创新要素的空间特性是指城市圈各个城市之间并不是完全独立，都有着空间上的关联性。各个城市的创新要素的流动会受到内生性以及各种其他因素的影响，也会受到空间地域性的影响。从集聚角度看，不可能把创新要素集聚能力剥离出来单独进行，周边邻近地区创新要素一定会在某种程度上影

响本地创新要素。比如人才的流动，也会受到其他同类人流向的影响。

由上表中的 Moran's I 指数值可知，从 2012 年到 2018 年，Moran's I 值都为正直，这意味着武汉城市圈创新要素集聚能力的空间分布不是一种随机或者无序的状态，在全局上具有集聚特征，即存在着区域间的正向流动和聚集现象。而 Moran's I 值的波动性不大，围绕在 0.3 上下波动，也就是说，创新要素在邻近城市之间的依赖程度没有因为时间的推移而发生大的变化，显示创新要素集聚的流向没有发生大的改变。一方面，可能是本身就是高集聚地区没有因为时间的变化而达到饱和状态，形成大的溢出，但是低集聚地区的发展仍然依赖于高集聚地区的扩散；另一方面，高集聚地区对低集聚地区的创新要素也很依赖，虽然低集聚地区的创新要素有限，但高集聚地区对其他非邻近区域的吸收能力较弱，反而依赖于邻近的低集聚区域，而且这样的现象一直形成了稳态。这相当于在内部形成了一个闭环，忽视了对外的开放性，这种闭环将让整个城市圈的创新能力难以得到提升，因为难以吸收到圈外城市的创新要素的流入。

从总体上来看，武汉城市圈创新要素在空间上存在着彼此依赖的关系。8 个城市都与武汉相邻，同时之间也有很多邻近关系。这样的邻近主要还是体现所有城市与武汉的邻近。所有城市与武汉的关联性还是很强的，但是武汉以外的城市在关联上可能较弱。从外生的空间视角看，各个中小城市创新要素集聚能力在一定程度上受到邻近城市的影响，更多的是受到武汉市的影响；而武汉市则也会因为周围 8 个邻近城市的集聚能力而受到影响。随着时间的推移，这种空间自相关程度并没有加深，意味着集聚能力没有因为时间而发生大的变化，一直表现出的是一个稳态的空间格局，相互之间的依赖程度和空间效应保持了稳定。为更深入地剖析城市圈城市的空间特性形成和演变的内在关系和机理，本书将对武汉城市圈创新要素集聚能力的局部空间特性展开分析，从而对武汉城市圈创新要素集聚能力的全域空间特性的演变做出进一步的解释。

6.3.2 创新要素集聚的局部空间特性

相对于全域空间特性而言，武汉城市圈创新要素集聚能力的局部空间特性反映的是各地区与周围邻近地区的空间相关关系的演变过程。同样，通过对各地局部空间特性的研究能够较直观地反映武汉城市圈创新要素集聚能力全域空间特性变迁的内在原因。本书通过空间统计值和散点图 Moran I 值得到创新要素集聚成立的局部空间聚类结果。从而反映城市间空间效应的时空演化。本书列出了 2012 年和 2018 年的局部空间聚类结果，由这两年的结果比较发现，并没有发生大的变化。

表 6-2　武汉城市圈创新要素集聚能力的空间统计结果

城市	2012 年 LISA 值	2012_LISA_P	2018 年 LISA 值	2018LISA_P
武汉	−0.635	0.043	−0.631	0.064
黄石	0.101	0.024	0.117	0.036
鄂州	0.184	0.001	0.165	0.025
孝感	−0.169	0.126	0.046	0.126
黄冈	−0.065	0.011	0.125	0.008
咸宁	−0.201	0.001	−0.187	0.058
仙桃	0.339	0.283	0.344	0.283
潜江	0.191	0.178	0.197	0.178
天门	0.231	0.121	0.225	0.165

由 2012 年和 2018 年创新要素集聚能力的局部空间聚类结果可知，大部分地区呈现出了空间正相关区域要素集聚。第一，武汉城市圈创新要素的局部空间特性显示，2012 年如鄂州、黄石、仙桃、潜江和天门地区，其空间统计值均为正值。另外，在这些地区中，鄂州、黄石、位于空间聚类结果的第一象限，表明这些地区与周边邻近地区的创新要素集聚能力处于较高水平，从而构成了空间上的较高集聚；而仙桃、潜江、丽水地区位于空间聚类结果的第三象限，表明这三个地区与周边邻近地区的创新要素集聚能力均处于较低水平，在空间上形成了低低集聚的情况。2018 年，则是鄂州、黄石、黄冈为正值，并且这三个城市也处在第一象限，表明这三个地区与周边邻近地区的创新要素集聚能力处于较高水平，而且，这三个地区也与武汉的距离较近。第二，剩余地区的局部空间特性显示出了一种较为明显的空间异质性，其空间统计值均为负值，其中武汉市处于空间聚类结果的第四象限，表明了武汉的创新要素集聚能力要明显高于周边邻近地区的创新要素集聚能力，从

而在空间上形成了高低集聚的情况；孝感和咸宁一直处于空间聚类结果的第二象限，表明了这些地区的创新要素集聚能力要明显低于周边地区的创新要素集聚能力，从而在空间上形成了低高集聚的情况。

表6-3　武汉城市圈创新要素集聚的空间聚类结果

象限	2012	2018
象限1: HH	黄石、鄂州	黄石、鄂州、黄冈
象限2: LH	孝感、黄冈、咸宁	孝感、咸宁
象限3: LL	潜江、仙桃、天门	潜江、仙桃、天门
象限4: HL	武汉	武汉

其次，我们对武汉创新要素集聚能力局部空间的时序动态性比较发现，随着时间的推移，各个地方的局部空间特性在大的方向上变化很小，只有黄冈市从象限2跳跃到了象限1，即早期的黄冈与周边邻近地区的企业集群发展能力形成了低高集聚与高高集聚的临界情况。说明黄冈与周边城市的交往日渐紧密，周边地区的创新要素对黄冈带来了空间辐射效应。而其他地方并没有这样的跃迁，这也说明了武汉城市圈城市的经济活力和创新活力主要在武汉，而武汉表现出来的辐射效应还不明显。而且，从显著性水平来看，孝感、仙桃、潜江和天门在10%水平上都不显著，局部不显著地区并不意味着地区与周边地区不存在相邻之间的空间关系，而是说明其彼此之间的空间关系不够紧密，周边地区创新要素集聚程度的变化对当地的影响不够剧烈。

同时可以发现，创新要素集聚局部空间特性的空间演变并不明显，表现出来的空间特性以武汉市为中心城市，集聚程度越来越高，但是辐射效应并不明显，而从历年的空间演化看，这种效应也没有发生多少变化。动态演变可能还需要更长时间的积累。

6.4 影响因素的实证分析

6.4.1 理论模型构建

根据第2章的文献疏理，区域创新要素集聚能力会受到地方自然禀赋、资源环境、社会资本等内生因素的影响，也会受到经济发展等外部变量的影响。

本章基于 Furman 等人（2002）在国家创新理论中提出的知识产出模型，引入其他生产要素，对知识生产模型的柯布－道格拉斯（Cobb–Douglas）生产函数进行改进，即：

$$Y_{it} = \alpha X_{1it}^{\beta_1} X_{2it}^{\beta_1} X_{3it}^{\beta_1} X_{4it}^{\beta_1} X_{5it}^{\beta_1} X_{6it}^{\beta_1} X_{7it}^{\beta_1} \varepsilon_{it} \tag{6.9}$$

其中，Y 是区域创新要素集聚能力，X 为各影响 Y 的解释变量。

两边进行对数变换，得到如下方程：

$$\ln Y_{it} = \alpha + \ln X_{1it} + \ln X_{2it} + \ln X_{3it} + \ln X_{4it} + \ln X_{5it} + \ln X_{6it} + \ln X_{7it} + \varepsilon_{it} \tag{6.10}$$

此方程是未考虑空间相互作用的传统面板数据模型，但是武汉城市圈内部城市的空间溢出性不容忽视，需要引入空间计量模型考察空间单元之间的相互作用。

6.4.2 变量与数据

在上述模型中，本章主要考察城镇化对创新要素集聚能力的影响，同时引入其他控制变量，包括经济发展、收入水平、开放度、市场化水平和生态环境质量等指标。

（1）变量说明

创新要素集聚能力值。采用第四章计算得到的武汉城市圈 2008—2018 年的创新要素集聚能力的综合评价值。

城镇化水平。城市的集聚加速了要素的空间集聚，城市的分工提升了创新要素的聚集，城市化是推动创新的重要力量。本书采用第五章城镇化水平综合指数的算法计算得出各城市的新型城镇化指数。

经济发展指标。采用国内生产总值 GDP 数据，通过 GDP 平减指数，得到各城市的实际 GDP。

收入水平。这里考虑一些市的数据获得性，采用职工平均工资来度量收入水平。

开放度。采用进出口贸易总额／名义 GDP 来衡量。本地区的开放程度越高，认为对该地区的创新要素集聚有利。

市场化水平。采用民营经济增加值占 GDP 比重来度量。市场化水平越高，越能提升创新要素的集聚能力。

生态环境质量。一个良好的生态环境的城市显然有利于要素的集聚，本书以人均绿地面积来衡量。

社会资本（S）。社会资本是能够通过协调的行动来提高经济效率的网络、信任和规范（Putnam et al, 1993）。在定义里，这种协调行动更多的是体现在人与人之间、人与社会之间广泛的交流和合作上面，而且要达到信任和规范的程度，就需要尽可能在协调网络上做到信息发散的公开和易获得性。在社会规范和社会信任的指标上，本书借鉴曾克强、罗能生（2017）的研究，采用民间纠纷数／名义 GDP 的比例来指代社会信任，民间纠纷数／名义 GDP 越小，表示社会信任度越高；用交通事故发生数／机动车驾驶员数来指代社会规范，交通事故发生数／机动车驾驶员数越低，表示社会规范度越高。借鉴严成樑（2012）的研究，选择互联网使用频率与电话使用频率（户／百人）来衡量社会网络，社会资本的发达能显著地吸收要素，特别是人才要素的集聚。因为民间纠纷数／名义 GDP 和交通事故发生数／机动车驾驶员数的比例是反映社会资本的反向指标，因此在本书中先在 SPSS 中进行反向化分析，再基于这三个指标，利用熵值法对 2008—2018 年武汉城市圈 9 个城市的区域社会资本进行了测度，得到社会资本指数。

表 6-4 模型变量说明

一级指标		二级指标	变量名	单位
创新要素集聚		创新要素集聚能力值	Y	
城镇化水平		城市人口／常住人口	X_1	%
收入水平		职工平均工资（元）	X_2	人年
经济发展规模		实际 GDP	X_3	亿元
开放度		进出口贸易总额／名义 GDP	X_4	%
市场化水平		民营经济增加值占 GDP 比重（%）	X_5	%
生态环境质量		人均绿地面积	X_6	平方米
社会资本	社会信任	调解民间纠纷：1－ 民间纠纷数／名义 GDP	X_7	%
	社会网络	互联网使用频率与电话使用频率之和		
	社会规范	1－ 交通事故发生数／机动车驾驶员数		

（2）数据来源

出于数据的可获取性以及统计口径前后一致的考虑，2008—2018 年武汉城市圈各城市的创新要素集聚能力度量的数据来自历年的《中国城市统计年鉴》《中国科技统计年鉴》《湖北省统计年鉴》《湖北科技统计年鉴》和县级市的统计年鉴和统计公报；城镇化水平所需的计算数据来源于《湖北省统计年鉴》和县级市的统计年鉴，收入水平、GDP、民营经济增加值、人均绿地面积、民间纠纷数、互联网使用频率与电话使用数、交通事故发生数和机动车驾驶员数来自《湖北省统计年鉴》和各个城市的统计年鉴，并进行整理收集计算得到。为了全面考察区域的空间相关性和异质性，本书采用空间面板数据进行分析。

6.4.3 实证结果

（1）空间模型的估计结果

表 6-5 列出了采用非空间面板数据模型时的估计结果和决定空间滞后模型（SLM）或者空间误差模型（SEM）是否更合适的检验结果。当使用经典拉格朗日乘子法（LM）检验时，不管是包含空间固定效应和 / 或时间固定效应，零假设无空间滞后依赖变量和零假设无空间自相关误差项都在 5% 和 1% 显著水平下被拒绝。当使用增强型（Robust）检验时，假如包含时间或者空间和时间固定效应，零假设无空间自相关误差项必须在 5% 和 1% 显著水平下被拒绝，都是零假设无空间滞后依赖变量在 5% 和 1% 显著水平下不再被拒绝。很显然，控制空间和 / 或时间固定效应是否呈现的决策是一个重要的问题。

为了检查（零）假设空间固定效应不是联合显著，需要执行似然比（LR）检验。检验结果表明这一假设必须拒绝。同样地，零假设时间固定效应不是联合显著必须被拒绝。这些检验结果验证了包含空间和时间固定效应的扩展模型，这也被称作双路固定效应模型。到目前为止，检验结果表明应设置双路固定效应空间误差模型。但是，如果基于（robust）LM 检验拒绝了非空间模型，取而代之以空间滞后模型或者空间误差模型，那么采用两者之一时应该小心。LeSage 和 Pace 推荐也要考虑空间杜宾模型（SDM），然后可以使用 SDM 模型系数的估计结果检验假设 $H_0: \theta = 0$ 和 $H_1: \theta + S\beta = 0$。第一个假设检查空间杜宾是否可以简化为空间滞后模型，而第二个假设检查是否可以简化为空间误差模型。两个检验都服从自由度为 K 的卡方（Chi squared）分布。如果获得了空间滞后和空间误差模型的估计结果，那么可以采用 LR 检验，否则只能使用 Wald 检验方法。LR 检验的缺点是它要求更多模型的估计结果，而 Wald 检验对模型参数的非线性约束更敏感。

如果假设 $H_0: \theta = 0$ 和 $H_2: \theta + S\beta = 0$ 都被拒绝，那么应该选择空间杜宾模型。反之，如果第一个假设不能被拒绝，（robust）LM 检验也指向空间滞后模型，那么选择空间滞后模型。类似地，如果第二个假设不能被拒绝，（robust）LM 检验也指向空间误差模型，那么选择空间误差模型。如果这些条件中有一条不满足，例如，如果（robust）LM 检验指向和 Wald/LR 检验不同的模型，那么应该采用空间杜宾模型。因为它是空间滞后模型和空间误差模型的一般化。

表 6-5　普通面板模型的相关检验

名称	W			
	Pooled OLS	Spatial fixed effects	Time-period fixed effects	Spatial and Time-period fixed effects
LM_spatial lag	57.493***	94.589***	15.709***	37.059***
Robust LM_spatial lag	16.522***	37.933***	8.926***	4.774**
LM_spatial err	109.67***	57.230***	13.267***	32.338***
Robust LM_spatial err	68.695***	0.574	6.484**	0.052

注：*** 表示在 1% 水平下显著，** 表示在 5% 水平下显著。

根据上表结果，在混合 OLS, 空间固定效应，时间固定效应、时空固定效应模型中，SLM 和 SEM 均通过了（robust）LM 的显著性检验，应该选择 SDM 模型。

空间计量经济文献可以分为特殊到一般和一般到特殊两种方法。上述列出的检验过程混用了两种方法。首先，计算非空间模型的估计结果以便检查它相对空间滞后和空间误差模型（特殊到一般方法）。当非空间模型被拒绝时，计算空间杜宾模型估计结果以便检查它是否可以简化为空间滞后或者空间误差模型（一般到特殊方法）。如果两个检验都表明空间滞后或者空间误差模型，那么可以肯定地认为那种模型更好地描述了数据。相比之下，如果非空间模型被拒接取而代之以空间滞后或者空间误差模型，而空间杜宾模型检验没有通过，那么最好采用空间杜宾模型这种更一般化的模型。这一检验过程的一个缺陷是没有考虑 SDEM 模型。

不过在下表 6-6 中，空间滞后和空间误差的 Wald 检验在 1% 水平下显著，拒绝原假设，也证实该选用 SDM 模型。

表 6-6　估计结果：空间杜宾模型

变量	时空固定效应	随机空间效应
$W*Ln（C）$	0.285472***	0.050637***
$Ln（X_1）$	0.894677***	0.900193***
$Ln（X_2）$	0.756868***	0.513373***
$Lng（X_3）$	0.271775***	0.134798***
$Ln（X_4）$	0.166974***	0.21907***
$Ln（X_5）$	0.196528***	0.207778***
$Ln（X_6）$	0.069618**	0.062266**
$Ln（X_7）$	0.135279***	0.136048***
$W*Ln（X_1）$	0.127566***	0.103781***
$W*Ln（X_2）$	−0.455921***	−0.537218***
$W*Ln（X_3）$	0.774299***	0.727015***
$W*Ln（X_4）$	−0.060227*	−0.055244*
$W*Ln（X_5）$	0.115772***	0.109242***
$W*Ln（X_6）$	−0.608541***	−0.649684***
$W*Ln（X_7）$	−0.263400***	−0.281530***
sigma^2	0.0444	0.0486
R^2	0.9865	0.9799
Log−likelihood	63.247819	49.469342
Wald test spatial lag	87.1303	78.0456
LR test spatial lag	79.3694	71.4305

变量	时空固定效应	随机空间效应
Wald spatial error	80.9428	76.3203
· LR test spatial error	71.7644	72.8541
$Ln(X_3)$	0.894677***	0.900193***
$Ln(X_4)$	0.756868***	0.513373***

注: *** 表示在 1% 水平下显著, ** 表示在 5% 水平下显著, * 表示在 10% 水平下显著。

结果显示 (表 6-4), 武汉城市圈创新要素集聚能力影响因子排序为: 城镇化 (0.894677) ＞工资水平 (0.756868) ＞经济发展水平 (0.271775) ＞市场化水平 (0.196528) ＞开放度 (0.166974) ＞社会资本 (0.135279) ＞生态环境质量 (0.069618)。其中, 城镇化水平的影响作用最大, 充分说明城市不仅是创新要素的主要集聚地, 也是人才资源的主要流入地, 城市更容易发生创新。后面依次是收入、GDP、市场化、开放度、社会资本和生态环境质量等变量的影响, 前两者是经济效应产生的正面影响, 市场化、开放度和社会资本是地方的制度和非正式制度禀赋, 反映的是地方制度禀赋的影响, 生态环境质量则是地方自然环境禀赋的影响。这也说明目前阶段, 创新要素的集聚更重视的还是收入和规模, 其次是制度和心理舒适度, 最后才是对自然环境的美好向往。

(2) 直接效应和间接效应分析

表 6-5 给出了本书直接效应、间接效应和总效应的估计结果。解释变量的直接效应和它们的系数估计值不一样在于反馈效应 (feedback effects), 当影响经过邻近地区并返回该地区自己时产生了反馈效应。这些反馈效应部分是由于依赖变量的空间滞后项 $[W*\log_2(c)]$ 的系数, 部分是由于解释变量自己的空间滞后项的系数。对创新要素集聚能力而言, 会同时受到本地区和周围地区各因素的影响。具体分析如下。

新型城镇化的直接效应和间接效应通过了 1%, 且系数为正, 即随着本市新型城镇化的推进, 能显著提升要素集聚; 而且邻近城市的新型城镇化的进程, 也对本市要素集聚有着正面的推动作用, 这表明, 邻近城市的新型城镇化产生了空间溢出效应, 空间集聚的正外部性被显著地发挥出来。

收入水平和经济发展水平对创新要素集聚的直接效应的系数为正，间接效应为负，都通过了1%显著性检验，即随着收入水平和当地GDP的提高，能够显著提升集聚能力，但邻近地区的收入水平和GDP的高低对武汉市的创新要素集聚影响很大，这说明创新要素是择收入高地而聚集，这也能解释武汉创新要素集聚能力强的原因。

开放度的直接效应和间接效应系数均为正，通过了10%显著性检验。这说明，不管是武汉市还是邻近城市的开放水平程度，都能推动武汉市创新要素的集聚，开放度产生了良好的空间溢出效应。而市场化程度的直接效应为正，间接效应为负，这很好地解释了民营企业对市场化程度的追求，总是选择市场化程度高的地区聚集。

生态环境是影响创新要素聚集的一个自然变量，特别是对人才要素的影响，直接效应为正，间接效应不仅为负，还为−1.2481，说明创新要素在比较邻近城市的选择时，生态环境的优劣是个很重要的变量。

社会资本反映了一个城市的制度和文化禀赋，反映了城市居住的精神愉悦度。直接效应为正，间接效应不为负，总效应为负，这反映了创新要素对邻近城市进行比较时，会考量社会资本带来的精神属性。

表6-7　空间效应分解

变量	模型1			模型2		
	直接效应	间接效应	总效应	直接效应	间接效应	总效应
$Ln(X_1)$	1.2196***	1.0437***	2.2633***	0.9719***	0.9170***	1.8889***
$Ln(X_2)$	0.1775**	−0.4691**	−0.2917**	0.2381**	−0.5461**	−0.3079**
$Ln(X_3)$	0.7590***	−0.1455***	0.6135***	0.7623***	−0.0110***	0.7513***
$Ln(X_4)$	0.3701*	0.2050*	0.5751*	0.2936*	0.2130*	0.5066*
$Ln(X_5)$	0.0365	−0.0878	−0.0513*	0.0363*	−0.0798*	−0.0434*
$Ln(X_6)$	0.0827**	−1.2481**	−1.1654**	0.1028**	−1.1363**	−1.0335**
$Ln(X_7)$	0.1188***	−0.3866***	−0.2678***	0.0924***	−0.3872***	−0.2949***

注：*** 表示在1%水平下显著，** 表示在5%水平下显著，* 表示在10%水平下显著。

6.4.4 影响机理分析

空间模型分析结果表明，最能影响创新要素集聚能力的因素是城镇化水平，其次是收入水平、GDP、市场化水平、开放程度、地方社会资本和地方生态环境质量。

从结果来看，城镇化水平越高，越能集聚创新要素。城市能提供更好的教育医疗条件，更便利的生活方式，更能促进人口素质的提高，降低交易的成本，因此，城镇化的推进，能加速创新要素的集聚。这不仅包括人才要素，也包括平台、资本和技术等要素的聚集。所以中心城市，城镇化水平高的城市基本都是科技资源集中的城市，更是创新能力强的城市。

收入水平显然是影响创新要素集聚的一个重要因素。现阶段，我国刚刚迈入高质量发展时期，较高的收入水平是实现美好生活的重要保障。收入水平直接影响了人才因素对城市和地方的选择性，从而进一步地影响资本的选择、平台的提升和技术的汇集。

GDP 水平是创新成果形成和发展的环境基础，GDP 是资本积累程度的反映，任何创新创业活动都离不开资本的支持。特别是创新，高投入、高风险、周期长，这决定必须要有很强的资本实力和经济实力作为基础和后盾。创新要素的聚集需要经济基础的催化和推动。因此，GDP 水平高的区域，也是创新要素聚集的热点区域。

市场化水平和开放程度都会影响企业发展，特别是民企和外企选址等的重要因素。创新要素不是无源之水，不是在某一区域自发形成的，更多的是来自外来创新要素的流入和汇集。市场化水平高，行政干预少，开放程度高，良好的创新创业环境都更容易聚集优秀的技术巨头、科研人才和科研产品的流入。

此外，地方社会资本和生态环境质量属于地方的固有禀赋，或者说是地方自有的灵魂和外在。这种属性也决定了对于创新要素的吸引力。随着生活水平的提高，对于美好生活的向往等因素，将会越来越吸引创新要素选择社会资本优、生态环境质量高的城市和区域。

6.5 本章小结

本章首先在要素的空间集聚和扩散是向心力和离心力共同作用的结果的基础上，着重分析了创新要素的空间效应，包括空间辐射效应、空间虹吸效应、空间协同效应和空间闭塞效应，并从其形成机理进行了分析，认为区域要素的空间形态主要是由空间辐射效应、空间虹吸效应、空间协同效应和空间闭塞效应共同作用力导致的。

其次，在用实证分析法分析了影响因素和空间效应之前，重点介绍了空间计量方法和模型，从空间相关性检验、空间自相关检验模型、空间权重矩阵、空间滞后和空间误差模型、空间杜宾模型等方法来进行实证分析。

再次，检验了创新要素集聚的全域空间特性和局部空间特性，发现城市圈创新要素集聚能力在全域范围内存在显著的正向空间自相关，具有空间集聚特征。而创新要素集聚局部空间特性的空间演变并不明显，表现出来的空间特性以武汉为中心城市，集聚程度越来越高，但是辐射效应并不明显，而从历年的空间演化来看，这种效应也没有发生多少变化。动态演变可能还需要更长时间的积累。

最后，通过空间杜宾模型的分析，对武汉城市圈创新要素集聚能力的影响机理进行了深入研究。结果表明，最能影响创新要素集聚能力的因素是城镇化水平，其次是收入水平、GDP、市场化水平、开放程度、地方社会资本和地方生态环境质量。城市的优势仍然是最吸引人才、资本和技术的主要因素，在更好的城市，能够让人才、资本和技术发挥更大的效用，城市新增创新要素的边际效用还没有进入递减阶段，因为会进一步地吸引这些要素的流入。而更高的收入水平能让生活更美好、更幸福，这也是让创新要素往收入水平高的地方集聚的重要原因。其他的一些变量也是能让创新要素流入的原因，但更是让创新要素扎根的重要原因，软环境是创新要素集聚而不流失的内在动力。

因此，推进新型城镇化，发展武汉都市圈是集聚创新要素、提升城市创新能力的重要途径。

第7章 武汉城市圈协同创新能力研究

我国经济已由高速增长阶段转向高质量发展阶段，经济活动的空间载体也趋向于以城市群和都市圈形态发展为主。在新时代背景下，作为创新要素资源的主要集聚地，城市群和都市圈要实现经济一体化的高质量发展，不仅要增强区域经济协调性，更应充分发挥创新"第一动力"的作用，着力打造协同创新共同体。加快实施区域协调发展战略，推动以武汉为中心的城市圈一体化高质量发展，构建新的空间平衡机制。

都市圈是城市发展的更高的空间组织形式，是生产力显著发展、生产要素不断集聚、区域界限逐步淡化的产物。在高质量发展阶段，都市圈发展要从过去的城市竞争机制转变为城市竞合机制，从创新要素资源由欠发达地区流向发达地区的单向流动转变成非线性的多向流动，从经济区域极化转向均衡增长，只能依靠协同创新。然而，目前都市圈之间各成体系，忽略了彼此之间的竞合发展。并且随着技术创新模式趋于协同创新，都市圈创新能力和城镇化水平的提升越来越取决于内部城市创新要素的良好协同。区域范围内的相似和差异都可能成为其发展的阻力，那么，如何创造性地有效利用城市之间的异同，实现城市之间的协同共进发展，这是摆在城市协同创新研究者面前的一个重要课题。国内外学者就此已展开过多方面的研究。

7.1 协同发展理论研究

如上述章节所述，都市圈和城市群的形成和发展既是市场的力量，也是政府推动的成果。从城市演化的角度看，都市圈和城市群是从城市的孤立发展到城市间的相互联系，最后到城市带和城市群的路径，区域空间格局的变化在产业、人口和要素的共同作用下也必然会演变出跨区域的城市群和都市圈，形成合力，共同发展。

7.1.1 协同创新的理论概述

"协同"在中国《辞海》里的解释是协调一致、互相配合。含互动、合作和整合之意。协同创新的理论最早开始于企业管理研究，Peter Gloor 最早提出了协同创新的概念。他认为，协同创新是由自我激励的人员所组成的合作团队，形成集体愿景，借助网络交流思路、信息及工作状况，合作实现共同目标。协同创新是指创新要素资源的集聚，通过打通创新主体间的通道，充分释放彼此间的"人才、资本、技术、数据"等创新要素的活力，为实现创新发展而深度合作。协同创新不管对企业个体而言，还是对区域空间来说，都是一项复杂的创新组织形态，其关键是形成以高校科研院所等创新主体为核心要素，以政府服务、金融资本支持、中介组织联通等为辅助要素的多元主体协同互动的新模式，通过多个主体的合作和资源整合，产生系统叠加的非线性效能。协同创新有两个基本特征：第一是整体性，创新要素的有机集合不是简单的要素相加，而是产生化学反应后形成的统一整体；第二是动态性，协同创新系统必然是动态变化的，会随着城市空间要素的流动而变化，也会随着新的技术进步而调整。协同创新是通过国家意志的引导和机制安排，促进各种类型的创新要素集聚、融合和发展，是当今科技创新的新范式。

从文献研究看，协同创新理论是系统集成思想的衍射。从最早的把协同创新看作以企业为主体的协同管理创新，即企业对自身的结构、人员及资源的管理与整合。渐进提升到多层次、多维度的研究协同创新的主体（国家、区域、企业、高校和科研院所）和范围（空间、企业）。协同创新既可以是所有创新要素在时空范围下的协同，也是指不同的创新主体的创新要素有机配合，通过复杂的非线性相互作用产生单独要素所无法实现的整体协同效应的过程。

需要说明的是，这种整体协同效应一定是 1+1>2 的过程，而不是简单的过程。本书所研究的协同创新是指都市圈内部城市协同的创新（区域协同创新），即不同城市的创新要素通过有机化学整合及相互作用而产生的整体协同效应的过程的叠加。区域协同创新的基础是市场力量的推动，政府只起辅助作用。区域协同创新包含几个特征：第一，因为存在的经济和产业的互补和合作不断推动地区之间的联系和交流，推动创新要素的跨区域流动；第二，企业、高校和科研院所是区域创新主体，主体内包含的研发人员、技术和资本等创新要素是跨区域协同合作的基础，也是可以在区域内充分流动的自由要素，不会受到政府的干预和阻止；第三，协同创新的目标是通过创新要素间的优势互补、协同共进，共同提高创新效率，激发创新活力，促进地区经济增长；第四，协同创新的区域可以是两个地区，也可以是多个地区的合作创新；可以是邻近区域，也可以跨越空间距离。在区域协同创新的研究中，也有很多学者基于目前中国城市发展的空间组织形式，把视线聚焦于城市群和都市圈的协同创新，因为作为一个区域协同，城市群和都市圈有更好的条件和优势。城市群的协同发展，关键要突破内部城市间的制度政策，进行空间内的统一规划和科学布局（庄士成，2007），都市圈内部城市间的协同创新过程中，序参量的作用至关重要，它将影响系统自组织的发展方向（解学梅，2011）。同时，不同的都市圈和城市群也有各自的协同创新特点和问题。例如，覃成林（2008）认为中原城市群要深化改革，通过对人口、规划、组织和服务能力上的制度优化，来加强城市群的协同创新能力。沈玉芳（2010）提出要基于长三角城市群构建一体化经济体和协同区的设想。龚胜先、张涛等（2014）发现长江中游城市群的协同仅仅停留在政府口号上，在制度对接、市场合作和创新要素资源的流动上并无建树。Ronen Palan（2012）依据区域整合的演化路径，认为武汉城市圈协商合作的形式较多，但集聚效应还没有发挥出来。徐顽强、段萱（2014）认为城市群若缺乏协同，会提高集群效用的边际递减风险。

综上，协同创新的研究经历了创新主体协同的演化，也经历了创新范式的转化，逐渐形成了非常成熟的研究体系。但是对于区域创新而言，不同于企业内部的协同创新，区域协同创新涉及各个不同区域的协同，要突破的层面和体系更加复杂。对于都市圈的协同创新，都市圈是一个邻近的空间单元，有天然的空间优势，如打破行政壁垒，充分尊重创新要素的自由流动，创新体制机制，是可以作为区域协同创新高地来打造的。

7.1.2 区域协同创新的形成机理

推动区域协同创新形成的根本力量是创新要素流动（高丽娜等，2014）。

也就是说，如果不构成创新要素自由流动这一基础条件，区域协同创新将无从谈起。学者们很早就强调要素流动的重要性，强调创新主体和创新要素的市场选择性。区域协同创新的形成，是一个"创新主体的自由流动—知识的流动和溢出—成果市场交易地方化—产学研创新合作"层层递进的形成机制。其中，首要推动力是创新要素在不同组织和空间上的流动，其次是知识的流动和成果的市场化。

（1）创新主体的流动

人才是创新的第一动力。创新主体包括了直接的研发人员、科学家和发明者，也包括了企业中的企业家，这些都是创新要素中的核心要素。创新人才在区域间的自由流动是推动区域协同创新的基础微观力量。创新人才的流动都会留下足迹，这些足迹都是流动中的创新扩散和溢出所产生的，进而可能导致创新的出现。因此，创新的扩散依赖于这种流动模式。如果这种要素的流动性是自主而且充分的，那么区域协同创新效率就会得到显著提升；如果这种要素流动性是封闭且不随个人意愿转移的，那么区域协同创新效率就会很低下。前文已阐述，第一，在创新活动中，研发人员的正式或非正式交流是知识溢出的主要途径，知识和技术会随创新主体的转移而扩散，这是区域间溢出发生的关键机制。第二，创新活动的空间集聚趋势越来越明显，社会联系在邻近时发挥巨大作用，因为科学家、工程师等多年建立的个人知识传递网络对于距离因素十分敏感，空间分离容易削弱知识传递，创新要素的集聚更容易产生创新。第三，区域市场的包容性和开放性是影响区域的创新要素集聚与扩散的重要原因，一旦都市圈内各个城市有着足够的包容性和开放性，不管是集聚或者扩散，只要要素具备充分流动性，就能推进区域之间的协同创新，这仅仅是创新要素在产业布局和分工上、空间分布上的差异而已。

（2）知识流动和知识溢出

知识分为显性知识和隐性知识。当创新主体在流动过程中，不仅带动显性知识的流动，也会引起隐性知识的扩散。在研发者的交流和创新主体的合作中，往往就伴随着知识溢出和扩散运动。这意味着合作创新有利于知识集聚，知识集聚又能推动创新发生，这让企业有了更多的动力去联系互补性资源，因为协作可能转化为新的技术和成果，协同创新决策开放了企业技术选择的边界。企业在寻求协同创新的同时，促进了区域间的协同创新。也就是说，企业通过合作产生的知识流动和溢出，获得了更高的创新绩效，会产生集体学习和合作的连锁反应，并共同推动个体和城市的协同创新效能。同时要注意到，隐性知识具有其地域性，这种知识的流动和吸收必须依靠邻近地域间创新主体的充分流动和区域间的广泛协同；而隐性知识比显性知识更能触发创新活动的形成和扎根。

（3）创新市场交易地方化

对于一个创新主体来说，在区域上的流动特征将直接影响创新成果市场化交易的空间特征的形成。创新主体的地方化特征也决定了创新成果市场的地方化。因为虽然创新成果更多的是通过市场机制转化，创新成果的需求方与供给方通过市场完成交易。表面来看，成果交易市场受到空间的约束相对较小，但是买卖双方在区域内的活动，形成了一个相对熟悉的知识传递范围，空间选择上往往带有一定的倾向性，以利于直接的技术指导，并将生产中的信息反馈融入进一步的创新活动中，因而空间的邻近性存在多种益处。因此，创新主体的流动很大程度上促成了技术成交的地方化特征，形成地方化技术市场，从而进一步强化了毗邻区域间协同创新的可能性，也是推动区域协同创新形成的根本力量。

（4）产学研创新合作

不管是国内还是国外，都一直致力于"产学研"的合作创新，塑造"开放式创新"环境，硅谷的创新合作就是一个典型案例。产学研合作是企业与大学、研究组织之间从研发到成果产业化的合作链条。对于企业而言，降低了研发成本的同时还提升了创新效率；对于大学和研究组织来说，让研究成果变成了生产力。产学研合作对于区域特别是城市群都市圈来说十分重要，因为都市圈内部本身就形成了创新要素集聚区，而加强企业间网络（尤其是研发伙伴）与其他组织联系、企业与研究组织相互作用，将产生特定区位的创新模式，让每个区位在创新合作中的分工更加明晰。这种合作可以重新确定区域间的知识学习空间布局，激发差异化的产学研创新分工模式，促进区域的产业和创新集聚共生共荣的生态体系。

7.2 武汉城市圈内部城市间竞合关系研究

在现阶段，城市群和都市圈内部城市之间普遍存在竞争合作关系，这种竞争合作关系曾经成为区域经济发展的重要推动力，但如果过度竞争，也会伤害区域经济的协调发展。因此，在讨论协同创新之前，本部分重点探究武汉城市圈各个城市的竞争与合作关系。

7.2.1 模型和方法

城市间的竞争合作是一个复杂的博弈过程。在这个过程中，不同城市在资源、产业、技术等要素上会展开竞争与合作。对于地方政府而言，在 GDP 目标考核的压力下，都会出台各种优惠政策来争夺优势资源和产业，也会形成跨区域的合作行为。关于城市竞合关系的研究主要通过城市竞争力分析、产业结构差异和彼此联系强度等展开。但是要注意到，因为城市包含了各种经济社会活动和生产要素，而且是动态变化和调整的，需要通过一个时期内城市经济发展的动态变化反映城市之间的全面竞争合作关系。本书将采取国际上比较成熟的 Dendrinos-Sonis 模型，也就是社会动力学（DSS Dynamics）模型来验证动态过程中武汉城市圈内部城市之间的竞争合作关系。

（1）Dendrinos-Sonis 模型

由于区域竞争可被视为一个市场化过程。在这个过程当中，不同的区域间会进行各种要素和各种活动的竞争，也会进行不同类型的合作。因此，如果说采用一个简化而又相对客观的指标来衡量区域的综合竞争能力的话，可能用该区域的 GDP 份额变动表征区域竞争力更加合适，该指标可全面清晰地测度一个区域系统的竞争力。

首先，假定一个经济体可以划分为 n 个相互独立的子区域。定义 $y_i(t)$ 是 t 时刻地区 i 在整个经济体中的 GDP 份额，则可得如下 GDP 份额的分布函数：

$$y(t) = \left[y_1(t), \cdots, y_i(t), \cdots, y_n(t) \right], i = 12, \cdots, n, t = 1, 2, \cdots, T$$

上式可看作一个分布动力学的离散系统（Nazara et al., 2006）。

$$y_i(t+1) = \frac{F_i[y(t)]}{\sum\limits_{j=1}^{n} F_j[y(t)]}, i,j = 1,2,...n; t = 1,2,...T$$

其中 $0 < y_i(0) < 1$，$F[y(t)] > 0$，$\sum\limits_i y_i(0) = F_i[y(t)]$

是正定函数，表示 t 时刻区域 i 在区位和时间上的比较优势。选择某一个参考地区作为分母，记为第一个地区，可得：

$$G_j[y(0)] = \frac{F_j[y(0)]}{F_1[y(0)]}, j = 2,3,\cdots,n$$

方程可改写为：

$$y_1(t+1) = \frac{1}{1 + \sum\limits_{j=2}^{n} G_j[y(t)]}$$

$$y_j(t+1) = y_1(t+1) G_j[y(t)]$$

把 $G_j[y(0)]$ 定义为以下 Cobb-Douglas 函数形式：

$$G_j[y(0)] = A_j \prod_k y_{kt}^{a_{jk}}, j = 2,3,\cdots,n; k = 1,2,\cdots,n$$

得如下对数 - 线性模型：

$$Lny_j(t+1) - Lny_1(t+1) = Ln(A_j) + \sum\limits_{k=1}^{n} a_{jk} Lny_k(t), j = 2,3,\cdots,n$$

其中，a_{jk} 是弹性系数，符号为正，表示地区 j 与地区 k 为互补关系，即地区 k 的 GDP 份额增加会导致地区 j 的 GDP 份额增加；a_{jk} 的符号为负，表示地区 j 与地区 k 为竞争关系，即地区 k 的 GDP 份额增加会导致地区 j 的 GDP 份额减少。上述对数 – 线性公式采用极大似然法进行估计。

（2）数据及实证结果

本书以武汉城市圈 9 个城市 2002—2018 年 GDP 份额作为研究对象，各个市的数据均可以从历年的《湖北省统计年鉴》查到。以 2001 年为基数，按照 2002—2018 年的价格指数，计算出 8 个城市 2002—2018 年真实 GDP 和各市 GDP 份额。

在上述 Dendrinos–Sonis 模型中，首先要确定基础地区，也就是分母 y_1，这个并没有标准，多数为主观判定。根据学者们的文献介绍，一般会选择GDP 份额在排序中为第一位、末位或者中间位的地区作为分母。在武汉都市圈 9 个城市中，武汉是中心城市，首位度也最高，并且高出很高的水平，仙桃市和潜江市是县级市，经济总量最小。因此，选择首位和末位可能都不太合适，估算中会忽略其他城市对武汉的作用。所以本书选择中间稍后位次的咸宁市为基准地区，并进行结果比较。运用极大似然法进行回归分析，各个方程的拟合优度 R^2 的值都在 0.94 以上，总体方程通过了显著性水平 F 值的检验，估计结果如表 7-1 所示。

表 7-1　武汉城市圈竞争互补性模型估计值表（以咸宁市为分母）

	武汉	黄石	鄂州	孝感	黄冈	咸宁	仙桃	潜江	天门
武汉		1.20*	−0.41*	2.32*	1.90*	0.65	1.08	1.41	0.52
黄石	7.86*		0.02	3.53	0.36	1.39*	−0.12	0.55	−0.26
鄂州	−14.54	−2.05		−1.34	−3.48*	−2.39	−1.51	−0.23	−1.23
孝感	−4.39	−0.42*	−0.68		−0.63*	−1.18	−0.29	−0.28	−0.32
黄冈	−4.30	−2.91	−0.46	−2.93*		−3.23*	−1.70	−1.52	−1.56
仙桃	5.96*	0.99	−0.78	0.95	1.40	1.26		0.11	2.12
潜江	−3.55	−4.75*	0.85	−2.50	−9.34*	−3.94	−2.45		−2.21
天门	−6.63	1.25	0.88	0.79	1.56	−2.64	3.21*	0.24	

注："*" 即为在 5% 水平上显著。

从表 7-1 的回归结果来看，武汉城市圈 9 个城市 GDP 份额的变化对武汉城市圈各市之间竞争与互补性的影响是显著的。回归系数有正有负（其中正值意味着是合作关系，负值表明是竞争关系），说明武汉城市圈各市之间存在明显的合作和竞争关系。按照回归系数的显著性水平，把武汉城市圈各个城市的合作和竞争关系列为下表 7-2，空白地方指两个城市的关系不显著。

表 7-2　武汉城市圈竞争合作性关系表（以咸宁市为分母）

	武汉	黄石	鄂州	孝感	黄冈	咸宁	仙桃	潜江
武汉		合作	竞争	合作	合作			
黄石	合作					合作		
鄂州					竞争			

	武汉	黄石	鄂州	孝感	黄冈	咸宁	仙桃	潜江
孝感		竞争			竞争			
黄冈				竞争		竞争		
仙桃	合作							
潜江		竞争			竞争			
天门							合作	

通过模型分析可以看出，武汉城市圈内部城市之间竞争性大于互补性。受到互补作用的城市主要是武汉—黄石、武汉—孝感、武汉—黄冈、武汉—仙桃、黄石—咸宁，竞争的主要是武汉—鄂州、黄冈—鄂州、黄石—孝感、黄石—潜江、黄冈—孝感、黄冈—咸宁、黄冈—潜江。从这里可以看出，武汉和黄石、孝感、黄冈和仙桃四市主要存在互补合作关系，这也证明了近年来这四个城市在承接武汉产业转移上做得不错，而且武汉和黄石、孝感、黄冈都互通了城际铁路，时间短，更加强了融合。但是武汉和鄂州存在的竞争关系更多的是同城化，对于外来的企业而言，选择鄂州和武汉在区位上区别不大的时候，更可能选择鄂州这相对成本较低的城市。而除武汉以外的其他城市之间主要存在竞争关系，而不是合作互补关系，这也表明了武汉城市圈的协同发展能力还不足，地区之间的竞争仍很激烈，这不利于武汉城市圈的整体发展。

7.2.2 结果分析

"竞合关系"是一种既竞争又合作的关系。博弈的双方或者多方在竞争中优胜劣汰，在合作中共同发展的关系模式。在城市发展中，竞争和合作是城市之间普遍存在的关系，也是目前经济全球化背景下国际关系比较正常的一种主要形态。而在当下以城市圈为主要形态的城市化进程中，城市圈内部城市之间的关系更应该是合作关系，而不是竞争关系。

在都市圈发展中，要实现各城市的均衡发展，就要树立合作理念，通过合作提高各方的发展能力，一起做大蛋糕，才有更多的蛋糕分。虽然武汉城市圈在近 20 年来，特别是 2008 年武汉城市圈"两型社会"建设以来，9 个城市在经济发展的同时寻求各种路径进行各种生产要素的竞争与合作，但是从上述实证分析来看，一向被认为是武汉对周边城市的虹吸效应反而并不明显，武汉对黄冈、黄石和孝感是辐射关系。而其他城市之间都属于竞争关系，这也说明了武汉城市圈中城市间的合作并无实质上的合作。所以要发挥武汉城市圈的均衡发展，一方面需要各个城市打破行政壁垒，在各种生产要素上通力合作，资源共享；另一方面武汉要继续发挥中心城市作用，辐射效应更广、更宽，才能让城市圈内各个城市共同发展。

在高质量发展阶段，武汉城市圈不仅要合作，更需协同发展，协同是更高层次的合作，这既需要更高级别的推动，也需要市场的力量。而在新旧动能的转换下，协同发展的关键是武汉城市圈城市的协同创新。

7.3 武汉城市圈协同创新能力评价

7.3.1 评价指标体系和分析方法

本书在构建协同创新发展能力评价指标体系中主要考虑三个维度：经济发展、科技创新和交流网络。经济禀赋反映一个地区的竞争力和发展潜力，科技创新能力是协同创新发展的基础，交流网络主要体现的是交流沟通、知识共享方面的可达性和便捷性，主要体现邻近的优势。

表 7-3　武汉城市圈城市协同创新能力评价指标（2018 年）

要素层	指标层	数据来源
经济禀赋	地区生产总值	《湖北统计年鉴》和各市统计年鉴
	社会消费品零售总额	
	国土面积	
	人口	
	城市化率	
科技创新	涵盖高等学校数、高等学校在校生数、高等学校专任教师数量、高新技术产业增加值、专利申请量、专利授权量、研发经费支出、技术市场成交额等指标，借鉴第 4 章指标值	《中国城市统计年鉴》《湖北统计年鉴》《湖北科技统计年鉴》《湖北科技统计数据手册》和各市统计年鉴

要素层	指标层	数据来源
交流网络	移动电话用户	《中国城市统计年鉴》《湖北统计年鉴》，以及仙桃市、潜江市和天门市统计年鉴
	国际互联网用户	
	公路客运量	

需要说明的是，这里交流网络维度采用的是公路客运量，而不是铁路和航空，主要原因是武汉城市圈的交通网络还不是很发达，没有航空网络，铁路网络也没有完全覆盖到县级地区，因此采用的是公路客运量，而移动电话用户和国际互联网用户数量反映的是互联网时代的交流便捷度和信息扩散速度。

本书使用的各城市 2018 年的数据来计算其协同创新能力水平。借鉴曾刚等（2018）的方法，指标的计算采用了分阶段平均的计算方法。计算中先将每个指标进行无量纲转换到 1~100 的区间，得到计算各城市 3 个方面的协同创新能力得分；再对 3 个维度的协同创新能力得分取平均值，并将平均值转换到 1~100 区间后的值作为各城市总的协同创新能力得分。其中无量纲转换的公式如下：

$$X_{ij}' = 99 \times (X_{ij} - \min_j) / (\max_j - \min_j) + 1$$

式中：X_{ij}' 为 i 城市的第 j 个指标无量纲转换后的值 X_{ij} 为 i 城市第 j 个指标的原始值，$\min_j$ 和 $\max_j$ 分别为所有城市中第 j 个指标的最低和最高原始得分。

本书对武汉城市圈城市协同创新能力指数主要采用空间分析方法。空间分析主要讨论经济社会指标的空间效应，即各地区间活动的空间相互作用。空间分析一般采用莫兰指数（Moran 指数）检验。其计算公式参考第 6 章。但在此处，空间权重矩阵选取地理距离矩阵，各城市之间的距离在百度地图中获取。

7.3.2 协同创新能力评价结果分析

本部分主要对武汉城市圈城市的协同创新能力进行了综合计算和排序，并借助空间分析方法对武汉城市圈城市协同创新能力的空间格局进行分析。

根据综合计算结果，形成了 2018 年长江经济带城市协同发展能力值，见表 7-4。

表7-4　武汉城市圈城市的协同创新能力比较（2018 年）

城市	得分	排名
武汉	100	1
黄冈	23.84	2
孝感	17.69	3
咸宁	12.04	4
黄石	11.11	5
鄂州	3.93	6
仙桃	2.79	7
潜江	1.11	8
天门	1	9

从上表 7-4 可以看出，武汉的协同创新能力远高于其他城市，第二位是黄冈市，主要体现的人口和国土面积上的潜力和禀赋，其他依次是孝感市、咸宁市、黄石市、鄂州市、仙桃市、潜江市和天门市，黄石市的位次与其高校科教能力不是很相符。

从空间分析的 Moran 值看，Moran 值为 0.271，说明从城市圈整体上看，武汉城市圈的协同创新能力在空间上是存在集聚效应的。

武汉城市圈的协同创新空间分布呈单中心、发射状的格局。与前几章描述类似，城市圈内城市除武汉一枝独秀外，其他城市受限于创新要素集聚的能力不强，在协同创新能力上与武汉的差距也很大，黄冈、黄石、咸宁和孝感水平相当，这也说明了在武汉城市圈中，协同创新能力也受限于这畸形的空间格局和行政级别的影响，仍然处在非均衡发展阶段，虽然武汉市对周边城市的辐射效应开始有效果，但还是不明显，从协同创新能力上看，武汉对周边仍然存在着虹吸效应。

协同的根本目的是达到均衡状态，使各个区域之间能达到互补互助、融合发展、协同共进的发展态势，从这点来看，武汉城市圈的协同创新还有很长的路要走。

7.4 武汉城市圈协同创新能力提升路径

尽管武汉城市圈是以都市圈的形式存在，而且武汉和周边城市都是相邻近的，都有高速和铁路连接，这种空间上的邻近为城市间的协同创新提供了基础条件，但从数据分析上看，协同创新能力仍然不足，诸多制约因素仍然存在。

其一，区域创新协同机制不健全。强有力的协同创新统筹组织平台和保障制度的缺失，导致政府间合作权责不明确，科技合作成本巨大。跨区域中介科技服务组织能力的不足，也是使创新要素空间上的高效配置难以实现的根本原因。在武汉城市圈中，并没有统一协调的组织来统筹城市圈内城市的协同创新和协同发展，各地的协同与合作主要停留在政府层面的口号上，暗地里却都较着劲，这种竞争模式确实推动了各个区域的经济增长，但在新时代下，以竞争为主的区域发展模式可能不合时宜，未来的发展更需要合力。

其二，区域创新资源整合难度大。受行政割据垄断、地方保护主义思想的影响，城市间的技术融合流于形式化、表面化，属于政策驱动下的"被动式"参与。而且城市间产业同质化竞争现象明显，企业间的科技资源整合动力不足，创新的临近外溢效应不高。武汉城市圈创新资源基本上仍然是以单个城市为空间，并没有形成在都市圈内的整合，比如武汉的研发和成果很少能与周边地级市的生产相对接，更多的是由周边城市承接武汉因转型发展相对落后的产业，而以后的城市分工会越来越明显。

其三，区域创新要素流通不充分。地方政府政绩的非共享性和排他性，形成创新要素流动的天然边界。要素市场的自然分割，严重阻碍了城市群内各种创新要素的自由流动和有效组合，要素集聚效应在城市群内难以充分发挥。在武汉城市圈内，创新要素主要集聚在了武汉，而一旦武汉的工业等产业能承接这些创新要素，而没有溢出，那么周边中小城市的创新要素就会相对匮乏，这种集聚就缺乏了溢出和扩散，不利于整个城市圈的协同均衡发展。

加强区域协同创新，既能高效融合各城市的比较优势、集聚创新要素和科技资源、优化空间结构、促进城市间更平衡更充分发展，也是打造区域创新增长极、提升城市群全球竞争力的重要举措。但同时，在发展过程中，特别是中部城市群和都市圈这种一城独大的格局中，必须在都市圈城市内切实协调好三种关系。

第一，要协调好中心城市和中小城市的关系。一方面要把武汉市发展成为高能级的中心城市，发挥中心城市的基础作用；另一方面又要避免城市圈成为一个中心城市虹吸周边资源的都市圈。在高质量发展阶段，更为注重区域公平和协同发展。中心城市是都市圈建设的根本圆心，中小城市是构成城市圈的基础空间要素。既需发挥武汉市的中心辐射作用，又要促进城市圈的多极点发展，并进化到点轴发展模式。

第二，协调好新型城镇化与乡村振兴战略的关系。新型城镇化与乡村振兴从根本上讲是协同共进的关系，乡村振兴是新型城镇化的基本动力，新型城镇化为乡村振兴创造条件。农村人口进城和市民化，能保障新型城镇化的健康发展；与此同时，农村人口的相对减少，为推进农业规模化经营、提高生产效率提供了可能，有利于乡村振兴战略的稳步实施。协调好两者的发展关系，就是要建立城乡一体化发展模式，实现城乡要素自由流动、资源共享，生产链、供应链、价值链的互联互通。

第三，协调好竞争与合作的关系。在城镇化进程中，竞争和合作是城市之间普遍存在的关系。在竞争中优胜劣汰、在合作中取长补短，是高质量发展背景下区域关系的一种重要形态。武汉城市圈的城市主体在经济增长过程中都会进行各种生产要素的竞争与合作，竞争与合作轮动转换，既可能此消彼长，也能共同发展。但城市圈内部发展不宜过度化竞争，这将阻碍协调发展；又不能过度合作，会导致失去部分的发展动力。保持健康灵活的竞合机制，是武汉城市圈实现区域平衡发展的重要途径。

只有处理好这三种关系，才能构建和发展武汉城市圈的协同创新机制。下面本书以武汉城市圈为例，探索都市圈的协同创新路径和对策。

7.4.1 构建协同创新发展新空间

党的十八届五中全会提出"创新、协调、绿色、开放、共享"五大发展理念，并把创新摆在国家发展全局的核心位置。这意味着要把创新作为引领发展的第一动力，把创新目标牢牢锁定在第一方阵，把抓科技创新作为必须补齐的"第一短板"。在推进科技创新中，加强区域协同和一体化创新非常重要。武汉都市圈城市在科技创新、经济发展规划中已经到了刻不容缓的时刻。武汉城市圈的版图刚好是一个圈，而武汉和鄂东地区的创新能力和要素集聚能力较好，应该以武汉为中心，特别是武汉的光谷，集聚了全省一大半的创新资源，以此为依托，发挥辐射效应，迫切需要拓展创新，发展新空间。这就要求基于全局眼光，打造创新要素集聚走廊，从光谷开始，依托长江黄金水道、高速公路和高铁线路，形成创新要素集聚和产业集群带。因此，"光谷科创大走廊"也应运而生。按照 2020 年出台的《光谷科技创新大走廊发展战略规划》的意见，光谷科技创新大走廊将构建"一核一带五城多极"的空间格局。

随着上海等地打造的创新走廊并有成功经验示范后，"创新走廊"这一概念才真正广泛进入政府和研究者视野。"创新走廊"的雏形可以追溯到文艺复兴时期的意大利佛罗伦萨——威尼斯地带。最著名的创新走廊即美国的硅谷，现在仍然是世界创新要素集聚的中心和创新高地。从字面上也可以理解，既然是"走廊"，就是呈现或"谷"或"带"的形态，主要特征是科研机构和高校院所、创新型企业在一个区域空间上集聚，形成创新要素集聚区和集聚带，这种集聚会带来创新成果的乘数效应，也是创新走廊兴起的初衷。创新走廊能通过集聚和配置区域内外的优质创新资源、营造良好的创新创业氛围，以科技创新引领城市带动经济转型发展。不同于以往的以高新园区、工业园等之类的产业为主的形态，"创新走廊"首先强调的是科技创新，是创新要素包括人才、技术、资本与各种类型产业融合互动的一种高效形态，其中的中介和催化剂是科技创新，因此，创新走廊是协同创新的新范式，开拓了协同创新的发展空间。纵观国际创新发展，通过一条或多条高速公路作为重要连接轴建设创新走廊，这是多城跨区域合作的一种重要模式，如从硅谷到旧金山湾的 101 高速，东京城到筑波科学城的三乡国道和常磐自动车道等。

围绕"创新走廊"的概念、形态和含义，我们可以认为，"创新走廊"具有"三创三融合"的特征，即"创新、创业、创造"和"板块融合、资源融合、产居融合"。按照这种特征和理念，光谷科创大走廊基于长江黄金水道

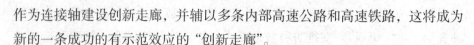
作为连接轴建设创新走廊，并辅以多条内部高速公路和高速铁路，这将成为新的一条成功的有示范效应的"创新走廊"。

（1）突出核心区域创新要素集聚区地位。按照其他创新走廊经验，都必须有一个核心创新要素承载区。在武汉城市圈中，东湖高新区和光谷显然是核心承载区的最理想区位。应以此为核心，突出光谷的创新引擎和枢纽地位，打造成为创新驱动核心。借助东湖高新和光谷的现有创新要素集聚合力，进一步优化创新环境，树立优势产业和创新资源的国际地位，继续发挥高端引领和辐射带动作用，逐步带动光谷科技创新大走廊科创能级得到整体提升，打造形成具有国际影响力的光谷科技创新大走廊创新驱动核心。

（2）打通大走廊沿线创新通道。以长江黄金水道为轴，依托城市圈内部交通网络，沿线拓展创新发展新空间，重点打造创新联合、产业联动、空间联结、设施联通的区域协同创新轴，推动沿线区域在平台建设、创新要素等方面的开放共享和协作共赢，实施城市间产业协同、分工有序的新格局，以科创大走廊为先行先试区，突出生态宜居、国际现代、人本包容的环境营造，加大对高端、国际科创机构和人才的吸引力，健全梯次分明、联合联动的区域创新布局。

（3）推动科创大走廊协同发展。以武汉为光谷科技创新大走廊中心城市，以鄂州、黄石、黄冈、咸宁为光谷科技创新大走廊节点城市，推动五城产业联动、协同创新、协作孵化、资源开放共享，打造区域合作升级版。第一，发挥武汉科技创新资源和新兴产业优势，在光谷科技创新大走廊中引领和辐射带动鄂州、黄石、黄冈、咸宁等地协同发展。第二，发挥鄂州毗邻光谷的优势，借助顺丰机场优势和生态环境优势，积极承接东湖高新区重大创新平台子平台、科技成果、高端创业项目等，打造武汉创新资源承接区。第三，发挥黄石创新活力之城和先进制造之城优势，加强与武汉创新资源共建共享，以产业技术创新为主攻方向，打造协同创新示范区、成果转化承载区和高新技术产业聚集区。第四，发挥黄冈市校合作优势，推进成果转化、人才吸纳，积极承接武汉优质产业转移、科技成果转化，做大做强若干产业集群，打造武汉产业配套区与产业化项目承载区。第五，发挥咸宁建设中部绿心国际生态城市的优势，联动武汉引才引智政策，集聚高端科技创新人才，提升产业创新能力，打造绿色创新发展试验区与特色产业集群集聚区。

（4）打造城市圈联合创新载体。以产业为依托，以光谷科创大走廊沿线城市为空间载体，按照各城市的资源禀赋和比较优势，进行产业分工和重新布局，对创新要素集聚和扩散进行合理的界定，让产业找得到创新要素，让创新要素能有效助推产业。集中打造若干个区域内高质量的科技创新协同平台。在都市圈内不断整合提升各平台功能，以科技创新为核心，以优质环境为基础，以高端设施为支撑，加快培育和引进高水平科研机构、领军型与研发型龙头企业和海内外高层次人才，推动各类要素资源集聚、开放和共享。让科创大走廊成为高新技术产业集聚、区域科技创新协同和一体化高质量发展的核心区域。

7.4.2 完善区域协同创新机制

党的十九大报告明确提出实施区域协调发展战略，为区域发展路径指明了方向。城市群和都市圈作为未来区域发展的主战场，必须建立更加有效的协调机制，加快协同创新发展。同时，武汉城市圈人力资源丰富、科技教育发达，更需要把这些现有的优势发挥出来，转化为经济效能。一是成立高级别的协调管理与决策机构。以全局视角，坚决破除城市圈城市之间的利益藩篱和政策壁垒，理顺各级政府的协同创新联动机制，探索城市间的经济融合模式和创新布局，完善跨区域的资源优化组合等制度，实现科技创新资源供给全覆盖。以这个高级别的决策机构来统筹顶层设计，在组织上做好保障，明确协同创新过程中各级政府的权利和义务，实行目标考核制度，切实保障各创新主体的利益；在资源上做好保障，足额供给协同创新主体在创新过程中所需的各种经费、设备等资源；在制度上做好保障，切实激励创新主体的创新活力，保障创新主体的权益。二是搭建创新协同服务平台。充分利用云计算、大数据等先进技术，提高城市圈的创新资源融通质量与科技推广效率；针对城市禀赋和行业特点，加快建设不同类型的创新创业特色载体，联合龙头企业、高校，建设一批辐射范围广，创新能力强的区域研发创新平台，充分发挥其要素集聚优势。通过平台共建、优势互补、技术共享、人才互派等机制构建联合创新网络，提高创新投入产出比，创造有效供给。各地方政府部门要用好这些共享平台，重点抓好平台的基础信息建设工作。比如，要做好科技信息平台的数据收集和及时发布。创新成果出不了实验室，一个重要原因是社会的需求信息和创新活动信息在时间上不同步，如果能够及时披露，让创新链与产业链无缝对接，才能更好地实现创新成果的转化；同时也要引导科技中心、中介组织和社会组织合力建设创新技术交易市场等成果转化的孵化器，让创新成果获得更大的收益，让创新者有更大的动力和活力。三是大力培育跨区域的创新中介组织。根据地方和企业的不同需求，在金融资本、人才流动、资源整合等方面提供专业化、精准化服务，形成全链条的科技供给服务体系。充分利用都市圈内的高校、企业和科研院所的研发成果和创新技术，构建科技供应链网络，让创新要素沿着产业链快速传导，形成龙头企业引领、中小企业协同的"雁阵式企业创新梯队"。通过产业协会为产业发展搭建供需平台，提供专业化咨询，为开展交流推介活动等方面提供助力。四是设立城市群协同创新基金。由各地政府按一定比重共同出资，集中创新基础要素，建设一批重大科技创新平台，扶持一批重大战略型科研项目，提升创新效率，塑造共享共利新格局。在选择重大项目上，一定要保持三个精准。要精准对接新产业、新业态重大需求，在新一代信息技术、人工智能、新能源等领域加大扶持力度；要精准对接民生需求，在养老产业、教育医疗上增加基础投资比重；要精准对接产业升级，在传统产业转型升级上要下力度，该淘汰淘汰，该转移转移，这些都应在整个城市圈的需求下谋划。推进协同创新应重视政府、科技服务中介机构等的协同支持，才能实现合作创新主体之间知识、信息、成果的转移和聚合，并形成"研究开发→产业化→市场化"的创新价值链。

7.4.3 增强都市圈产业协同能力

建设协同创新产业体系，是推进武汉城市圈经济一体化发展的基础和支撑，没有产业上的协同，经济一体化就无从谈起。推进产业协同发展，一要突出科技创新的引领作用。武汉城市群有较为充沛的创新资源、具备较强的创新能力，这是实施协同创新发展的最大底气，也有足够的实力去推进新材料、新技术等战略性新兴产业的协同。二要处理好协作与分工的关系。由于行政区划的存在、利益主体的多元、市场竞争的现实，产业协同在落实过程中必然面临如何处理好"我们"与"我"之间关系的问题。因此，城市群中的各个城市还需求同存异，在强化协作的前提下科学分工，实现共享共赢。三要注重产业链创新链双向融合。区域产业协同向纵深推进过程中，必须拆除隔离之墙，依托创新链提升产业链、围绕产业链优化创新链，更好地促进产业链与创新链精准对接，共建产业创新大平台。因此有必要做到以下几点。

第一，推进产业链全域协同。武汉城市圈要以信息协同不断优化区域产业结构，构建具有差异化、特色化和关联化的空间产业结构。中心城市——武汉市通过科教优势和创新要素集聚优势，主导各大产业全产业链的研发，谋划智能智造、光电子信息、生命科学、医疗卫生等战略性新兴产业的发展壮大；中小城市通过一市一品，协同关联，形成全产业链快速联动机制。在中心城市和中小城市的产业分工中，能做到主要研发在中心城市，生产制造在中小城市，形成优势互补和规模经济。第二，培育区域产业集群。产业集群能有效推动相关主体在同一空间集聚，形成规模比较优势。武汉城市圈中小城市应主动对接中心城市，结合城市圈整体战略，机动调整产业格局，使之与自身资源禀赋和创新内生动力相匹配，形成跨区域的优势特色产业集群，特别是重点培育全域范围的应急资源和医疗卫生产业集群，打造世界级产业集群，实现有效供给的精准配置和无缝衔接。第三，建立跨区域的产城融合体系。产业发展与新型城镇化进程相互促进与融合。科学规划城市圈全域基础设施建设，拉近城市距离，降低资源要素的流动成本，以城镇化发展连接各城市产业链的传导机制，驱动产业集群的开放和升级；中小城市通过特色小镇建设，找准自身的创新路径和产业模式，以符合比较优势的产业集聚区的建设，助推城镇化高质量发展。

7.4.4 提升都市圈要素配置水平

武汉城市圈能否实现高质量发展在很大程度上取决于该区域的要素配置能力。2020 年 4 月 9 日，《关于构建更加完善的要素市场化配置体制机制的意见》提出，土地、劳动力、资本、技术、数据五个要素领域的改革方向，对于引导各类要素协同向先进生产力集聚，加快完善社会主义市场经济体制具有重大意义。随着武汉城市圈的不断发展，各种生产要素重新整合，必须加强全域要素市场化配置能力，打通城乡之间五大生产要素的双向流动通道，推进城乡要素市场一体化建设。而在武汉城市圈的整体区域内，土地、劳动力、资本、技术、数据五个要素要全局谋划。比如土地资源，应在城市圈内统一规划，让土地和产业、要素完美匹配。进而使劳动力和资本能在圈内充分流动，创新者和资本总是会选择最合适的区域，发挥创新效能。而数据这一新要素更能提高所有要素的流通效率和转化效率。随着信息化时代的不断深入，数据要素的作用会越来越大。

一要搭建要素市场新平台。城市圈需加快引进和培育国际资源配置主力机构，壮大要素配置主体，完善公共资源交易红黑名单，提升要素资源配置效率。综合配置土地等五大生产要素，并形成都市圈内的信息共享，让要素信息在市场里公开透明，要素流通和买卖实现一键操作，并有公信力，减少不确定性。二要打造全球大数据中心。城市圈各级政府应高度重视数据这一新生产要素的动能，加快培育和做强数据要素市场，以数据这一增量要素提升其他要素的生产效率，推动经济高质量发展，提升全球资源配置话语权。我们应不断拓展数据应用空间，助力各产业数据资源价值提升。积极建设人工智能通用平台、城市大脑等新型基础设施，构建不同行业、领域规范化数据开发利用场景，提升各行业数据资源的价值，促进数字经济产业集群发展。三要建立城市圈要素全流通机制。保持城市圈内各种生产要素的自由流动和有效组合，提升要素规模流量，既要发挥要素的集聚效应，又要提升跨区域资源整合能力，最大化要素的边际效用。建立重大科研基础设施与大型科学仪器开放共享管理中心，设立开放共享信息服务平台，实现设施仪器配置、管理、服务、监督、评价的有机衔接。建立光谷科技创新大走廊科技大市场，动态发布技术合作供求信息，探索技术市场联席会议机制，推动跨区域技术转移合作常态化。定期举办光谷科技创新大走廊产业高端论坛、科技成果交易会、产业项目对接会等多类型活动，提供技术、项目、市场、资金、人才等多方面的对接便捷通道。

7.4.5 建设高质量科技供给体系

武汉城市圈有这样一个现象，特别是中心城市武汉，一度拥有全国第三科技优势的武汉市在经济发展中相对落后，这曾经被称为"武汉现象"。虽然近几年武汉奋起直追，以良好的区位优势和发展基础敢为人先，成为国家中心城市。但这也说明了一个问题，为什么有着很好的创新资源和科技供给，但是却不能为经济发展提供巨大动能。古典经济学理论已经详细地论述了技术进步能促进经济增长，但是怎样让技术进步推动经济增长，也是武汉城市圈需要破解的难题。当然科技供给上存在着很多共性问题，比如忽视基础研究，重视应用研究导致创新源头能力不足，企业主体研发投入动力不足，研发转化效率不高等，创新型企业利润率偏低，政府补贴方向错配等，进而使经济发展和科技需求与科技体系的正向反馈作用尚未显现。有效供给是能够提供满足需求的供给，要区分供给的有效性，首先要吃透有效需求，这就要从需求角度出发，全面分析武汉城市圈科技需求主体的比较利益导向、科技创新冲动、市场法制规范、知识产权保护、风险投资机制、企业文化建设等一系列大大超出科技范畴的问题。

对于武汉城市圈而言，有武汉这样的核心城市，让固有的创新要素资源转化为经济发展动能，让科技能够提供有效供给，增强有效供给能力，需要建设高质量科技供给体系。这也是关系到武汉城市圈经济社会能否顺利实现跨越发展的核心所在。

第一，厘清政府和市场的职能。市场在资源配置中起绝对作用，不是一句空话。政府的归政府，市场的归市场。把边界划分好，区分开政府主导和市场主导的领域。可以通过供需关系来调节市场规律，应该让市场通过价格等机制来调节和主导。政府在科技供给上应该集中在两个方面。一是提供基础科技创新和人才培养的支持。比如高等学校的教育和高级别人才的培养，应该加大教育经费投入，人才是创新发展的第一要素，为创新提供源源不断的动力。二是营造公平竞争的市场和法治环境。在以市场为主导的追求效率的过程中，政府要体现公平。因此，要打造良好的法律环境，尊重科技人员的创新成果和知识产权，为创新保驾护航。

第二，提高城市圈科创治理效能。目前，我们的科学研究体制一味地追求速度，追求论文和专利等成果，而设置各种各样的目标考核体系，却忽视了科技成果的转化能力。首先，要引导科研机构树立正确的绩效观与发展观，在分类的基础上对科研成果和发展水平进行精准评价和激励，对不同的科研成果要分类评价。比如对于基础研究，要沉得住气，以更长的时间去考核，同时要允许失败；对于应用研究，要从是否解决了关键问题，软科学是否产生具有影响力的建议等角度分别进行评价；对于科研人才，要从社会荣誉、事业发展和经济利益展开多元激励。其次，要从财政支持的科技供给主体上进行科学分类，明确各自的主体定位和主体使命，从源头上解决重复研究、资源使用效率低等问题。最后，完善科技投入管理体制。需要明确的一点，科技资本的支持是激发创新的活力和动力。财政投入重点应放在战略性研究和环境培育方面，要重点开展科技资源公共平台建设，大力推进科技资源市场信息化建设，提高科技资源配置的市场透明度，充分利用财政资金的引导、放大和激励作用，引导社会资本流入科技创新领域；重点做好科技管理顶层规划，以提高财政科技资源效率，创新资金投入的方式方法。

第三，培育社会科技服务组织。重点培育各类专业化科技服务中介组织，通过服务采购、税收、融资优惠等多种手段，完善产学研相结合的大环境。探索以科技供给为依托、以项目为纽带，以创新企业为切入点，完善从源头到产业化各个链条结点的供求对接模式。通过中介组织的服务，把成果拥有者、传播者和使用者联系在一起，打通科技成果面向市场的通道，加速科技成果的转化和产业化。同时社会组织有更高的市场灵敏度，可以引导其根据区域产业发展中的实际需求，有目标地搜寻相关的技术和企业，为科技供给做好储备，为科技需求做好准备。

7.5 小结

本章首先从协同理论出发，指出本书所研究的协同创新是都市圈内部城市协同的创新（区域协同创新），即不同城市的创新要素通过有机整合、相互作用而产生的整体协同效应的过程的叠加。接着分析了区域协同创新的形成机理，认为区域协同创新的形成，是一个"创新主体的自由流动—知识的流动和溢出—成果市场交易地方化—产学研创新合作"层层递进的过程。其中，首要推动力是创新要素在不同组织和空间上的流动，其次是知识的流动和成果的市场化。

在理论分析的基础上，采取国际上比较成熟的 Dendrinos-Sonis 模型，即通过社会动力学（DSS Dynamics）模型来重点考察动态过程中武汉城市圈内部城市之间的竞争合作关系。结果表明，武汉对周边城市的虹吸效应反而并不明显，武汉对黄冈、黄石和孝感均是辐射关系，仅和鄂州是竞争关系。而其他城市之间都属于竞争关系。所以要发挥武汉城市圈的均衡发展，一方面需要各个城市打破行政壁垒，在各种生产要素上通力合作，资源共享；另一方面，武汉要继续发挥中心城市作用，辐射效应更广更宽，这样才能让城市圈内各个城市共同发展。

同时，本书对武汉城市圈协同创新能力进行评价，主要基于三个维度：经济发展、科技创新和交流网络三方面内容来构建指标体系。采用了分阶段平均的计算方法和空间分析方法评价武汉城市圈的协同创新能力，结果表明，武汉的协同创新能力远高于其他城市，第二位是黄冈，主要体现了人口和国土面积上的潜力和禀赋，其他依次是孝感、咸宁、黄石、鄂州、仙桃、潜江，黄石的位次与其高校科教能力不是很符合。城市圈内城市除武汉一枝独秀外，其他城市受限于创新要素的集聚能力不强，在协同创新能力上与武汉的差距也很大，黄冈、黄石、咸宁和孝感水平相当，这也说明了在武汉城市圈中，协同创新能力仍然处在非均衡发展阶段，虽然武汉市对周边城市的辐射效应有一定的效果，但从协同创新能力上看，武汉对周边城市协同范围太小。

最后，基于以上分析，提出了武汉城市圈协同创新能力提升的路径。分别从构建协同创新发展新空间、完善区域协同创新机制、增强都市圈产业协同能力、提升都市圈要素配置水平和建设高质量科技供给体系 5 个方面进行阐述。

协同的根本目的是达到均衡状态，各个区域之间能达到互补互助、融合发展、协同共进的发展态势，从这点来看，武汉城市圈的协同创新还有很长的路要走。

第8章 创新要素集聚的经济增长效应及政策建议

党的十八大以来，从提出经济新常态到五个发展理念，从供给侧结构性改革的推出到给出中国经济已经从高速增长向高质量增长的论断，形成了习近平新时代中国特色社会主义经济思想的主要内容，始终是把创新作为引领发展的第一动力。创新作为引领发展的第一动力的地位日益凸显，决定着国家的可持续发展能力，也是提高我国综合实力的有效路径。

在当前经济全球化的复杂形势下，推动创新驱动发展，是武汉城市圈打造特色增长极，经济社会转型发展，获取竞争优势的关键。作为现代化发展的重要载体，城市是各种经济活动的空间集聚，城市的创新能力决定于各种创新要素资源配置能力。目前，我国经济已由高速增长阶段转向高质量发展阶段，正处于创新要素快速流动、优势快速分化的时期，不同城市间的竞争转化为以争夺创新要素和资源为主。中心城市之间掀起的人才争夺战，本质也主要是对创新要素资源的争夺，创新资源向大城市集中的趋势难以避免。对于中小城市而言，在习近平新时代中国特色社会主义经济思想的指引下，如何以创新驱动经济，实现高质量发展，解决区域间发展不平衡不充分的问题，加快提升创新要素集聚能力是关键所在。

8.1 创新要素集聚的经济增长效应分析

如前文献研究所述，创新要素集聚会产生很多正向效应。比如对创新效率的影响，对产业集群的影响，以及创新要素的经济后果分析等。但本章主要从创新的概念出发，阐述了创新要素的评价体系涵盖了从创新投入到创新产出的代表性指标，而像其他方面的考察，比如对区域创新的影响研究文献中，更多采取的是创新的投入变量为因变量，然后回归分析其对创新产出的影响，这和本书的创新要素评价值涵盖范围不一致。因此，本部分在探究创新要素集聚的经济后果时，重点分析其对经济增长的影响。

关于创新要素集聚对经济增长的影响，学者们主要从不同的视角展开研究。如第二章的文献研究所论述的，学者们主要从创新要素投入，探究创新要素投入对经济增长的影响，比如采用了知识溢出指标、R&D 支出、R&D 经费投入强度、科学家和工程师数量等，来考察不同国别、不同区域的 GDP 增长效应。并一致认为，创新要素投入的程度与经济发展速度和发展质量是成正比的，创新要素在提高创新绩效的过程中使经济形成了更有效的连接点，从而提高了经济的活跃度。有的是从输出端探讨创新效率和能力对经济增长的影响，通过专利数据、技术合同成交额、高新企业产值等指标考察创新对经济增长的影响，结果表明，创新驱动经济增长是切实可靠的，创新能力和效率的大小能显著影响经济效率和发展质量。在考察两者关系时，学者们开始通过建立各种数学模型、运用各种计量方法，从不同角度展开研究，包括格兰杰因果检验，面板分析、ECM 模型和空间计量等。

本书将基于创新要素集聚能力的角度，通过这一包含了创新的投入和产出以及中间过程的综合评价指标，以武汉城市圈为案例区，来考量创新对经济增长的影响。

8.1.1 模型与数据

正如第二章所论述的，在熊彼特把创新作为影响经济增长的重要推动力后，很多学者都将创新这一变量引入经济模型当中，但是创新还没有被当作一个生产要素来看待。在古典经济学理论中，生产要素主要指推动生产的资本和劳动。20 世纪 60 年代，新古典增长理论的代表索洛开拓性地建立了关于经济增长结构效应模型，即著名的索洛模型 $Y = F(K, AL)$，对经济增长通过模型转变为经验研究工具，深刻揭示出经济增长的影响因素除了生产要素资本（K）和劳动投入（L）以外，还有另一个重要的外生变量，就是技术因素 A。在索洛的模型中，是把技术创新变量作为外生性变量的。到 20 世纪 80 年代，经济学家罗默和卢卡斯发展出新的内生增长模型。在罗默的模型中，认为技术进步和创新是经济增长的长期内生动力，而卢卡斯等人则考虑资本和劳动的正外部性问题。在这些经典理论的基础上，Jones（2002）将所有的变量设为外生变量，来设定经济增长模型。模型建立如下：

$$Y_t = A_t^{\sigma} K_t^{\alpha} H_t^{1-\alpha} \qquad (8.1)$$

式中，Y 代表一个地区的经济发展水平，而 A、K、H 则分别表示技术创新水平、物质资本和人力资本。

在这个模型中，把 A、K、H 都设置为外生，可以同时探讨各个变量对经济增长和发展的贡献率。同时，也可以新增变量或者对变量进行分解后，引入新的变量来进行解释。因为采用计量回归模型对数据进行模拟，省去了很多假设性的限定条件，因此可同时考察某区域的经济增长在任何时期的增长源泉，也可比较不同时间的增长变化。总体来说，经济增长的动力主要来源于 K、H 等生产要素，而技术进步则是影响经济增长持久性的第一动力。当然也还有其他一些相关的影响要素。

在 Furman 等人（2002）提出的国家创新系统中，试图把影响创新和技术进步的主要因素融合起来，过程中发现经济增长的可持续性不仅会遇到创新停滞的风险，也会受到其他一些无形内在的基础型条件的影响。比如受到环境生态可持续性的影响，而技术创新和知识资本也要依靠地方性的社会准则和社会规范。正如 Karen R. Polenske（2009）所指出的，知识和社会资本这种无形资本对经济增长的影响是不可忽视的。

因此，本书基于 Jones（2002）的模型理论的基础上，加入两个影响因素，以柯布－道格拉斯生产函数（C–D 生产函数）作为起点，建立基本模型。即：

$$Y_{it} = A_{it}^{\beta_1} K_{it}^{\beta_2} L_{it}^{\beta_3} I_{it}^{\beta_4} S_{it}^{\beta_5} \qquad (8.2)$$

其中，Y 表示经济发展水平；A、K、L 分别表示创新水平、物质资本和人力资本；而 I 表示制度因素，与创新水平共同影响产出；S 为社会资本，与物质资本共同作用产出。

对上式两边分别取对数，即得到本书的基本模型：

$$\ln Y_{it} = \beta_1 A_{it} + \beta_2 K_{it} + \beta_3 L_{it} + \beta_4 I_{it} + \beta_5 S_{it} \qquad (8.3)$$

但是，类似于模型（8.2）和（8.3），根本目的是考察不同因素对经济增长推动力的显著性和动力值，但忽略了邻近性和地理因子的作用力。按经济地理学理论，区域上的邻近是有传染性的。而很多国内外知名学者也反复论证了这一点：邻近地区的经济效应和其他变量的溢出对本地区具有显著的作用力。笔者在本章将基于模型（8.3），结合空间计量经济学（spatial econometrics）和面板数据（Panel data）分析方法，基于创新要素集聚能力，来实证研究武汉都市圈经济增长的驱动因素。

（1）创新水平（A）的度量。本书仍然采用创新要素集聚能力来衡量，数据仍然是来自第 4 章计算出来的武汉城市圈历年来各个城市创新要素集聚能力指数。但是，因为这里考量的是对经济增长的影响，有存量概念，所以这里采取滞后 1 期的创新要素集聚能力来度量。同时，也避免了和其他变量的共线性等问题。

（2）物质资本（K）。本书采用固定资产形成额来指代，并用历年的湖北省固定资产投资价格指数来折算成当年价格。主要数据来源于各地市的历年统计年鉴和《湖北省统计年鉴》。

（3）人力资本（L）。本书采用就业人员数量来指代。主要数据来源于历年《湖北省统计年鉴》和仙桃市、潜江市及天门市的统计年鉴。

（4）制度因素（I）。和第 6 章一样，仍然采用市场化指数来指代。采用民营经济增加值占 GDP 比重来度量。市场化水平越高，就越能提升创新要素的集聚能力。本章中，数据来源和第 6 章一致。

（5）社会资本（S）。和第 6 章采用一样的指标。社会资本不论从理论上，还是统计上都影响着区域经济增长的差异性。一般假设认为：社会资本越丰裕，地区的经济发展水平也越快。本章中，社会资本数据来源都和第 6 章一致。

（6）对于经济增长的测度指标，我们仍然采用国际通用的实际 GDP 指标。名义 GDP 数据来自历年《湖北统计年鉴》，实际 GDP 通过 GDP 平减指数平减得到。

8.1.2 实证分析

运用面板数据进行实证研究时，首先，需对数据平稳性及其协整性进行检验。借助 EViews 8.0，应用 LLC 和 Fisher—PP 法对武汉都市圈中各变量数据进行单位根检验，发现所有省市变量数据均是二阶单整的（1% 水平下显著），即各区域数据平稳。运用 KAO 检验法分别对三大区域变量间协整性进行检验，结果显示各区域 ADF 统计值均通过了显著性检验（10%），表明存在长期均衡关系。

（一）空间面板模型检验

检验面板数据在空间上是否存在溢出性，主要有三种方法：应用最为广泛的 Moran's I 检验、拉格朗日乘子检验和稳健的拉格朗日乘子检验。但是因为首先要在空间滞后模型（SLM）和空间误差滞后模型（SEM）两种模型中进行选择，所以先采用 OLS 方法估计不考虑空间相关性的受约束模型；然后再进行空间相关性检验。空间滞后模型和空间误差滞后模型的拉格朗日乘子检验分别记为 LMsar、LMerror；空间滞后模型和空间误差滞后模型的稳健的拉格朗日乘子检验分别记为 R-LMsar、R-LMerror。最后通过拉格朗日乘子大小比较来选择模型。因为拉格朗日乘子检验不仅能检验空间溢出性，还能够对模型的空间形式予以判断，所以本书在下表 8–1 中直接给出拉格朗日乘子检验的估计结果。

由表 8-1 可以看出，无论是不考虑固定效应和随机效应的普通混合回归模型，还是只考虑个体的固定效应回归模型和只考虑时间的时间固定回归效应模型，以及同时控制时间和个体效应回归模型的空间滞后模型，它们的拉格朗日乘子检验和稳健的拉格朗日乘子检验值在 1% 的置信水平上显著，但是如果检验空间误差滞后模型，部分模型是不显著的；同时比较四个模型的拉格朗日乘子检验和稳健的拉格朗日乘子检验可以看出，空间滞后模型在普通混合回归模型、个体固定效应回归模型以及时空固定效应模型中的拉格朗日乘子检验值都比空间误差模型要大，在个体固定效应模型中，空间滞后模型的 Lmsar 值为 12.111，大于空间误差模型的 Lmerror 数值 0.128；而对应的 Robust Lmsar 为 12.438，也大于 SEM-RLM 的 0.666。根据决策方法：如果 LMsar 比 LMerror 统计量更显著，那么更适合的模型是空间面板自回归模型；否则，空间面板误差模型是更好的选择。由此可以判断，武汉城市圈经济增长水平的空间溢出现象是由存在的空间自相关引起的，在研究创新要素集聚能力和社会资本等变量对区域经济增长的贡献时，应该引入空间差异性和空间依赖性，因此应该选择空间面板模型。而根据检验和判断结果，采用空间滞后模型更加合理。

表 8-1　空间相关性检验结果

变量	无固定效应	空间固定效应	时间固定效应	时空固定效应
常数项	$-0.356(-2.412)$			
A	$0.152(7.733)$	$0.142(7.642)$	$0.312(18.546)$	$0.458(29.264)$
K	$0.471(16.527)$	$0.415(10.566)$	$0.080(2.154)$	$0.326(7.756)$
L	$0.262(3.325)$	$0.224(3.124)$	$0.168(2.567)$	$0.206(3.019)$
I	$0.335(4.255)$	$0.358(4.247)$	$-0.028(-1.254)$	$0.057(2.144)$
S	$0.152(3.258)$	$0.131(1.611)$	$-0.013(-0.681)$	$0.135(6.251)$
WY	$0.047(2.554)$	$0.046(2.626)$	$-0.032(-2.080)$	$0.049(2.563)$
R^2	0.946	0.944	0.556	0.992
$Rbar^2$	0.946	0.944	0.551	0.991
$\log_2 L$	44.829	45.602	706.356	612.147
Lmsar	$13.216(0.000)$	$12.111(0.001)$	$8.745(0.003)$	$80.235(0.000)$
Lmerror	$0.212(0.741)$	$0.128(0.722)$	$16.628(0.000)$	$20.688(0.000)$
Robust Lmsar	$13.571(0.000)$	$12.438(0.000)$	$16.028(0.000)$	$60.058(0.000)$
Robust Lmerror	$0.899(0.372)$	$0.666(0.415)$	$7.818(0.005)$	$1.009(0.315)$
Moran I	$0.013(0.540)$	$0.014(0.428)$	$-0.006(-0.094)$	$0.180(4.846)$

注：表中各个解释变量的系数括号中为 t 分布值，各检验统计量括号中为 P 值，直接可判断显著性水平。

（二）空间面板模型估计

由上述分析可知，武汉城市圈经济增长的空间溢出产生于相邻地区的空间相互作用，因此，需在模型中引入空间滞后因变量。这又涉及选择的问题。因为对于空间滞后模型来说，是空间滞后个体固定效应模型还是空间滞后随机效应模型，既可以经验选择，也可以通过 Hausman 检验来判断。武汉城市圈包含了 9 个城市，不管是经济增长水平还是创新要素集聚能力或者其他等，在个体上差异都很大，采用面板固定效应模型更加合适（Baltagi，2001）。这是经验上的判断，同时也可以显示 Hausman 检验值，更直观地通过指标来判断。如表 8-2 为空间面板滞后模型的估计结果。表中显示 Hausman 检验在 1% 的显著性水平上拒绝了零假设，因此，模型设定为固定效应模型。

表 8-2　空间模型估计结果

变量	无固定效应	空间固定效应	时间固定效应	时空固定效应
常数项	−0.751（−3.524）			
A	0.236（8.546）	0.416（23.312）	0.144（6.258）	0.392（25.684）
K	0.412（14.525）	0.252（6.780）	0.452（16.255）	0.267（6.782）
L	0.254（8.546）	0.126（5.215）	0.321（9.547）	0.195（6.477）
I	0.212（2.318）	0.044（2.021）	0.022（0.845）	0.243（2.765）
S	0.157（3.542）	0.115（6.523）	0.086（3.726）	0.149（6.258）
WY	0.082（2.768）	0.056（2.012）	0.056（3.156）	0.070（3.066）
R^2	0.945	0.998	0.964	0.998
Ad−R^2	0.954	0.998	0.965	0.998
hausman	−28.455（0.000）			
$\log_2 L$	52.829	48.144	−122.345	622.514

注：表中各个解释变量的系数括号中为 t 分布值。

从四个模型的系数的显著性水平来看，除了制度因素 I 在空间固定模型和时间固定效应中没有通过 10% 的显著性水平外，其他变量都通过了 5% 的显著性水平。从调整的 R^2 看，模型整体拟合优度较高，都在 0.9 以上，其中以时空固定模型的值最大。根据自然对数似然函数值（Log Likelihood）进行比较，发现时空固定效应的数值最大，按照整体显著性和拟合效果的检验，该指标值越大，则模型显著性越强，拟合的效果越好，意味着时空固定模型的整体显著性和效果最好。

因为 Lmsar 在四个模型中都显著，Lmerror 在时间和时空固定效应中显著，所以还需要对空间效应和时间效应分别进行 LR 检验，以确定空间效应和时间效应联合显著性。检验结果得知，空间固定效应的 LR 检验统计量为值 1125，显著拒绝空间固定效应联合不显著的原假设，即模型应该包括空间固定效应。同样，时间固定效应的 LR 检验统计量为 186，显著拒绝时间固定效应联合不显著的原假设，即模型应该包括时间固定效应。所以从 LR 检验判断，模型应该选择时空固定效应。因此，应该选择滞后时空固定滞后模型，基于此，下面笔者仅针对时空固定效应模型的变量系数进行讨论。

(三) 结果的说明

基于表 8-2 的估计结果,我们可以得出以下结论。

(1) 从经济增长的影响因子系数看,资本无疑对经济增长的影响最大,这也解释了在过去很长一段时间,经济增长仍然依赖的是投资驱动。而劳动和创新次之。中国拥有最大的工程师队伍,人口红利和工程师红利在继续发挥作用。而创新要素的集聚对经济的作用越来越显著。

(2) 从空间邻近的系数来看,WY 在 4 个模型当中都是 5% 水平下显著,说明武汉城市圈中各城市的经济增长之间存在显著的空间相关性,经济增长在邻近区域之间有溢出现象。同时系数均为正值,意味着存在正向的空间效应。比如武汉市的经济发展显然会对周边 8 个城市的经济发展起带动和辐射作用;黄石的经济发展也会带动咸宁、黄冈和鄂州等地的经济增长。不过从时空固定效应模型的弹性系数看,为 0.07,虽然显著但数值不大,意味着这种溢出还没有形成很大的效应,邻近区域之间还需要继续加强合作与交流,从竞争关系转向合作协同关系,形成更多渠道的溢出和扩散。

(3) 创新要素集聚是推动武汉城市圈经济增长的源动力。武汉城市圈正在筹划建设科创大走廊,城市圈的发展更加依赖于创新要素的集聚,以及创新资本和人才资本的投入。在高质量发展阶段,过去的经济发展模式已经落后。创新是发展的第一动力,而创新要素集聚水平直接反映创新能力和创新效率。同时,创新要素包含的人才、技术、资本和高新企业等都是影响经济增长和发展质量的重要因子。从这里可以看出,经济要高质量发展,就必须推动创新要素集聚能力的提升。

(4) 社会资本对区域创新能力的影响系数显著为正,数值为 0.149,这意味着社会资本每增加 1%,可以使该地区的创新水平提高约 0.15 个百分点;说明在经济发展"创新驱动"转型当中,社会资本水平的提高有利于加快武汉城市圈经济发展的进程。而且,社会资本是反映地区间空间异质性最主要的特征,社会资本直接度量地区禀赋,比如信息交流和共享程度,这些直接导致区域间的经济发展差异,一套友好的社会资本体系显然更有利于经济发展的内涵式提高。另一个控制因素是制度因素,对区域经济增长的正向效应为 0.24,代表着经济活力和开放度越高,区域的经济发展就越快。因此在创新创业活动当中，需要进一步加强民营经济的参与度。经过和多年的改革开放，各地的经济发展活力和市场开放程度逐年提高，但这种市场化进程是逐步缓慢推进的，改革也进入了深水区；要想真正发挥制度变迁对区域经济增长的驱动，需要进一步释放制度红利。

所以，总体来看，武汉城市圈的经济增长虽然得到了很大的发展，但是，经济增长仍然主要依赖于物质资本和人口红利的大量投入，以及制度红利的不断释放；创新要素集聚能力的空间扩散和溢出效应还需要很大的提高，同时促进增长动力的社会资本还要不断优化。

8.2 创新要素集聚的政策建议

基于前述章节的分析，武汉城市圈虽然拥有独特且丰富的创新人才、平台和技术要素，形成比较优势，但与其他都市圈相比，创新要素集聚能力的排名中并不突出。通过了解武汉城市圈内各城市的创新要素集聚能力的评价显示，武汉都市圈的创新要素空间分布极不均衡，"一市独大"现象特别明显，中心城市武汉市集中了所有的国家级平台和省部级高校，以及数量庞大的高校老师和学生，而基于耦合协调度和创新要素集聚的影响机理分析发现，都市圈内新型城镇化的进程与创新要素的集聚不仅互为融合协调发展，而且是提升创新要素集聚能力的重要推动力，而创新要素集聚对经济发展的正向效应也特别显著。可以看到，武汉城市圈的创新要素在空间分布上，以及如何提升创新要素集聚能力和均衡发展上，都还存在着一些问题，制约了武汉城市圈创新要素集聚能力的整体提升，特别是中小城市创新要素的集聚。总而言之，主要存在着三个方面的问题。

第一，创新要素分布不均衡。在空间分布上，武汉城市圈80%以上的创新要素聚集在省会武汉市。武汉市集中了74.8%的高新技术企业，有84所高校，其中2所985高校，5所211高校，还有水平高于其他地市州的众多高校；集聚了80%以上的研发人才，技术成交额占比80%，专利授权量占比73%，这种极化分布格局造成都市圈内的其他城市创新要素匮乏、动力不足，制约了整个都市圈内创新能力的发展，成果本地转化率只有20%左右，也影响了整个湖北省的创新发展。在主体分布上，湖北省的创新要素主要集中在高校、科研院所等经济效率低下的平台上，而不是企业。这也导致创新成果转化、驱动经济发展的动力不足。

第二，创新要素流动不充分。从都市圈的竞合模型看，武汉城市圈的地方政府更多的是形式上的合作，实质上更强调的是竞争。首先，武汉都市圈内的各个地方政府政绩的非共享性和排他性，形成，创新要素流动的天然边界，造成了创新要素的地方垄断和封锁。这种要素市场的自然分割，严重阻碍了区域内各种创新要素的自由流动。其次，对于主要的创新要素集聚地，武汉市要建设成为国家中心城市，还需进一步吸纳周边城市的创新资源，这导致创新要素的进一步集中，创新要素是由欠发达地区流向中心城市的单向流动。最后，武汉城市圈各个城市的产业发展存在着跟风和同质性。城市之间没有根据自有的资源禀赋，基于全局视角制定合理的产业空间规划，这种到处开花的产业格局导致产生城市间的竞争性，以及要素资源流动的封闭性，使得企业间的创新资源整合动力不足，创新的邻近外溢效应不高。

第三，创新要素配置不高效。其一，在单个城市内，人才、资本和技术等要素在组合和再配置的过程中，没有找到最优配置组合，往往会形成资源的配置浪费。要么是有资本找不到合适的技术，要么是先进的技术找不到资本，人才没在合适的平台等，这让要素配置的错配现象呈明显态势。其二，资本要素的推动力不够。受行政割据垄断、地方保护主义思维的影响，城市间的技术融合流于形式化、表面化，属于政策驱动下的"被动式"参与。同时，由于资本天然的逐利思维，导致都市圈内的中小城市的创新要素缺乏资本的推动和糅合，就无法得到有效配置，形成合力。创新要素的聚集必须是整个创新过程所有要素的聚集，才能更好地转化为创新力。其三，中介科技服务组织能力不足。导致创新要素和成果的整合难度较大，没有形成有效的通道为科技人员和技术转化提供渠道，产学研结合得不紧密，也难以实现创新要素空间上的高效配置。其四，区域创新协同机制不健全。强有力的协同创新统筹组织平台和保障制度的缺失，导致政府间合作权责不明确，创新的跨区域合作成本较大。

我国经济已由高速增长阶段转向高质量发展阶段。《国家新型城镇化规划（2014—2020 年)》指出，新型城镇化主要以发展集聚效率高、辐射作用大、城镇体系优、功能互补强的城市群形态存在，使之成为支撑经济增长、促进区域协调发展的重要平台，这意味着新型城镇化的进程就是城市群不断形成和发展的过程。后又指出，要发展都市圈为主要形态的空间组织，为创新要素的流动提供载体。在新型城镇化进程中，城市群和都市圈将成为创新要素资源的主要集聚地，创新要素的自由流动和聚集也更能提升城市群和都市圈经济一体化的协同发展。

前述各章研究结果显示，武汉城市圈9个城市中，包含了中心城市武汉市，也有5个地级市和3个县级市。不同层级区域的创新环境、创新要素和企业创新能力都存在着很大程度的差别，同时一些研究结果与现实政策存在出人意料的差异。因此，本章基于实证基础，从城市创新主体、城市空间结构和城市创新环境等角度提出武汉城市圈创新要素集聚的建议，旨在为武汉都市圈发展规划和其他都市圈建设提供参考。武汉城市圈要想实现创新要素的集聚与均衡发展，就必须继续深入推进新型城镇化，以中心城市引领城市圈发展，着力打造创新要素集聚高地。

8.2.1 加强中心—外围辐射机制建设

研究结果显示，中心城市对外围地区的创新要素集聚的效应不一样，会极度影响这个区域空间的集聚能力。而从武汉城市圈的创新要素集聚来看，中心城市武汉的辐射和协同效应均不明显，从要素集聚的角度，不仅要加强中心城市—外围城市的辐射机制建设，同时还应让中小城市也成为创新要素的集聚地。

中心城市一般城镇化水平较高，工业化和城市化已经到达了一定的高度，人民生活水平也普遍比周围地区更高，对生活品质的追求和自我幸福感也高于周围地区，这些都让中心城市在经济发展上更追求城市能级的提高，以及产业高端化，客观上对创新要素的要求更高。随着时代发展和经济发展阶段的不同，创新要素在时间上的分类也会与时俱进。比如人才，过去中心城市对人才落户只需要本科学历，可现在就需要研究生学历。所以在高质量发展阶段，创新要素在不同城市的集聚也是不一样的。中心城市会集聚更高端的要素，而中小城市可以吸收次高端的要素。中心城市和中小城市在要素上的吸引力也是不一样的，所以定位要精准。

(一) 发挥中心城市的引领作用

在国内国际双循环相互促进的新发展格局下，要让循环的正向效应发挥得更好，必须加强中心城市的引领作用，特别是在创新要素的集聚上。中心城市既是都市圈的核心，也是区域发展的开放高地，在新旧动能转换阶段，必须要依靠中心城市的开放和辐射，才能带动整个都市圈的创新发展。

第一，要大力推进中心城市治理体系和治理能力现代化。武汉市的城市治理成效又直接反映整个都市圈的治理能力，也会对中小城市产生负面的溢出效应。应从以下几方面提升都市圈的治理能力。一是持续推进城市综合配套改革，发挥以社区为基础的基层治理作用，在人、财、物上要高度支持社区治理体系的完善，增强基层治理能力和效率。二是推进法治建设。让城市治理有法可依，全面推进依法治市，坚持法治政府与服务型政府一体建设。三是推进智慧城市建设。应大力推进城市治理的数字化建设，构建高效快捷的城市治理应急反应机制，加快提升城市治理的网络化和智能化水平。

第二，调整优化中心城市空间产业格局。目前，武汉都市圈的中心城市聚集了丰富的知识存量、科研院所、高校和科技人才，更集聚了分布广泛的产业，包括光电子信息、生命健康、智能制造、新能源新材料、现代服务业等协同发展的特色产业体系，布局了集成电路、新型显示等新兴产业，涌现了人工智能、智能网联汽车等一批新业态。而汽车、钢铁等传统产业也仍然包含其中。周边的 8 个城市在某些领域上有所对接，比如为钢铁产业提供配套和资源的黄石，为生命健康提供中医药原料的黄冈，但总体而言，这种产业上的协同非常少。武汉与周边城市的协同和扩散主要是以一些工厂的转移为主要形式。这客观要求在突出武汉中心城市地位的同时，也要让武汉的产业格局与之相匹配。中心区域拥有知识资源和高端产业的优势，而外围区域制造业的发展又亟待中心区域的创新扩散。一是大力发展知识密集型服务业，促进技术转移机构的发展。在中心城市的经济循环体系中，信息技术的全方位深度渗透，使得生产方式、流通方式、消费方式、交往方式、生活方式发生新变化，这对优化城市空间功能布局提出了新要求。技术已经彻底改变了区域产业结构，中心城市的发展理应步入以服务经济为优先、先进制造业为主导的新型产业结构发展期。武汉应明确提出加快发展现代服务业，优先发展先进制造业，从过去的生产型经济向服务型经济转变。二是提高都市圈信息扩散程度。在数字经济时代，通过手机和互联网共享信息是知识溢出最常见的一种模式，也是加快推进区域经济一体化的必要手段。武汉城市圈本身的信息技术较发达，信息化建设也取得了很大的进展。中心城市应该建立信息化建设和应用的先行先试区，并把经验迅速推广到整个城市圈。如果实现了信息化一体化和标准化，数据信息平台全共享，将为技术扩散和产业扩散提供强大的网络基础，而这个网络的中心点仍然是武汉，武汉就相当于整个城市圈的数据大脑和核心基础。三是加快制造业向周围城市的转移。武汉作为整个湖北省对外开放和交流的窗口，在改革开放以来的这段时期，集聚了大量的制造业和外贸业。但是现在面临着产业转型和升级，要素集聚的高端化都客观要求武汉的产业结构调整，但周边城市在承接产业转型的同时，也要有相应的能力和资源禀赋来匹配，不然就陷入了"一转就死"的局面。因此，也要求中小城市要加快创新步伐，主动按照自己的创新能力与武汉对接相关产业，不能贪大求洋；同时，武汉在输出产业的同时，也要大力地输出和转移知识资源，外围的制造业不仅要承接生产设备，更需与中心地带有知识交流、技术沟通，真正发挥中心城市的辐射作用。

第三，推进创新链和产业链深度融合。武汉城市圈的中心城市要率先构建国际国内双循环发展格局。武汉市的很多产业都是国家的重点产业，具有举足轻重的地位，像光电子信息产业等，又拥有排名全国前列的创新资源，应充分发挥这些优势，提升产业基础能力和产业链现代化水平。要围绕产业链部署创新链、围绕创新链布局产业链，聚焦战略性新兴产业中的优势产业，集聚高端创新要素。进一步优化创新要素的集聚分布和产业分布，整合科技资源，引领和带动都市圈高质量发展。

(二) 中小城市创新集聚发展策略

《中国中小城市绿皮书2018》显示：中小城市已经成为国民经济的重要力量，成为践行新发展理念的重要载体，成为实现科学发展、高质量发展的主战场。以武汉城市圈为例，中小城市创新发展的基础和动力明显不足。主要体现在：一是与武汉相比，中小城市创新发展能力明显偏低。从上述章节可以看出，武汉的创新能力遥遥领先，而周围城市的创新主要靠拿来主义。

二是发展环境不友好。创新发展依赖于良好的营商环境。但武汉城市圈的中小城市对人才和企业的吸引力不够，缺乏长期有效的引培生根机制，营商环境和配套设施也不能完全和武汉相比较。三是金融支持不充分。如前所述，资本作为创新的关键要素，是推动创新产业化的催化剂。而如果在创新的发展阶段缺乏金融资本的支持，创新就失去了基础条件。武汉市近年来正是在强大的资本推动下，实现了跨越式发展，而武汉周边的中小城市却没有这样的支持，"融资难、融资贵"现象十分普遍。短期内，这样的局面很难改变，中小城市在创新要素集聚上与中心城市相比，也存在着天然的劣势，因为像人才和资本这样的关键要素显然会选择更优的环境和更能产生边际效用的区域。那么，中小城市在创新要素集聚上也需走不同的路径。

第一，推进制造业高质量发展。我国经济正处在转变发展方式、优化经济结构、转换增长动力的攻关期。这是习近平在党的十九大报告中作出的重大判断。2018 年 3 月 5 日，习近平在参加全国人大会议内蒙古代表团审议时指出："推动经济高质量发展，要把重点放在推动产业结构转型升级上，把实体经济做实做强做优。"2018 年 4 月 28 日，习总书记在湖北省考察结束时的讲话明确："高质量发展，就是体现新发展理念的发展，是经济发展从'有没有'转向'好不好'。"由此可以研判，中小城市同样面临着经济发展转型。习近平还指出："抓实体经济一定要抓好制造业。"中小城市的经济转型成功与否关键在于制造业的转型。制造业是我国国民经济的主体，制造业能提供大量的就业，所以每个中小城市其实都把制造业放在重要的位置，但是在信息化数字化阶段，制造业面临着生存的危机，特别是中小城市，缺乏数字和技术人才。但是对于中小城市而言，也面临着机遇。因为如前所述，中心城市的定位应该是服务业和高端制造业，这给了中小城市很多机遇。只要武汉周边的城市能够牢牢基于自身禀赋，通过承接产业转移，会逐步成为城市圈中中低端制造业发展的主要载体，但这也同样需要研发和创新，只是和中心城市的分工不同而已。推动制造业高质量发展，必须拥有"较高的科技创新水平。对于一个国家或者区域来说，既需要"顶天"的创新，也同样需要能够"立地"的技术。所以说对于武汉都市圈来说，产业需要分工，创新一样可以分工，武汉负责"顶天"，周围中小城市负责"立地"。武汉负责高端制造业和数字信息等技术的研发，负责瞄准世界科技最前沿，在前瞻性创新、颠覆性创新和原创性创新取得重大突破，实现在中国的领跑；周围中小城市就负责围绕民生民用等科学技术推进建立以企业为主体的技术创新体系。

第二，增强金融支撑作用。金融资本的创新人才都是创新要素的重要组成部分，也是科技创新的重要支撑。对于中小城市的创新要素而言，这两项都是短板，也是影响创新能力低下的基础要素。那么，如何来疏通金融资本进入中小城市，流入实体经济；如何吸引人才扎根中小城市，这是问题的关键。在做大做强金融资本的举措上，一要鼓励企业增加股权融资。利用证券市场的杠杆作用，以及证监会对欠发达地区的激励政策，支持企业在主板、中小板、创业板、新三板和科创板上市，发挥区域性股权交易市场的作用，鼓励同行业企业的兼并重组，提高企业直接融资的比重，如福建省宁德市有一家宁德时代这样的龙头上市企业，创新能力和产业链创新链都得以迅速建立和提升；二要积极要求外来资本的助力。积极与发达区域的天使投资、风投基金进行对接，支持它们在本地寻找投资机会，为发展潜力大的初创企业提供资金支持；三要进行金融工程的创新。政府出面进行担保，为龙头企业和高成长性企业在贷款融资等方面降低成本，保驾护航。宽村镇银行、社区互助资金组织等机构准入条件，鼓励大型银行在本地设立和发展村镇银行、城市工商银行，鼓励央企等大型国有企业、民间资本设立融资担保机构。在吸引人才流入的举措上，仍然要坚持"引进来"和"走出去"并重。前者主要是要把人才引进来创业就业，但关键是如何留住人才的问题，要有载体。武汉城市圈中，每个中小城市其实都有多个的高校，这是个非常好的载体。政府应该与高校联合，解决高校引进人才的资金激励和政策激励问题，通过高校把人才引进来，通过小孩入学等政策把人才留住，再通过产学研合作让人才发挥创新溢出的作用。另一个载体则是企业，仍然需要政府来扶持和激励。而"走出去"就是要坚持开放式创新，在中小城市扶持和培育数家有潜力的企业，全面"构建开放、协同、高效的共性技术研发平台，健全需求为导向、企业为主体的产学研一体化创新机制"。要支持企业在人才资源丰富的大城市建立研发平台，充分利用大城市创新资源，实现中小城市在创新发展上变道超车。

第三，加强对创新要素的吸纳能力。对于武汉周边的鄂州、黄冈、黄石和咸宁等地，要依托于正在打造的光谷科技创新大走廊的契机，基于本地要素和国家级高新区优势，构建产业研发平台和新型研发机构，让这些平台更有利地发挥集聚创新要素的作用，同时积极争取"创新走廊"的相关政策，以更完善、更积极、更有效的科技创新激励政策，为这些城市的创新要素集聚提供持续的动力。而仙桃等地也应积极地往这个创新走廊上靠拢，争取更多的资源。同时，也要提高地方的政府服务能力，优化营商环境，不然无法吸引创新要素，也没办法吸引创新要素的载体。政府也要引导各创新主体培养和提高创新意识，营造创新文化氛围和宽松、自由的创新环境。要在硬环境上下功夫，加强基础设施的建设，生态环境的美化，以自然环境吸引人才。要在软环境上下功夫，建立完善的法治环境，降低制度性交易成本、用能成本和物流成本。要在提高行政效率上下功夫，建立精简、统一、高效的政府运行机制，建设数字化政府，建好"政务云"企业服务平台。

8.2.2 提升产业创新集聚能力

在新一轮全球科技浪潮与产业变革中，决定国家综合实力的将是众多城市群和都市圈的创新能力，这就要求在区域内培育全新的创新生态和产业集群部落，依赖于产业集群的发育与成长，让性质相同相近相关联的创新人才、创新主体在同一区域空间上集聚，形成规模优势和范围优势，以凝聚城市群和都市圈的创新要素集聚效应。

产业集群是经济发展中出现的一个重要理论方向。产业集群是一个区域竞争力的核心表现，也被认为是国际和区域创新要素能否集聚的重要因素。产业集群包含了几个基本要素：生产要素、产业产品的需求、产业供应链、产业内企业和竞争对手。这里每一个要素都决定了产业集群的质量，也决定了产业集群创新供给的能力。集聚效应又是从以下几方面来体现的：生产要素的集聚产生规模经济效应；企业的邻近有利于创新的溢出和信息的共享；上下游厂商的邻近又能降低物流成本和交易成本。

沿着这样一个思路，其实中国的各个区域都做了很好的实践。从城市群、都市圈到县市区都热衷于建设开发区、高新区等产业集中的空间，从理论上来讲就是政府发展产业集群的有力推动。这些园区集中了所有的生产要素，如土地、资本、企业、人才和技术等，而且还能获得这个地区最好的政策和制度扶持，使得其能很快地形成产业集聚，催生产业集群。但是，很多园区建设以后也容易走样，为了区域间的竞争，没有区分行业和产业，虽有很多企业但没有形成产业集聚和集群，这样的园区便无法形成创新要素的集聚。因此，产业集群还要依靠产业园区的有效运转，依据地方禀赋，需要创新制度机制的有效设计。

（一）区域定位与产业的匹配

基于城市圈的"1+8"个城市，首先要认真梳理中心城市——武汉市和其他8个邻近城市的城市基础和产业禀赋，在产业定位和结构调整上精准分类，优化产业空间布局。实现产业发展与区域创新的协同。从前述章节的研究中发现，产业的协调发展既能提升创新要素的集聚能力，也能发挥集聚产生的巨大外部性。加强创新链、产业链、资金链、人才链、政策链"五链"统筹，推动产业创新发展。实施战略性新兴产业集群梯次培育发展计划，培育发展一批区域性、全国性、世界级战略性新兴产业。

对于中心城市武汉市和光谷科创大走廊沿线而言，应该抢抓新一轮科技革命与产业变革机遇，坚持精准聚焦，重点打造世界级高端产业集群，突出尖端性、前瞻性的产业发展方向，加快培育一批具有竞争力的未来产业集群。聚焦国际国内双循环，积极融入国内经济大循环，大力培育产业链龙头领军企业，攻克产业链关键技术，破解产业链难点，构建结构稳固、内外融通的产业链，提升产业内部循环联通的效率和参与对外合作竞争的优势。主要发展光电子信息技术产业、生物医药产业、智能制造和新能源新材料等产业，并加快培育区块链、量子信息、基因工程等在全球具有重大引领带动作用的未来产业。以高新技术产业的集聚推动创新要素的集聚。对于其他区域，应该研究制定具有地方禀赋的产业集群规划和评估体系，精准对接产业转移和要素流动。同时，应该对全区域的产业集群进行全方位的扶持和监督，为产业集群中的关键企业创造更好的发展空间，着力提升企业的创新能力和溢出效应，推动产业集群向创新集群转变，占领全球产业价值链高端。加强国家级开发区改革与创新发展，发挥好国家级开发区的集聚与辐射作用，不断优化开发区产业结构，促进战略性新兴产业集聚发展、生产性服务业集聚发展、先进制造业和现代服务业融合发展，建设一批在全国乃至世界上具有竞争优势的产业集群。

还要推进都市圈产业的共生创新。独立创新已难以让城市和企业获得可持续竞争力，必须建立都市圈产业联盟，构筑统一的资本、产权、劳动力等要素市场，使各种生产要素在市场机制的作用下自由流动和交易，优化资源和要素的区域配置，转变创新范式，打破路径依赖，以增强包容性。要积极推动跨地区校研企的深度合作，建设一批辐射范围广、创新能力强的区域研发创新平台，充分发挥其要素集聚优势。通过平台共建、优势互补、技术共享、人才互派等机制构建创新生态系统，创立联合创新网络，提高创新投入产出比，增强创新要素集聚动力，驱动产业集群的开放和升级。

(二) 突出企业创新主体地位

在创新活动主体中，包含了创新人才、科研平台、企业和其他中介组织等。而其中，企业是创新成果转化的载体，科研人员研发的技术成果，由企业来进行转化，而企业本身也是创新的重要平台。企业在与高校、科研平台和其他企业间的技术交流与合作，可以有效地连通创新资源，促进创新发展，这是创新要素集聚和溢出的重要途径。这一方面要求企业明晰在产业链中的定位，聚焦于自己的主业和比较优势，不盲从、不夸大，这样能有效削弱企业之间的无序竞争，拓展与上下游产业链企业的合作。因此企业之间能够通过知识和技术交流，优化要素配置。另一方面，要加强企业诚信管理。互信是合作的前提，企业之间的互信可以有效避免企业在合作中产生的各种怀疑，减少合作交流中的摩擦，实现有效的知识交流，不断深化和拓宽技术溢出的水平和范围，提高企业之间合作交流的效率，实现更加默契的生产协作。在互信的前提下，都市圈下的企业和员工拥有共同的价值追求，开展技术交流也更加顺利，人才之间的沟通也会更加有效。合作效率的提升可以为都市圈创新集聚区带来持续稳定的快速发展。同时，还要加强企业与科研平台的合作。要提升整个都市圈创新要素集聚能力，不能只依靠企业，企业是主体地位，但也需科研平台和机构的扶持和帮助。因此，对于政府而言，在强化企业主体地位上，需要做好以下几点措施。

第一，引导企业加大创新投入。在企业创新投入上，要在财政上加大补贴和落实力度，支持企业提升创新能力，打造创新示范企业，加强技术创新、管理制度创新的推广工作，让企业在创新中尝到甜头，以创新驱动企业发展。有效提升企业技术创新的能力，以点带面地引导企业加大创新投入。第二，加强产学研联合。积极在都市圈内城市建设创新平台，帮助企业建立企业研发中心，积极联系企业与高校、科研院所合作，技术上融合，打造从实验室—中试基地—产品的创新链条，为完善以企业为主体、市场为导向、产学研深度融合的技术创新体系提供有力支撑。第三，探索有利于激发企业积极性和能动性的新型创新模式。支持建立企业创新评价考核标准，扶持排名靠前的企业，为企业营造敢于创新、勇于创新的良好环境。第四，支持科技型企业发展，实施"科技型企业梯次培育计划"，加强科技型企业动态管理，实施"科技小微企业—瞪羚企业—科技小巨人企业—高新技术企业—行业领军企业（隐形冠军、头部企业）"的梯次培育计划。

8.2.3 构建城市创新生态系统

按照 Romer（1990）的知识生产驱动模型、Porter（1990）的国家竞争优势理论、Nelson（1993）的国家创新体系理论以及 Furman、Porter 和 Stern（2002）的国家创新能力理论，我们可以发现，创新要素的集聚和创新能力的大小是影响一个国家和地区持久发展的内在动力，也是经济转型发展可依靠的第一动力。但是也可以看到，创新能力不是凭空而来，创新要素的集聚和流动也不是无序和没有规律的。从之前章节的分析已经知晓，不管是从理论上还是实践上，创新要素的流动都有其内在的形成机理，只是在不同的区域会有内在差异。但是有一个共性的地方，就是创新要素集聚的地方一定会有一个更优更完善的城市创新生态系统。在这个系统里，能承载创新要素的流入并扎根下来。因此，创新要素的集聚也要构建城市创新生态系统。美国硅谷就是创新要素集聚的典范。那里汇聚了人才、资本和科学技术，也产生了最具科技含量和发展前沿水平的科学技术，推动了信息革命和人类文明的向前发展。硅谷位于加利福尼亚州，处于旧金山湾区南部，一块很小的区域，但却是全球的顶尖科技人才高地，更是风险投资资本的乐园。这里的创新文化非常浓厚，企业家精神飘扬在空气里。因为创新活动的频繁，创新技术的频出，伴随的是科创公司的不断成立和退出，集聚了世界领先的高新技术企业和新兴产业，让这里成为科学技术的集聚地，人才的高地和风险资本最为集中的区域。

硅谷的产生有这样几个基础。第一，硅谷所在地聚集了顶级高校。这里汇集着最有创新力的高校斯坦福大学和加州大学伯克利分校，拥有肥沃的创新土壤。自然而然地，硅谷的发展就开始于这些大学的高科技园区，这是硅谷诞生和发展的前提条件；第二，用之不竭的高科技创业人才。两所高校的毕业生本身就是创业精英，思想活跃，在上学初期就根据自己的技术优势创立了各种形式的高科技公司，带动着创新要素资源的进一步集聚；第三，无数的中小企业是硅谷创新的主体。硅谷的创新基础和文化是这些初创公司，这才是硅谷能够不断创新的根本，大公司创新的基础和主要灵感也来自他们；第四，风险投资的进入。正是由于有着丰厚的创新土壤、创新人才和主体，吸引了全世界各种类型的风投资本，进一步地推动了创新的飞跃发展；第五，科技中介服务体系的发达。只要有技术优势，这里马上就会有中介机构前来对接资本、制度等关键要素，为科技创新保驾护航。

总结而言，从技术到企业的孵化，这里形成了一个技术—人才—资本—中介机构的正反馈的生态创新系统。都市圈下硅谷模式的创新，风险资本和中介机构是不可或缺的推动力量。这是技术和资本完美融合的创新型模式，也成为各国高科技发展的学习范式。

(一) 创新生态系统的建立

从创新的概念上看，实际上只有转化为生产力的成果才能称为创新。因为只有新的生产力才能驱动经济发展。当然从成果到转化需要一个很长的阶段，但最终完成者只会是企业。也就是说，企业是最终的成果转化者。在这个转化过程中，我们可以看到创新主体的基本构成：创新者、创新者所学习的知识、所依托的平台、所采用的技术、资本的投入，甚至可能包含政府的推动，最后由企业来完成转化。那么，在一个创新生态系统里，就必须让这些创新主体能够很融洽便捷地对接起来，形成一个创新的内外大循环。换句话说，就是在一个空间里形成一个能够有力推动创新发生的良好环境。

基于之前的讨论，一个创新创业活动的完成必须要有几个要素的构成：知识和技术的沉淀、资本的驱动、政策制度的激励和地方含有创新的底蕴等，共同推动企业家创新创业活动的完成。结合这样五要素的构成，才能让创新从实验室走向生产力。因此，本书基于这样的构成提出一个创新生态系统的基本构建。在这样一个生态系统里，主要包括了五个子系统，分别是知识运行系统、资本运行系统、政策制度系统、地方系统和创新创业活动。笔者将"知识系统"定义为在某个空间和区域上的知识存量、研发人员的水平和数量，以及相关的高等学校、研发机构和研发平台，涵盖了孵化器、研究院、众创空间等；"资本系统"代表了资本持续投资的能力、金融机构的发达程度和企业融资的难易程度，包括了直接投资和间接投资；"政策制度系统"反映了一个国家和地区的制度内容和法律，以及相关的政策和市场化水平，衡量该区域的制度是否具有优越性；"地方系统"则表示一个地区的社会资本发达程度、区域邻近和产业集中的能力，强调的是地区的创新吸收能力，这和该地区的社会资本和非正式制度以及地理位置密切相关；"创新创业活动"在上述四个子系统的驱动下，能否把创新成果转化成生产力、实现经济效益的能力。这些系统共同作用、相互协作，形成一个正向的内循环体系，循环效率的高低，决定了创新要素集聚的能力。

如果按创新主体来划分，就分别是 R&D 人员、投资主体、政府、地方和企业。每个主体在上述系统里面分工有序，各自承担各自的责任，做好各自的工作，发挥各自的效用。在现实经济中，我们所谈到的创新要素对经济发展的推动作用，或者是创新能力对经济增长的影响，最终都是依靠微观经济主体的创业活动实现的。因而，创新创业活动是整个创新生态系统最终实现的载体，也是系统的输出端，输出能力的高低是驱动经济增长的最终力量，是度量创新与经济增长关系的中介效应。

如图 8-1 所示，其他四个子系统均为创业活动的辅助内容，围绕着创新和创业活动运转。创业活动反映了大学和研究机构等在内的知识创新和商业化过程参与者活动的内容；组织和制度变革以及地方性特点都影响创新和经济增长。另一方面，创新创业活动的活跃程度本身就反映了这种地方性创新环境的好坏。

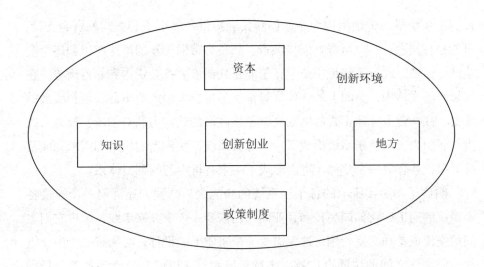

图 8-1　创新生态系统的环境构成

在由这样一个围绕创新创业活动的四个子系统形成的创新环境当中，我们要明确一点，为什么国家与国家之间的创新能力和创新要素差异非常大，又或者为什么有的创新活动和要素集聚会发生在这里而不是别处，那一定是该区域有被忽视的地方，或者具备隐含的品质。传统的经济学理论对生产要素的研究有很成熟的体系，但往往容易忽视那些内在的不好度量的因素。对于一个高科技企业来说，非正式制度、地方因素、人才资源等都是需要考虑的内容，因为这些因素会影响企业创新活动的成功和创新要素的集聚，进而影响该区域的竞争力和吸引力。

所以，在图 8-1 的五个子系统里，是创新要素中的五个基础要素，也是创新能力构成的重要元素。下面我们分别明晰一下五个子系统的主要任务。第一，在知识系统里，高等学校、研究机构和企业是创新主体，扮演着研发和创新源头的角色。其中，企业既是创新的投入端，也是创新的输出端，是打通整个创新链条的主体。在投入端，企业通过成立研究院和研发中心，开发研制高科技产品，是最好的干中学；在输出端，企业把产品投入市场，实现创新的生产力转化。第二，在政策和制度系统里，政府扮演着政策制定和规划服务职能。政府基于该区域的产业优势和资源禀赋，规划产业园和科技开发区等园区的建设，指定产业发展政策，调控宏观经济走向，修建基础设施，为创新发展提供人才和资金支持，协调区域间的竞争与合作等。第三，在资本系统里，金融机构为企业创新发展提供各种渠道和方式的资金支持，可能是直接融资，也可能是间接融资，都是为帮助创新的迅速产出创造资金条件；第四，地方系统里主要包括了非正式制度、社会资本和邻近优势。在区域经济发展中，空间上的区位优势很明显更能吸引产业集群和创新要素的集聚，社会资本等非正式制度则决定了该区域的软实力和对创新要素流入的内在吸引力。这些子系统形成了一个综合系统，使创新的供给和需求完成精准对接，融合成一个整体，进而形成了一个有机生态的创新体系。

明确了图 8-1 所示的各个子系统的功能之后，我们还需要一个连接各个系统的通道，就如同高校和企业间，还需要一个中介来牵线，减少它们之间的交流成本和交易费用，这就需要一个机制上的设计，必须有一个中介组织，使主体之间的协同合作效率实现无缝对接，以便充分激活各类创新资源，有效促进创新成果转化，为经济转型升级和持续发展提供物质支撑和有力保障。

（二）中介组织的力量

创新要素的聚集和流动是实现区域创新产生的基础，也是实现经济发展从要素驱动向创新驱动的重要过程。而创新要素的流动有自主的选择性，也会有外在的推动力。自主的选择性由区域上的创新环境来决定，而外生力量则需要中介组织的推动。从美国的硅谷、芬兰的科技发展历程等可以看出，中介机构在推动创新要素集聚上起了巨大作用。

我们将坐落在知识、政策、金融和地方这些领域或者处于不同领域边界之间的组织称为"中介组织"，这些组织的持久性存在证明了他们的有用性。当然，中介组织也经过了多次的演化，最终走向成熟。到现在，没有研究者们能忽视中介组织的作用。接下来，本书将回顾中介组织的发展历程，以从中找到中介组织对创新要素集聚的影响机制。

随着时间的推移，中介组织经过了多次发展和演进的过程。归纳起来，主要经历了三代中介组织。第一代中介组织属于导向型中介组织，是政府和机构在推进创新转化过程中被动成立的办事机构。比如，政府因为鼓励地方私有经济发展而成立的公共资源部门，金融机构为了融资方便而成立的产业融资部门，以及高校成立的产学研办公室。第二代中介机构是在 20 世纪 90

年代主要由创投基金成立的。这代中介机构是以融投资为出发点，通过给企业提供投资服务、土地资源和办公地点，支持新成立的高技术公司。这类投资有极高的风险性，所以会在地域上、政策上有所选择，以达到收益最大化。第三代中介组织则极大地强化了大学和研究机构的作用。也正是因为这代中介机构的突起，硅谷借助邻近的斯坦福大学集聚的创新要素得以诞生。在第三代中介组织里，大学不再仅仅是教育和技术资源，也是推动经济发展和创新转化的发起者和组织者，中介组织将选址、决策、融资和传播知识更加紧密地融合在一起，为创新主体和企业提供从创新源头到产生的综合服务，由此诞生了商业型专业机构，比如各种各样的技术孵化器，创新走廊和众创空间等。这些中介机构不仅提供软环境的服务，也能提供硬环境的土地和设施，这些都为创新要素的集聚提供了便利和条件。

比较而言，第二代中介组织着重于项目和短期盈利，第三代中介组织则着眼于长远发展，为创新者打好软硬环境，做好基础性的保障服务，这极大地推进了创新效率和创新速度。以这个分类来观察中国目前的中介组织可以发现，我国更多的是第一代中介组织和第二代中介组织，是以政府为引导、项目为指向、目的性较为明确的服务机构，也是一种短、平、快的服务系统。但是很多研究表明，创新本身就是个长期的过程，往往发生在模糊的边界地带，组织和产业的边界范围经常能决定创新的发生和企业家精神的塑造。

因此，以科技中介组织的历史演变进程看，在以信息化数字化快速发展的新时代，可能需要第四代中介组织更为合适。第四代中介组织不仅仅提供软硬环境，还能基于大数据提供各种建议，提供知识体系，匹配合适的技术和专家，让创新与每一个创新要素迅速配对，极快地推进创新发生。这代中介组织更能够发挥大学和科研机构的作用，让创新时刻发生，让产学研融合更加紧密，让创新技术到商业化过程更加迅速。

（三）创新驱动机制设计

创新驱动机制是实现创新经济高质量、可持续发展的重要驱动力。在落实以创新驱动经济发展的过程中，需要通过机制设计，加速区域内的创新要素聚集并实现规模效应。著名的英国学者 Freeman（1987）认为，只有从市场应变能力、内在发展动力、调动相关参与者的积极性等方面，持续地完善创新驱动机制，才能保障复杂的国家创新驱动力系统得到安全、健康、稳定的平稳运行，并形成完善、具有现实操作性的创新驱动战略路径。其中，创新驱动发展系统的结构构建、运行、实施和完善，是影响创新驱动发展的质量和效率的重要因素，因此，需要从以下五个方面来持续完善相关机制。

1. 评估与激励机制

调动创新人才的积极性，是创新驱动发展的重要组成部分，而在当前的现实状况是此类人才，特别是掌握核心技术的人才数量偏少是制约创新战略实施的"瓶颈"。截至 2018 年底，我国经济总量达到 896915.6 亿元、保持全球第二大经济体的同时，R&D 人员全时当量达到 438.1 万人 / 年（其中，基础研究、应用研究、试验发展三类人员的数量分别为 30.5 万人 / 年、53.9 万人 / 年、353.8 万人 / 年），相关经费支出及其在国民生产总值中的占比分为 19677.9 亿元、2.19%。然而，重大技术和应用领域的自主创新率低于新中国成立初期水平，在衡量一国科技发展水平重要指标诺贝尔奖方面与美日等发达国家还存在较大差距；产学研脱节问题突出，科研成果转化率仅为 10% 左右，远低于发达国家 40% 的水平；世界银行数据显示，2018 年中国、美国、日本、德国的每百万人口中 R&D 研究人员分别为 1307.12 人、4412.43 人（2017 年数据）、5331.15 人、5211.87 人。导致这一现象的关键原因在于创新人才太少，庞大数量的大学生群体的创新能力有待发掘。因此，需要在人才培养、创新人才积极性等方面，采取相应的激励措施，营造"百花齐放"的创新氛围。

首先，建立有利于创新的科学评价、高效的激励机制。当前，我国部分科研项目存在"四唯（唯论文、唯职称、唯学历、唯奖项）"现象，以致科技创新领域也面临"不出版就出局"的事实，尤其看重 SCI 期刊论文发表。从研究机构到高等院校将科研人员的发表的 SCI 论文数量、影响因子（Factor Index）作为业绩考核、职称晋升的重要依据。这就直接导致科研工作者在现实压力下，以论文发表、基金项目资助为导向，而不是立足于国民经济和社会发展的现实需要，寻求解决现实科技问题的有效良方或措施，进而使科研领域出现甘愿坐冷板凳的科研工作者不多、少数学者难以潜心研究的现象。针对这种现象，创新评价体制需要注重与经济社会发展现实需要密切相关的硬指标，实现对科研结合及其经济效益、社会效益的全面评价；在促进科技创新的激励机制方面，建立综合考虑学科特征、成果的同行认可度、经济社会效益等多维的科研考评体系和奖励标准，实现制度的科学设计、规范监督和有效制衡的有机结合，促进应用研究与基础理论研究的均衡发展；在科研激励的主体方面，通过提高薪酬水平、科研项目分配等环节的有益探索，调动青年学者的科研热情，激发全社会的创新热情。

2.空间机制设计

创新环境受经济地理区位、地区社会资本特征等因素的影响较大，作为一种公共物品知识存在显著的空间溢出效应和聚集效应，且创新产业化离不开消化吸收和专为有形或无形产品的经济实体。因此，在推动创新驱动经济发展过程中，需要注意结合地区的现有经济条件、地理区位、资源禀赋，优化区域创新的空间布局结构。

区域分工的空间形态。在规划产业发展时，要密切联系地区的（包括自然、劳动力、技术等）资源禀赋状况、比较优势条件，以及周边地区的经济区位、产业结构，避免一哄而上地无序、重复发展热门产业，分散国家或地区产业发展的有效资源和政策支持，以致出现产业发展与当地现实状况严重脱节、水土不服的现象。以我国西藏地区为例，地域辽阔、地貌壮观、自然风光独特的区域禀赋条件，决定了该地区应该依托当地特有的文化旅游资源，发展第三产业。但是，基于第二产业对经济发展的强劲"拉力"，当地政策长期倾向于发展第二产业，脱离实际的产业发展政策对当地第三产业产生了显著的"挤出效应"。得益于党和政府立足现实禀赋条件的有力领导，近年来西藏第三产业才再次引来发展黄金期，使得该产业在当地经济总量中的占比由 1998 年的 39.63%，提高到 2018 年的 48.70%。由此可见，区域产业的空间分布应与地区资源禀赋、综合比较优势保持一致，进而促进依托禀赋比较优势的产业聚集向创新驱动经济发展的转型升级。

集中与靠近。在现代科技发展呈现加速发展的时代背景下，信息革命引致知识经济的作用尤为突出，并在资源的配置过程中表现出有组织的集中和靠近。例如，苏格兰工商委员会（Scottish Enterprise）为推动民营企业发展，培养大众的知识和技能，推动政府实施相关的土地优惠政策，促进四所大学向 Alba Campus 聚集，组建高水平的系统集成研究院，并吸引摩托罗拉等国际知名企业入驻，促进当地产业的提档升级。在这一过程中，具体的作用机理可以归纳为：企业基于对大学和研究机构对科技的溢出效应预期，积极向这些科研组织所在地聚集。此外，从中介组织发展的相关理论来看，在第二代中介组织发展中，企业从大学和科研机构的科技创新活动中，得到的知识外溢效应并不明显（Quintas，1992）。在信息技术加剧科技创新聚集效应的情况下，硅谷依托斯坦福大学（Stanford University）、加州大学伯克利分校（UC Berkeley）等著名高校，成功发展为全球电子工业和计算机的重要聚集地，充分证明在第三代中介组织时期，大学成为知识溢出的重要来源，知识中介在企业和产业发展过程中的重要作用。根据以上案例可以将集中与靠近归纳为，通过物质资本、社会资本、公共政策等促进科研机构、创新人才向重要科技企业聚集，促进创新的外溢效应与规模效应的良性循环。因此，在我国创新经济发展过程中，各级政府要摆脱单纯地招商引资、注重数量，忽视引进企业的软实力提升、产业整合度的传统思维，通过简单的组织集中，向系统性、前瞻性有组织地靠近转变，实现经济的创新驱动和可持续发展。

3. 产学研连接机制设计

科技创新转换为现实生产力的过程，其落脚点在于如何将知识转化为企业的产品或服务，提高资源使用效率和产值。其中，在公共政策层面，可以采取以下措施促进知识与生产力的有效转化。

网络导向联系。推动高科技发展最重要的是采用市场手段，资助科技创新，降低技术创新的市场风险（Cortright and Mayer，2002）。例如，20世纪90年代，马萨诸塞州的生物医药产业的强劲复苏，很大程度上得益于麻省理工学院（MIT）及其他市场主体对科技创新活动的风险投资。包括印度理工学院这样的著名高校所在地，都存在各种以高科技产业为投资对象的风险投资基金，促进当地高校和科技机构的科技成果产业化。在国内，以清华大学、北京大学等高校为依托的北京中关村，也出现了风险投资企业资助科研机构科技成果转化为现实生产力的案例，但尚需要通过相关论坛组织等中介机构，加强中介组织与大学的产学研整合，即实现网络导向联系——通过提供资金支持，实现研发机构与产业化应用组织的有效对接。具体而言，可以通过广泛邀请技术研发人员、企业家、产业投资基金从业人员，参加各种促进产学研相结合的企业家论坛，实现不同领域的利益主体利益机制融合、技术的有序转化。此外，各级政府要推动有关科学研究与技术应用的学术联盟或协会的交流与合作，实现信息共享、技术融合、利益共享，并建立专业性的信托基金，突破科技企业发展促进的资金约束、技术产业向应用领域转化。

4.创新政策的保障机制

有效的制度环境是实现创新驱动发展战略的重要内容和保障条件。制度具有协调和整合、促进经济效率和实现资源分配的作用，因此，要实现制度、技术的双轮驱动，并形成合力。在具有中国特色的政治体制下，创新政策更是实现集中力量办大事的重要举措。

在政策制定和协调方面，需要处理好中央与地方、短期与长期、整体与局部三对关系，以尽量规避政策在微观运行、利益协调方面可能产生的负面影响。中央政府是制度全国性宏观科技创新的主体，但具体的执行还需要地方政府结合当地异质性现实条件，给予支持和配合，这就需要在中央大政方针指导下制定有效的地方产业政策。同时，要注意合理协调政策的短期效应和长期效应，在摸着石头过河的过程中，促进长期性创新政策的高效实施。此外，在涉及地方利益的政策制度执行方面，需要在兼顾效率和公平的基础上，结合我国宏观经济发展状况、不同地区的现实条件，特别是当前经济发展进入新常态、新业态、新形势，缩小地区之间的技术梯度差异，优化产业布局。

发挥非正式制度与正式制度的综合作用。当前，我国经济发展进入"新常态"、全面深化改革的深水区，经济发展模式需要由传统的"要素驱动"向新时期的"创新驱动"转变，同时需要辅以分配体制改革，更加注重通过二次分配提高社会公平。在新时代背景下，在微观领域需要发挥各种微观主体的积极能动性，这就要求在制度领域由以往一元的政府政策为主体向发掘价值信念、文化传统、意识形态等非正式制度，促进创新、优化要素资源配置效率的功能转变，为创新创业者创造更大的机遇。具体而言，在价格制度方面，推进分配体制的市场化改革；在税收与财政政策方面，可以通过税收减免、专项科研创新资金扶持，降低创新主体的资金压力；在教育制度方面，加强教育体制、资金投入，夯实基础研究，提高教育的职业水平，促进人才培养向创新型转变。

5.创新的社会资本的提升机制

结合地区特有的文化、习俗和知识的吸收能力等因素组成的创新环境，推动创新驱动发展战略的实施。在实施创新战略过程中，若不能结合当地的现实产业技术条件，完善的技术创新设想也难以落地生根。良好、有益于创新的环境受硬实力和软实力两部分影响，其中，硬实力主要体现为研发资本，特别是民间的市场化资本和科技人员两个方面；软实力直接影响社会资本能否成为创新驱动的发动机、创新可持续性的基础。

因此，营造积极的创新环境需要狠抓硬实力、软实力两个方面。首先，要大力弘扬"胸怀大局、无私奉献、弘扬传统、艰苦创业"的"西迁"精神，以及"热爱祖国、无私奉献，自力更生、艰苦奋斗、大力协同、勇于登攀"的"两弹一星"精神，培养国民的艰苦奋斗、扎实推进的创新意识。其次，通过培育创新文化，改变国民满足现状的思想形态，提高全民的创新思维。再次，创新文化产业，将创新理念置于电影、电视等文化作品上，从思想上潜移默化地影响国民创新意识。软实力的提升有利于我国在智能化、数字化的背景下，实现产业转型升级与高质量发展，并使优良的中国传统文化走向世界。

8.2.4 优化制度环境

经验证明，一个良好的制度环境，更能吸引创新要素的聚集。特别在高质量发展阶段，在对美好生活向往的同时，各类创新要素也对地方的制度属性、社会资本、环境质量都提出了更高的要求。湖北省的创新要素集聚能力长期居于全国中等水平，应借此为契机，努力优化制度环境，引入更多的创新要素聚集，激发创新创业活力。

一是优化企业创新环境。党的十九大报告指出，要"激发和保护企业家精神，鼓励更多的社会主体投身创新创业"。湖北省要整体营造"鼓励创新，尊重创新，不怕失败"的良好氛围，涵养各具城市特色的创新创业生态文化。创新精神是企业家精神的核心，要着重维护企业家队伍，弘扬企业家精神，激发企业家的创新潜能和活力，让企业家成为协同创新的推动力量，企业成为协同创新的主体、成果转化的载体。制定企业技术创新的各项激励政策，依法保护企业的创新收益，激活企业创新主体的能动性。推动企业研发机构建设，促进企业创新能力的提升，培育创新型企业集群。

二是优化人才发展环境。人才是创新第一要素，科技创新的竞争归根到底是人才的竞争，创新要素的集聚终究是人才的集聚。应改进高层次创新人才引进和分类评价制度，强化分配激励，建立跨区域的人才培养和供给机制，在关键技术、高新产业、新兴学科等领域，推进国家及海外高层次人才引进项目实施的基础上，加强国内优秀人才的引进力度，实施"创新人才集聚工程"，努力培养一批站在行业科技前沿、具有国际视野和创新活力的青年创新型人才队伍和创新团队，打造人才集聚新高地。同时要深入推进简政放权，加大科研投入，为年轻研发人员提供更好的科研环境，健全科技资源共享开放体制，鼓励新经济人才投身创业，引入负面清单管理，促进城市群创新创业人才的聚集和自由流动，不断提升创新创业的动力和活力，全面构筑创新驱动发展新优势。

三是完善知识产权保护体系，强化市场导向的成果转化激励政策。湖北省要在省内打造便捷、透明、低成本的授权、确权和维权通道，培育统一规范的知识产权交易市场。知识产权是创新型经济发展的基础，保护和尊重知识产权就是激活创新因子，释放科技人员的创新活力。以打造知识产权保护高地为导向，以政校研企融合为主线，共建科技成果转化基地，打通创新成果向生产力转化的"最后一公里"，提高科技成果转化率，充分尊重和维护知识产权权利人的合法权益。

8.3 本章小结

本章采用空间面板模型，从创新要素集聚能力的角度，通过这一包含了创新的投入和产出以及中间过程的综合评价指标，考量对经济增长的影响。从经济增长的影响因子系数看，资本、劳动和创新要素集聚三者对经济增长的影响较大，创新要素的集聚对经济的作用越来越显著，社会资本和制度因素也在发挥着内在效用。同时，在邻近地区也显示出了正向的空间效应，创新要素集聚是推动武汉城市圈经济增长的源动力。武汉城市圈要想经济高质量发展，就必须推动创新要素集聚能力的提升。

基于实证模型，提出创新要素集聚的政策建议。主要从加强中心—外围辐射机制建设，提升产业创新集聚能力，构建城市创新生态系统和优化制度环境等方面来展开。在此，再强调以下几点。

第一，社会资本是影响地区创新生产效率和要素集聚的重要因素。以互联网使用频率等测度的社会资本对我国自主创新和经济增长具有显著的促进作用，所以要加快互联网和通信实施建设，提高社会资本水平。根据武汉城市圈文化禀赋的特质性，应该广泛发展文化创意产业。从战略意义上看，发展文化创意产业有助于推进文化建设，发挥湖北省的科技文化资源优势，优化社会资本；文化创意产业的渗透融合特性还能有效促进产业的创新。因为通过文化产业的融合渗透，在提高地区社会资本的同时，也提高了地方接受新知识的意识和吸收能力，进而促进产业的立足和集聚，并带动产业创新和经济结构的优化调整；政府在社会资本提供过程中发挥着不可或缺的作用，还要进一步加强政府公共服务提供，比如基础设施的改善。

第二，要发挥区域间的创新扩散和吸收能力。这有赖于加强区域间的合作和信息共享，发展区域经济圈战略是非常合适和有必要的，同时也要重视产业科技园的建设和发展。产业集聚与创新活动的发展是相辅相成的，产业集聚能刺激更多的创新生产和扩散效应；创新反过来又能加强产业的集聚。

第三，进一步加大研发活动中资本的人力资源的投入比重，推动制度创新。研发资本和劳动力是提高创新能力的关键因素，基于中小城市研发资本和人力资本比重小的特点，武汉市要加强辐射功能，带动中小城市的创新创业活动。在推动创新的制度设计中，要尊重市场规律，加强对知识产权的保障，以发挥创新创业者的积极性和主观能动性。其次，市场化进程的加快、竞争的加剧使得市场的微观主体需要更大的空间进行各方面的创新，通过政策照顾激励市场微观主体的创新创业意识，有利于提高整个地区的创新水平。

第9章 结论与展望

基于前文的研究与探索，本书对武汉都市圈创新要素集聚能力评价、影响因素、协同创新和经济效应等方面进行了深入的剖析和实证检验，并提出了相关可行有效的政策建议。在前八章研究和分析的基础上，本章将对全书的研究内容进行归纳与总结，并对本书的研究局限以及未来的研究方向进行阐述和展望。

9.1 主要结论

1.作为经济活动的主战场，城市经济能够带来创新，能够带来知识集聚、思想交流，能够创造新的经济。城市形态是集聚的，能够实现规模经济。新时代背景下，城市也需要联合和协同，都市圈是适应时代需要的产物。在都市圈的创新体系中，创新区域从单个城市转为整个都市圈区域，创新主体仍然是高校、科研机构和企业，创新依托是产业发展，产业集聚能推动创新要素的集聚，城市的发展能吸引创新要素的流入。都市圈创新要素集聚的形成应具备几个条件：有竞争力的中心城市、不断优化的政策和制度、良好的区位优势和基础设施、高质量的社会资本、完整的中介服务体系、金融资本的有力支持和深厚的产学研底蕴，才能共同促成创新要素在圈内的形成和扎根发展。同时，制度环境、生态环境、文化氛围、民生工程、产业发展都是创新集聚的内生动力。

2.基于熵值法构建了创新要素集聚能力评价指标体系，同时比较了湖北省与全国其他省份，武汉城市圈中的城市与湖北省内其他地市州的创新要素集聚能力，并对武汉城市圈创新要素集聚能力的时空演化进行了实证分析。结果发现：（1）湖北省在全国的创新要素集聚能力排名中，始终居于第二梯队，这虽然与其经济发展的地位相一致，但与排名前列的科教资源地位是不相符的。这也说明，丰富的科教资源还需要有催化剂来推动，才能形成集聚力；(2)湖北省多圈层的"核心—边缘"结构，导致"一主两副"的创新要素集聚格局的形成，极大地抑制了边缘地区的创新要素集聚能力的提升。但比较发现，武汉、襄阳、宜昌这三个核心城市的辐射半径在扩大，集聚溢出效应也在提升；(3)在武汉城市圈范围内，武汉的创新要素集聚能力明显加强、不断强化，但辐射的方向主要是向北和向东，鄂州受益明显，黄石、黄冈次之。同时还发现，三个省管县级市仙桃、潜江和天门可能与武汉创新要素集聚区相对较远，并没有被辐射到，这也验证了武汉创新要素集聚辐射的半径有限，还需要发挥更好的溢出和扩散能力。

3.基于耦合协调理论，从基础要素、产业、空间和政府政策等角度分析创新要素集聚与新型城镇化的耦合形成机制。在比较武汉城市圈城市、湖北省和全国的人口城镇化水平时发现，武汉的人口城镇化优势明显，而其他地市有5个城市的城镇化水平低于湖北省平均水平，也低于全国平均水平。重点考察了武汉城市圈内部的联系强度，显示作为中心城市的武汉对鄂州、孝感和黄冈的辐射能力最强，体现出三个城市在直线距离、交通设施及产业和经济交流上，与武汉的边缘区域有一定的合作优势。但同黄石和咸宁的联系却并不是很高，仙桃、潜江和天门三个县级市因为地理距离以及行政区划的限制并没有表现出很强的关联。这意味着武汉的辐射效应还不够强，辐射范围还不够广。然后从人口城镇化、经济城镇化、生活方式城镇化和空间城镇化四个维度，采用熵值法建立指标体系，计算新型城镇化的综合性指标，显示武汉城市圈的新型城镇化综合发展水平一直滞后于全国平均水平。最后通过耦合系数模型方法，同时测度了武汉城市圈城镇化水平和创新要素集聚的耦合协调度。结果显示，从总体来看，耦合协调度从失调状态开始进入良好耦合协调阶段，在投资驱动向创新驱动的动能转化中，武汉城市圈的城镇化水平和创新要素集聚正在趋向于同步协调发展状态。

4.首先从空间效应形成机理进行了分析，认为区域要素的空间形态主要是由空间辐射效应、空间虹吸效应、空间协同效应和空间闭塞效应共同作用导致的。其次检验了创新要素集聚的全域空间特性和局部空间特性，发现城市圈创新要素集聚能力在全域范围内存在显著的正向空间自相关，具有空间集聚特征。而创新要素集聚局部空间特性的空间演变并不明显，表现出来的空间特性以武汉为中心城市，集聚程度越来越高，但是辐射效应并不明显，而从历年的空间演化看，这种效应也没有发生多少变化。动态演变可能还需要更长时间的积累。通过空间杜宾模型的分析，对武汉城市圈创新要素集聚能力的影响机理进行了深入研究。结果表明，结果表明，最能影响创新要素集聚能力的因素是城镇化水平，其次是收入水平、GDP、市场化水平、开放程度、地方社会资本和地方生态环境质量。因此，推进新型城镇化，发展武汉都市圈的发展战略，是集聚创新要素，提升城市创新能力的重要途径。

5. 从协同理论出发，认为区域协同创新的形成，是一个"创新主体的自由流动—知识的流动和溢出—成果市场交易地方化—产学研创新合作"层层递进的过程。其中，首要推动力是创新要素在不同组织和空间上的流动，其次是知识的流动和成果的市场化。采取动力学（DSS Dynamics）模型重点考察动态过程中武汉城市圈内部城市之间的竞争合作关系。结果表明，武汉对周边城市的虹吸效应反而并不明显，武汉对黄冈、黄石和孝感均是辐射关系，仅和鄂州是竞争关系。而其他城市之间都属于竞争关系。同时，基于三个维度构建评价指标，采用分阶段平均计算方法和空间分析方法评价武汉城市圈的协同创新能力，结果表明，武汉的协同创新能力远高于其他城市，第二位是黄冈，主要体现的人口和国土面积上的潜力和禀赋，其他依次是孝感、咸宁、黄石、鄂州、仙桃、潜江。分析结果表明在武汉城市圈中，协同创新能力仍然处在非均衡发展阶段，虽然武汉市对周边城市的辐射效应开始有效果，但从协同创新能力上看，武汉对周边城市协同范围太小。最后，提出武汉城市圈协同创新能力提升的路径。认为协同创新能力需从构建协同创新发展新空间、完善区域协同创新机制、增强都市圈产业协同能力、提升都市圈要素配置水平和建设高质量科技供给体系 5 个方面进行提升。

6. 采用空间面板模型，从创新要素集聚能力的角度，通过这一包含了创新的投入和产出以及中间过程的综合评价指标，考量对经济增长的影响。从经济增长的影响因子系数看，资本、劳动和创新要素集聚三者对经济增长的影响较大，创新要素的集聚对经济的作用越来越显著，社会资本和制度因素也在发挥着内在效用。同时在邻近地区间也显示出了正向的空间效应，创新要素集聚是推动武汉城市圈经济增长的源动力。武汉城市圈要想经济高质量发展，就必须推动创新要素集聚能力的提升。基于实证模型，提出创新要素集聚的政策建议，提出要从加强中心—外围辐射机制建设，提升产业创新集聚能力，构建城市创新生态系统和优化制度环境等方面展开工作。同时要注重提升社会资本，发挥区域间的创新扩散和吸收能力，进一步加大研发活动中资本的人力资源的投入比重，进而推动制度创新。

9.2 研究不足与展望

本书在针对武汉城市圈创新要素集聚、空间效应和协同创新能力提升的研究过程中，尽管得到了一些有意义的结论，然而受困于研究问题的区域性、复杂性以及笔者自身学术水平和精力有限，仍存在一些不足之处。期待在后续的研究中进行完善和拓展。

第一，区域空间的局限。由于本书研究案例区是武汉城市圈，在空间上局限范围较小，在讨论邻近对经济变量和创新要素集聚的影响时，没有把除武汉以外城市的邻近区域全部覆盖在内，比如荆州、荆门等市对于武汉城市圈创新要素集聚的空间效应并没有放入研究范畴。一方面，本书主要是讨论都市圈对创新要素集聚的影响效应，故只选择了武汉城市圈；另一方面，在湖北省内，武汉一家独大，主要考察的是针对武汉与邻近区域之间的空间溢出和协同效应，中小城市更容易受到武汉空间邻近的影响。但忽视了其他邻近地区，必定会对研究结论产生一定的影响。

第二，样本数据。本研究选择武汉城市圈的经济数据和创新要素数据作为实证研究的基础，虽然本研究已经对武汉城市圈创新要素的发展现状和路径进行了较为详细和细致的阐述，并为完善研究理论框架，考虑了都市圈的视角，加入了跨区域之间空间溢出的情景。但总的来说，创新要素综合指标的评价在选择指标时，会因为数据收集上的不易得性而舍弃一些变量。度量城镇化水平时，选择维度的不同也会导致一些变量的放弃。总体来说，对理论模型研究的实证并没达到极其理想的解释程度。因此，在未来的研究中，希望能囊括更多的变量来度量创新要素集聚能力，形成一个更为科学的评价体系，从而进一步深入挖掘理论机理。

　　最后，笔者认为未来的研究可以扩大研究样本和研究空间边界，对本文研究的理论框架进行更多的改进，并加入大量的实证分析。

参考文献

[1]   Adams J. D. Jaffe A. B. Bounding the Effects of R&D: An Investigation Using Matched Establishment-Firm Data[J]. Social Science Electronic Publishing, 1996.

[2]   Aghion P. , Howitt P. A Model of Growth Through Creative Destruction[J]. Econometrica, 1992, 60(2) :323-351

[3]   Albert, Solé-Ollé, Elisabet, et al. Central Cities as Engines of Metropolitan Area Growth[J]. Journal of Regional Science, 2004, 44 (2) : 321-350.

[4]   Alkay E. ,Hewings G. J. D. The Determinants of Agglomeration for the Manufacturing Sector in the Istanbul Metropolitan Area[J]. Annals of Regional Science, 2012, 48(1) :225-245.

[5]   Amin A. Robins K. The Re-Emergence of Regional Economies? The Mythical Geography of Flexible Accumulation[J]. Environment & Planning D, 1990, 8(1) :7-34.

[6]   Andreas Pyka, Nigel Gilbert, Petra Ahrweiler. Agent-Based Modelling of Innovation Networks – The Fairytale of Spillover[M].Innovation Networks. Springer Berlin Heidelberg, 2009.

[7]   Angelo G. ,Baldoni M. ,Gnes M, .et al. A Multidisciplinary Approach for Investigating Dietary and Medicinal Habits of the Medieval Population of Santa Severa (7th—15th centuries, Rome, Italy) [J]. PLOS ONE, 2020, 15(1) : 1-30.

[8]   Ankrah S. N. University-Industry Interorganisational Relationships for Technology/Knowledge Transfer: A Systematic Literature Review[J]. Social Science Electronic Publishing, 2013, SSRN Electronic

Journal, DOI: 10.2139/ssrn.2241333.

[9] Annis, David H. Optimal End-Game Strategy in Basketball[J]. Journal of Quantitative Analysis in Sports, 2006, 2(2) : 1-11.

[10] Anselin L. Geographical Spillovers and University Research: A Spatial Econometric Perspective[J]. Growth & Change, 2000, 31 (4) : 501-515.

[11] Antonietti R. Cainelli G.The Role of Spatial Agglomeration in A Structural Model of Innovation, Productivity and Export: A Firm-level Analysis[J]. The Annals of Regional ence, 2009, 46(3) :577-600.

[12] Asheim B. T. ,Isaksen A. Regional Innovation Systems: The Integration of Local 'Sticky' and Global 'Ubiquitous' Knowledge[J]. Journal of Technology Transfer, 2002, 27(1) :77-86.

[13] Asheim B. T. ,Isaksen A. Location, Agglomeration and Innovation: Towards Regional Innovation Systems in Norway?[J]. European Planning Studies, 1997, 5(3) :299-330.

[14] Audretsch D. B. Feldman M. P. Innovative Clusters and the Industry Life Cycle[J]. Review of Industrial Organization, 1996, 11(2):253-273.

[15] Audretsch D. B. ,Feldman M. P. R&D Spillovers and the Geography of Innovation and Production[J]. American Economic Review, 1996, 86(3) :630-640.

[16] Audretsch D. B. ,Lehmann E. E. Does the Knowledge Spillover Theory of Entrepreneurship Hold for Regions?[J]. Research Policy, 2005, 34(8) :1191-1202.

[17] Baldwin R. E. ,Forslid R . ,Martin P. ,et al. Agglomeration and Growth with and without Capital Mobility[R]. Discussion Paper Series, 2001.

[18] Baptista R. ,Swann P. Do Firms in Clusters Innovate More?[J]. Research Policy, 1998, 27(5) : 525-540.

[19] Beck T. Demirguc-Kunt A. ,Laeven L. ,et al. Finance, Firm Size, and Growth[R]. NBER Working Papers, 2004.

[20] Berliant M. ,Fujita M. Knowledge Creation as A Square Dance on the

Hilbert Cube[R]. MPRA Paper, 2007.

[21] Bernardi C. B. ,Guadalupe S. D. Innovation and R&D Spillover Effects in Spanish Regions: A Spatial Approach[J]. Research Policy, 2007,36(9) :1357-1371.

[22] Best C. T. ,Mcroberts G. W. ,Goodell E. Discrimination of Non-native Consonant Contrasts Varying in Perceptual Assimilation to the Listener's Native Phonological System[J]. The Journal of the Acoustical Society of America, 2001, 109(2) : 775-794.

[23] Bianchi M. ,Croce A. ,Dell'Era C. ,et al. Organizing for Inbound Open Innovation: How External Consultants and a Dedicated R&D Unit Influence Product Innovation Performance[J]. Journal of Product Innovation Management, 2016, 33(4) : 492-510.

[24] Billings S. B. ,Johnson E. B. Localization and Polycentric Urban Areas[R]. Ersa Conference Papers, 2014.

[25] Bils M. ,Klenow P. J. Does Schooling cause Growth[J]. The American Economic Review, 2000, 90(5) :1160-1183.

[26] Bracher M. Brautzsch H. U. ,Titze M. Mapping Potentials for Input-output-based Innovation Flows in Industrial Clusters:an Application to Germany[J]. Economic Systems Research,2018,28(04) :1-17.

[27] Broekel T. Collaboration Intensity and Regional Innovation Efficiency in Germany—A Conditional Efficiency Approach[J]. Industry & Innovation, 2012, 19(2) :155-179.

[28] Broomhall David. Urban Encroachment, Economic Growth, and Land Values in the Urban Fringe[J]. Growth and Change, 1995, 26(2) :191-203.

[29] Brostrom A. Firms' Rationales for Interaction with Research Universities and the Principles for Public Co-funding[J]. Journal of Technology Transfer, 2012, 37(3) :313-329.

[30] Buzard K. ,Carlino G. A. ,Hunt R. M. ,et al. Localized Knowledge Spillovers: Evidence from the Spatial Clustering of R&D Labs and

Patent Citations[J]. Social ence Electronic Publishing, 2019, 11: 19-42.

[31]   C. Ozgen, C. Peters, A. Niebuhr, P. Nijkamp, J. Poot. Does Cultural Diversity of Migrant Employees Affect Innovation?[J]. International Migration Review, 2018, 48（1_suppl）:377-416.

[32]   Cainelli Giulio, Montresor Sandro, Marzetti Giuseppe. Production and Financial Linkages in Inter-firm Networks: Structural Variety, Risk-sharing and Resilience[J]. Journal of Evolutionary Economics, 2012, 22（4）:711-734

[33]   Carlstein T. ,Parkes D. ,Thrift N. J. Human Activity and Time Geography[J]. Expert Review of Neurotherapeutics, 1978, 15（9）:1-11.

[34]   Castells A. Catalonia and Spain at the Crossroads: Financial and Economic Aspects[J]. Oxford Review of Economic Policy, 2014（2）:277-296.

[35]   Charles Poor Kindleberger. The Formation of Financial Centers: A Study in Comparative Economic History[R]. Working Papers, Massachusetts Institute of Technology（MIT）,1973.

[36]   Chesnais Francois. Present International Patterns of Foreign Direct Investment: Underlying Causes and Some Policy Implications for Brazil[J]. Revista de Economia Contemporanea, 2013,17（3）:365-422.

[37]   Cooke F. Employee Participation and Innovations: the Interpretation of 'Learning Organisation' in China[J]. New Istanbul Contribution to Clinical Science, 2005, 273（4）:35-49.

[38]   Cooke P. The New Wave of Regional Innovation Networks: Analysis, Characteristics and Strategy[J]. Small Business Economics, 1996, 8（2）:159-171.

[39]   Cooke P. Regional Innovation Systems: Competitive Regulation in the New Europe[J]. GeoForum,1992 ,23（3）: 365-382.

[40]   Davies S. The Diffusion of Process Innovations[J]. Cambridge, Cambridge University Press, 1979.

[41]   Decker E. ,Scott E. ,Smith F. A. ,Blake D. R. Megacities and the envi-

ronment[J]. The Scientific World Journal, 2002, 1: 374-386.

[42] Delgado J. D. ,Omaira E. ,García, Ana M. Díaz, et al. Origin and SEM Analysis of Aerosols in the High Mountain of Tenerife（Canary Islands）[J]. Natural ence, 2010, 2（10）:1119-1129.

[43] Dieperink H. ,Nijkamp P. Innovative Behaviour, Agglomeration Economies and R&D Infrastructure[J]. Empirical Economics, 1988, 13（1）:35-57.

[44] Duranton G. ,Puga D. Micro-Foundations of Urban Agglomeration Economies[J]. Social ence Electronic Publishing, 2003, 4（4）:2063-2117.

[45] Edward Glaeser, Joshua Gottlieb. The Wealth of Cites: Agglomeration Economies and Spatial Equilibrium in the United States[J]. Journal of Economic Literature, 2009（4）: 983-1028.

[46] Edward Huang, Henry Lee, Grant Lovellette, Jose Gomez-Ibanez. Transportation Revenue Options: Infrastructure, Emissions, and Congestion[J]. Energy Technology Innovation Policy, 2010, 9: 1-26.

[47] Feeney A. J. Genetic and Epigenetic Control of V Gene Rearrangement Frequency[J]. Advances in Experimental Medicine & Biology, 2009, 650: 73-81.

[48] Feldman M. P. ,Audretsch D. B. Innovation in Cities: Science-based Diversity, Specialization and Localized Competition[J].1999, 43（2）:409-429.

[49] Florida R. ,Gleeson R. ,Smith, D. F. Benchmarking Economic Development: Regional Strategy in Silicon Valley, Austin, Seattle, Oregon and Cleveland[J].1994.

[50] Florida R. ,Mellander C. ,Stolarick K. Inside the Black Box of Regional Development–Human Capital, the Creative Class and Tolerance[J]. Journal of Economic Geography, 2008, 8: 615–649.

[51] Fosfuri A. ,Ronde T. High-tech Clusters, Technology Spillovers, and Trade Secret Laws[J].2004, 22（1）:57-65.

[52]　Franz Tdtling, Michaela Trippl. Innovation and Knowledge Links in Metropolitan Regions—The Case of Vienna[M]. Springer Berlin Heidelberg, 2013.

[53]　Freeman C. ,Clark J. ,Soete L. Unemployment and Technical Innovation [M]. Frances Pinter, 1982.

[54]　Frenkel S. ,Sanders K. ,Bednall T. Employee Perceptions of Management Relations As Influences on Job Satisfaction and Quit Intentions[J]. Asia Pacific Journal of Management: APJM, 2013, 30(3): 7-29.

[55]　Fritsch M. ,Franke G. Innovation, Regional Knowledge Spillovers and R&D Cooperation[J].2004, 33(2) : 245-255.

[56]　Fujita M. ,Thisse J. F. Does Geographical Agglomeration Foster Economic Growth? And Who Gains and Loses from It?[J]. The Japanese Economic Review, 2003, 54(2) :121-145.

[57]　Fujita M. ,Krugman P. R. ,Venables J. A. The Spatial Economy of Cities, Regions and International Trade[M]. Cambridge, MA: MIT press, 1999:35-87.

[58]　Fujita M. ,Mori T. Transport Development and the Evolution of Economic Geography[J]. Portuguese Economic Journal, 2005, 4 (2) :129-156.

[59]　FurmanJ. L. , Porter M. E. ,Stern S. The Determinants of National Innovative Capacity[J]. Research Policy, 2002, 31(6) :899—933

[60]　Geary R. C. The Contiguity Ratio and Statistical Ampping[J]. The Incorporated Statistician, 1954, 5(3) : 115-146.

[61]　Gereffi G. ,Olga Memedovic. The Global Apparel Value Chain: What Prospects for Upgrading by Developing Countries?[M].2003.Global Value Chains and Global Innovation Networks, 2003.

[62]　Getis A. ,Ord J. K. The Analysis of Spatial Association by Use of Distance Statistics[M]. Geographical Analysis, 1992.

[63]　Gianni Guastella, Francesco Timpano. Knowledge, Innovation, Agglomeration and Regional Convergence in the EU: Motivating Place-

Based Regional Intervention[J]. Review of Regional Research, 2016, 36(2) :1-23.

[64] Glaeser, Edward L. ,Matthew E. ,Kahn. The Greenness of Cities: Carbon Dioxide Emissions and Urban Development[J]. Journal of Urban Economics, 2010, 67: 404-418.

[65] Goldsmith R. E. , Matherly T. A. Adaption-Innovation and Self-Esteem[J]. The Journal of Social Psychology, 1987, 127(3) :351-352.

[66] Gomes J. Hurmelinna-Laukkanen P.Behind Innovation Clusters: Individual, Cultural, and Strategic Linkages[J]. International Journal of Innovation ence, 2013, 5(2) :89-102.

[67] Greenhut M. L. ,Hwang M. L., Ohta H. The Space and Relevance of the Spatial Demand Function[J]. Econometrica, 1975, 43 (4) : 669-682.

[68] Gugler P. , Brunner S. FDI Effects on National Competitiveness: A Cluster Approach[J]. International Advances in Economic Research, 2007, 13: 268-284.

[69] Guiso L. P. ,Sapienza , L. Zingales. Trusting the Stock Market[R]. NBER Working Paper, No.W11648, 2005.

[70] Hagerstrand T. The Computer and the Geographer.[J]. Institute of British Geographers, Transactions, 1967, 42.

[71] Hall P.,Markowski S.,Thomson D. Defence Procurement and Domestic industry: The Australian Experience[J]. Defence & Peace Economics, 1998, 9(1-2) :137-165.

[72] Harald Bathelt. Temporary Clusters and Knowledge Creation: The Effects of International Trade Fairs, Conventions and Other Professional Gatherings[C]. in the 100th Annual Meeting of the Association of American Geographers, Philadelphia, 14-19 Mar.2004.

[73] Henderson J. V. Road Congestion: A .Reconsideration of Pricing Theory[J]. Journal of Urban Economics, 1974, 1(3) :346-365.

[74] Henderson L. F. On the Fluid Mechanics of Human Crowd Motion[J].

Transportation Research, 1974, 8（6）:509-515.

[75]   Henderson V. ,Kuncoro A. ,Turner M. Industrial Development in Cities[J]. Journal of Political Economy, 1995, 103（5）: 1067-1090.

[76]   Higgs R.American Inventiveness: 1870—1920[J].Journal of Political Economy, 1971（79）: 661- 667

[77]   Hoyler M.Kloosterman R. C. ,Sokol M.Sokol R.C.K & M.Polycentric Puzzles.Emerging Mega-City Regions Seen through the Lens of Advanced Producer Services[J]. Regional Studies, 2008, 42（8）: 1055-1064.

[78]   Isenberg D. The Entrepreneurship Ecosystem Strategy as A New Paradigm for Economic Policy[J]. Institute of International and European Affairs, 2011, 781（10）: 1-13.

[79]   Jaffe A. B. ,Trajtenberg M. ,Henderson T.R. Geographic Localization of Knowledge Spillovers as Evidenced by Patent Citations[J]. Quarterly Journal of Economics, 1993, 108（3）: 577-598.

[80]   Jaffe A. B. Real Effects of Academic Research[J].American Economic Review, 1989, （79）:957-970.

[81]   Jerome S. , Engel. ,etc. Global Networks of Clusters of Innovation: Accelerating the Innovation Process[J]. Business Horizons, 2009, 52（5）: 493-503.

[82]   John Hagedoorn, Myriam Cloodt. Measuring Innovative Performance: is there An Advantage in Using Multiple Indicators?[J]. Research Policy, 2003, 32（8）: 1365-1379.

[83]   Karen R. Polenske. 创新经济地理[M].北京:高等教育出版社, 2009

[84]   Keller W. Geographic Localization of International Technology Diffusion[J]. Am Econ Rev, 2002, 92: 120-142.

[85]   Kim S. Expansion of Markets and the Geographic Distribution of Economic Activities the Trends in U.S. Regional Manufacturing Structure[J]. Quarterly Journal of Economics, 1995, 110（4）: 1860-1987.

[86] King R. G. ,Levine R. Finance, Entrepreneurship and Growth[J]. The Quarterly Journal of Economics,1993, 32（3）:513-542.

[87] Kiuru J. ,Inkinen T. E-Capital and Economic Evolution in European Metropolitan Areas[C]// SOItmC & Riga Technical University 2017 Conference, 2017.

[88] Krugman P. R. Increasing Return and Economic Geography[J]. Journal of Political Economy, 1991, 99（3）:483-499.

[89] Lai D. S. ,Lin J. B. ,Liu W. S. ,et al.Metal Concentrations in Sediments of the Tamsui River, Flows Through Central Metropolitan Taipei[J]. Bulletin of Environmental Contamination & Toxicology, 2010, 84（5）: 628-634.

[90] Lall S. ,Friedman C. C. ,Jankowska-Anyszka M. ,et al. Contribution of Trans-splicing,5'-Leader Length, Cap-Poly（A）Synergism, and Initiation Factors to Nematode Translation in an Ascaris suum Embryo Cell-free System[J]. Journal of Biological Chemistry, 2004, 279（44）:73-85.

[91] Lawson C. , Lorenz E. Collective Learning, Tacit Knowledge and Regional Innovative Capacity[J]. Regional Studies, 1999, 33（4）:305-317.

[92] Lentnek B. B. Innovation Diffusion in a Developing Economy: A Mesoscale View[J]. Economic Development & Cultural Change, 1973, 21（2）:274-292.

[93] Levine R. J. ,Maynard S. E. ,Qian C. ,et al. Circulating Angiogenic Factors and the Risk of Preeclampsia[J]. New England Journal of Medicine, 2004, 350（7）: 672-683.

[94] Zhaohui Li, Xuemei Chen.The Effect of Housing Price on Industrial Agglomeration in China[J]. Modern Economy, 2016, 7（12）:1505-1516.

[95] L. K. Cheng. ,Y. K. Kwan. What are the Determinants of the Location of Foreign Direct Investment? The Chinese Experience[J]. Journal of International Economics, 2000, 51（2）:379-400.

[96] Luc. New Directions in Spatial Econometrics[M]. Springer, Berlin, Heidelberg, 1995.

[97] M. Dianne. Training for New Times: Changing Relations of Competence, Learning and Innovation[J]. Studies in Continuing Education, 1999, 21(2) :217-238.

[98] Malmberg A. , Maskell P. The Elusive Concept of Localization Economies: Towards A ,Knowledge-based Theory of Spatial Clustering[J]. Environment & Planning A, 2002, 34(3) :429-449.

[99] Mark Birkinshaw. The Sunyaev-Zel'Dovich Effects of Two Samples of Clusters[R]. Large-Scale Structure in the X-ray Universe, 2000.

[100] Meine Pieter van Dijk, Suhail Soltan. Palestinian Clusters: From Agglomeration to Innovation[J]. European Scientific Journal, 2017, 13 (13) :323-336.

[101] Midelfart-Knarvik K. H. ,Overman H. G.,Venables A. Comparative Advantage and Economic Geography: Estimating the Determinants of Industrial Location in the EU[R]. London: CEPR. CEPR Discussion Paper, No.2618, 2001.

[102] Miguelez E. ,Moreno R. Knowledge Flows and the Absorptive Capacity of Regions[J]. Research Policy, 2015, 44(4) :833-848.

[103] Mitze T. ,Schmidt T. D. Internal Migration, Regional Labor Markets and the Role of Agglomeration Economies[J]. Annals of Regional ence, 2015, 55(1) :61-101.

[104] Moran P. Notes on Continuous Ratio and Statistical Mapping[J]. Biometrika, 1950, 37(1) : 17-23.

[105] Murata Y. Structural Change and Agglomeration. Urban Primacy and Economic Development, Research Paper Series No.26, Tokyo Metropolitan University, 2005.

[106] Nathan M. ,Overman H. Agglomeration, Clusters, and Industrial Policy[J]. Oxford Review of Economic Policy, 2013(2) : 383-404.

[107] Nelson. The Interpretation of Vegetation Change in A Spatially and

Temporally Diverse Arid Australian Landscape[J]. Journal of Arid Environments, 1993, 24(3): 241-260.

[108] Nicholas N. Industrial Relations Climate: A Case Study Approach[J]. Personnel Review, 1979, 8(3): 20-25.

[109] Ning, Lutao, Jian. Urban Innovation, Regional Externalities of Foreign Direct Investment and Industrial Agglomeration: Evidence from Chinese cities[M]. Research Policy: A Journal Devoted to Research Policy, Research Management and Planning, 2016.

[110] Owen-Smith J. ,Powell W. W. Knowledge Networks as Channels and Conduits: The Effects of Spillovers in the Boston Biotechnology Community[J]. Organization ence, 2004, 15(1) :5-21.

[111] Patricia C. M. ,Daniel J. G. ,Ruben B. A. The Productivity of Transport Infrastructure Investment: A Meta-analysis of Empirical Evidence[J]. Regional Science & Urban Economics, 2013, 43 (5): 695-706.

[112] Peress J. , Goldman J. Firm Innovation and Financial Analysis: How Do They Interact?[C]// 2016 Meeting Papers. Society for Economic Dynamics, 2016.

[113] Philip Cooke. The New Wave of Regional Innovation Networks: Analysis, Characteristics and Strategy[J]. Small Business Economics, 1996, 3: 159-171.

[114] Porter M. E. The Competitive Advantage of Nations[M]. Free Press, New York, 1990.

[115] Puga. D. The Rise and Fall of Regional Inequalities[J]. European Economic Review, 1999, 43: 303-334.

[116] Puga. Agglomeration and Economic Development: Import Substitution vs. Trade Liberalisation[J]. The Economic Journal, 1999,109 (455) :292–311

[117] Richard E. B. Agglomeration and Endogenous Capital[J]. European Economic Review, 1999, 43(2) :253-280.

[118] Romer C. D. Is the Stabilization of the Postwar Economy A Figment of the Data?[J]. American Economic Review, 1986, 76(3) :314-334.

[119] Rosenfeld A. Bringing Business Clusters into the Mainstream of Economic Development[J].European Planning Studies, 1997, 5(1) : 3-23.

[120] Rosenthal Stuart, Strange William. Evidence on the Nature and Sources of Agglomeration Economies[J]. Handbook of Regional and Urban Economics, 2004, 4(04) :2119-2171.

[121] Schumpeter, Joseph A. The Explanation of the Business Cycle[J].Economica,1927(7) :286-311.

[122] Seo M. S. ,Jin M. ,Chun J. H. ,et al. Functional Analysis of Three T ranscription Factors Controlling the Biosynthesis of Glucosinolates in Brassica Rapa[J]. Plant Molecular Biology, 2016, 90(1) : 503-516.

[123] Shum P. ,Lin G. A. Resource-based View on Entrepreneurship and Innovation[J]. International Journal of Entrepreneurship & Innovation Management, 2010, 11(3) :264-281.

[124] Simmie, James. Critical Surveys Edited by Stephen Roper Innovation and Space: A Critical Review of the Literature[J]. Regional Studies, 2005, 39(6) :789-804.

[125] Solow R. M. Technical Change and Aggregate Production Function[J]. Review of Economics & Stats, 1957, 39(3) :312-320.

[126] Song Y. ,Lee K. ,Anderson W. P. ,et al. Industrial Agglomeration and Transport Accessibility in Metropolitan Seoul[J]. Journal of Geographical Systems, 2012, 14(3) :299-318.

[127] Szczygielski K. ,Grabowski W. ,Pamukcu M. T. ,et al. Does Government Support for Private Innovation Matter? Firm-level Evidence Trom Two Catching-up Countries[J]. Research Policy, 2017, 46 (1) :219-237.

[128] Gottfride Tappeiner,Christoph Hauser,Janette Walde.Regional Knowledge SpillOvers: Fact or Artifact[J]. Research Policy, 2008,37(5) :861-874

[129] Tsvetkova A. A. External Effects of Metropolitan Innovation on Firm Survival: Non-Parametric Evidence from Computer and Electronic Product Manufacturing and Healthcare Services[M].Applied Regional Growth and Innovation Models. Springer Berlin Heidelberg, 2014.

[130] Weber A. ,Uber Den Standort Der Industrien, 1. Teil[J]. Rne Theorie Des Standortes, 1909.

[131] Weber A. ,Alfred Weber. Theory of the Location of Industries[M]. Chicago: University of Chicago Press, 1929.

[132] Weidner T. ,Ducca F. ,Moeckel R.,et al. Exercising a Mega-Region Analysis Framework in the Chesapeake Bay Area[C].Transportation Research Board Meeting, 2013.

[133] Wersching K. ,Agglomeration in An Innovative and Differentiated Industry with Heterogeneous Knowledge Spillovers[J]. Journal of Economic Interaction & Coordination, 2007, 2（1）:1-25.

[134] Yigitcanlar T. ,Loennqvist A. ,Benchmarking Knowledge-based Urban DevelopmentPerformance: Results From the International Comparison of Helsinki[J]. Cities, 2013, 31（2）:357-369.

[135] Yu W. ,Jin H. ,Zhu Y. ,et al.Creative Industry Clusters, Regional Innovation and Economic Growth in China[J]. Regional ence Policy & Practice, 2014, 6: 329-347.

[136] Zheng Z. ,Huang C. Y. ,Yang Y. Inflation and Growth: A Non-Monotonic Relationship in an Innovation-Driven Economy[R]. Mpra Paper, 2018.

[137] 卞坤，张沛，徐境. 都市圈网络化模式：区域空间组织的新范式[J]. 干旱区资源与环境，2011，25（005）：30-34.

[138] 曹广喜，陈理飞. FDI 对中国都市圈创新能力溢出效应的实证研究——基于动态面板数据模型 [J]. 科技进步与对策，2010（02）：31-36.

[139] 曹雄飞，霍萍，余玲玲. 高科技人才集聚与高技术产业集聚互动关系研究 [J]. 科学学研究，2017，035（011）：1631-1638.

[140] 曾建丽，刘兵，梁林．科技人才集聚与区域创新环境共生演化及仿真研究 [J]. 软科学，2020（7）：14-21.

[141] 曾克强，罗能生．社会资本与产业结构调整：基于区域和结构效应的分析 [J].中国软科学，2015（3）：66-79.

[142] 常爱华．区域科技资源集聚能力研究 [D].天津：天津大学博士论文，2012

[143] 陈建军，胡晨光．产业集聚的集聚效应——以长江三角洲次区域为例的理论和实证分析 [J].管理世界，2008，6：68-83.

[144] 陈明星，陆大道．中国城市化水平的综合测度及其动力因子分析 [J].地理学报，2009（4）：387-398.

[145] 陈淑云，杨建坤．人口集聚能促进区域技术创新吗 [J].科技进步与对策，2017，34（5）：45-51.

[146] 陈昭锋．长江经济带典型城市促进人才集聚的政府作为 [J].南通大学学报（社会科学版），2016，32（01）：37-43.

[147] 陈志宗．基于超效率–背景依赖 DEA 的区域创新系统评价 [J].科研管理，2016，37（1）：370-378.

[148] 程浩．我国制造业集聚的经济效应研究 [D].长春：吉林大学，2015.

[149] 程开明．城市化、技术创新与经济增长——基于创新中介效应的实证研究 [J].统计研究，2009（5）：40-47.

[150] 程丽雯，徐晔，陶长琪．要素误置给中国农业带来多大损失？——基于超越对数生产函数的随机前沿模型 [J].管理学刊，2016，29（01）：24-34.

[151] 池仁勇，李瑜娟，刘娟芳．基于多维评价指标体系的集群品牌发展驱动模式研究——对浙江集群品牌的经验分析 [J].科技进步与对策，2014，19：69-74.

[152] 迟景明，任祺．基于赫芬达尔-赫希曼指数的我国高校创新要素集聚度研究 [J].大连理工大学学报（社会科学版），2016，4：5-9.

[153] 仇保兴．新型城镇化：从概念到行动 [J].行政管理改革，2012（11）：11-18.

[154] 仇怡.城镇化的技术创新效应——基于1990—2010年中国区域面板数据的经验研究[J].中国人口科学，2013(1)：26-35.

[155] 丁宁.OFDI促进区域创新资源集聚的影响及提升机制研究[D].杭州：浙江大学经济学院，2010.

[156] 董昕.科技创新驱动区域协调发展的国际经验与启示[J].区域经济评论，2016，6：38-45.

[157] 樊纲，余晖.长江和珠江三角洲城市化质量研究[M].北京：中国经济出版社，2010

[158] 范剑勇.产业集聚与地区间劳动生产率差异[J].经济研究，2006(11)：72-81.

[159] 范新英，张所地.城市创新效率测度及其对房价分化影响的实证研究[J].数理统计与管理，2018，37(1)：135-145.

[160] 范新英，张所地.创新集聚对城市房价影响的实证研究[J].经济问题探索，2018，1：63-69.

[161] 范言慧，段军山.外商直接投资与中国居民的收入分配[J].财经科学，2003，2：102-106.

[162] 范云芳.论经济全球化下的要素集聚[J].商业时代，2009，25：36-38.

[163] 方创琳，王德利.中国城市化发展质量的综合测度与提升路径[J].地理研究，2011，30(11)：1931-1946

[164] 方远平，谢蔓.创新要素的空间分布及其对区域创新产出的影响——基于中国省域的ESDA-GWR分析[J].经济地理，2012，32(9)：8-14.

[165] 丰志勇.我国七大都市圈创新力比较研究[J].南京社会科学，2012，5：9-14.

[166] 冯南平，周元元，司家兰等.我国区域创新要素集聚水平及发展重点分析[J].华东经济管理，2016，30(9)：80-87.

[167] 冯南平，高登榜，杨善林.承接产业转移过程中创新要素集聚的区域引导策略[J].合肥工业大学学报(社会科学版)，2013，27(1)：7-12.

[168] 傅家骥.面对知识经济的挑战,该抓什么?再论技术创新 [J].中国软科学,1998,7: 36-39.

[169] 高丽娜,蒋伏心.创新要素集聚与扩散的经济增长效应分析——以江苏宁镇扬地区为例 [J].南京社会科学,2011(10): 30-36.

[170] 高丽娜,朱舜,李洁.创新能力,空间依赖与长三角城市群增长核心演化 [J].科技进步与对策,2016,33(005): 40-44.

[171] 葛雅青.中国国际人才集聚对区域创新的影响——基于空间视角的分析 [J].科技管理研究,2020,40(6): 32-41.

[172] 辜胜阻,刘江日.城镇化要从"要素驱动"走向"创新驱动" [J].人口研究,2012(11): 3-12.

[173] 顾新.区域创新系统的运行 [J].中国软科学,2001(11): 104-107.

[174] 郭斌.京津冀都市圈科技协同创新的机制设计——基于日韩经验的借鉴 [J].科学学与科学技术管理,2016,37(9): 37-48.

[175] 郭金花,郭淑芬.创新人才集聚、空间外溢效应与全要素生产率增长——兼论有效市场与有为政府的门槛效应 [J].软科学,2020,34(9): 43-49.

[176] 何宜庆,吴铮波,陈睿.制造业产业转移、环境规制对城镇化扩张的生态效率影响 [J].统计与决策,2019,35(7): 145-148.

[177] 胡建团.创新集聚的空间效应研究 [D].中国地质大学,2018.

[178] 黄昌富,李蓉.创新资源集聚、技术创新成果与企业成长——基于我国上市 IT 企业面板数据的实证研究 [J].改革与战略,2015(3): 147-155.

[179] 黄晖、金凤君.技术要素集聚对我国区域经济增长的差异的影响 [J].经济地理,2011,31(8): 1341-1344.

[180] 黄鲁成.关于我国技术创新研究的思考 [J].中国软科学,2000(03): 50-53.

[181] 黄曼慧,黄燕.产业集聚理论研究述评 [J].汕头大学学报(人文社会科学版),2003,19(001): 49-53.

[182] 江永真.区域企业创新要素集聚效益评价 [J].福州大学学报(哲学社会科学版),2015(03): 45-52.

[183] 解学梅.协同创新效应运行机理研究：一个都市圈视角 [J].科学学研究，2012，12：1907-1920.

[184] 解学梅.中小企业协同创新网络与创新绩效的实证研究 [J].管理科学学报，2010，013(008)：51-64.

[185] 金凤花，李全喜，马洪伟.都市圈物流空间联系的发展研究——以上海都市圈为例 [J].商业经济研究，2013(9)：49-51.

[186] 金煜，陈钊，陆铭.中国的地区工业集聚：经济地理、新经济地理与经济政策 [J].经济研究，2006，4：79-89.

[187] 赖一飞，覃冰洁，雷慧，李克阳."中三角"区域省份创新要素集聚与经济增长的关系研究 [J].科技进步与对策，2016，23：32-39.

[188] 李光红，孙丽丽，李文喜.演化博弈视角下人才集聚关键影响因素及发展路径研究 [J].东岳论丛，2013，11：141-144.

[189] 李光龙，江鑫.绿色发展，人才集聚与城市创新力提升——基于长三角城市群的研究 [J].安徽大学学报（哲学社会科学版），2020，44(3)：24-32.

[190] 李婧，何宜丽.基于空间相关的区域创新系统间知识溢出效应评价 [J].科技管理研究，2016(13)：58-66.

[191] 李苗，刘启雷.政府补贴和技术扩散对资源配置效率的影响——基于产学研协同创新视角 [J].技术经济，2019，2：9-15.

[192] 李胜会，李红锦.要素集聚、规模效率与全要素生产率增长 [J].中央财经大学学报，2010(4)：59-66.

[193] 梁双陆，梁巧玲.交通基础设施的产业创新效应研究——基于中国省域空间面板模型的分析 [J].山西财经大学学报，2016，38（7)：60-72.

[194] 廖进中，韩峰，张文静，徐获迪.长株潭地区城镇化对土地利用效率的影响 [J].中国人口·资源与环境，2010(2)：30-36.

[195] 廖诺，赵亚莉，贺勇，等.东莞市人才集聚对经济增长的杠杆效应：来自产业结构和人才效能视角的解释 [J].科技管理研究，2016，36(019)：159-164.

[196] 林毅夫.新结构经济学 [M].北京大学出版社，2012.

[197] 刘兵，曾建丽，梁林等 . 京津冀经济发展的动力源泉：科技人才集聚的关键影响 [J]. 科技管理研究，2018，38(3)：120-126.

[198] 刘兵，张荣展，梁林 . 创新要素集聚对区域协同创新的影响——政府控制的调节作用 [J]. 技术经济，2019(12)：60-66.

[199] 刘承良，丁明军，张贞冰等 . 武汉都市圈城际联系通达性的测度与分析 [J]. 地理科学进展，2007，26(6)：96-108.

[200] 刘和东 . 国内市场规模与创新要素集聚的虹吸效应研究 [J]. 科学学与科学技术管理，2013，34(7)：104-112.

[201] 刘晖，李欣先，李慧玲 . 专业技术人才空间集聚与京津冀协同发展 [J]. 人口与发展，2018，24(6)：109-124.

[202] 刘鉴，杨青山，江孝君等 . 长三角城市群城市创新产出的空间集聚及其溢出效应 [J]. 长江流域资源与环境，2018，2：225-234.

[203] 刘世薇，张平宇 . 黑龙江垦区城镇化动力机制分析 [J]. 地理研究，2013，32(11)：2066-2078.

[204] 刘耀林 . 从空间分析到空间决策的思考 [J]. 武汉大学学报 (信息科学版)，2007，32(11)：1050-1055.

[205] 刘晔，曾经元，王若宇等 . 科研人才集聚对中国区域创新产出的影响 [J]. 经济地理，2019，39(7)：139-147.

[206] 刘志迎，周会云 . 政策激励对开放式创新策略与创新绩效的调节性影响 [J]. 技术经济，2019(7)：15-20.

[207] 龙海雯，施本植 . "一带一路"视角下我国区域创新系统的演化与策略研究 [J]. 科学管理研究，2016，034(001)：67-70.

[208] 吕拉昌，谢媛媛，黄茹 . 我国三大都市圈城市创新能级体系比较 [J]. 人文地理，2013(03)：91-95.

[209] 米娟 . 中国区域经济增长差异及影响因素分析 [J]. 经济经纬，2008(06)，65-68.

[210] 宁越敏 . 新城市化进程——90 年代中国城市化动力机制和特点探讨 [J]. 地理学报，1998(5)：470-477.

[211] 牛文元 . 中国特色城市化报告 [M]. 北京：科学出版社，2012.

[212] 潘宏亮 . 创新驱动引领产业转型升级的路径与对策 [J]. 经济纵横，

2015, 7: 40-43.

[213] 齐晓丽, 郭帅, 金浩. 京津冀区域创新要素配置效率的影响因素分析 [J]. 河北工业大学学报 (社会科学版), 2016(2): 8-15.

[214] 齐亚伟, 陶长琪. 环境约束下要素集聚对区域创新能力的影响——基于 GWR 模型的实证分析 [J]. 科研管理, 2014, 35(9): 17-24.

[215] 齐亚伟. 环境约束下要素集聚与区域经济可持续发展 [D]. 江西财经大学, 2012.

[216] 任森. 浙江省创新资源集聚发展模式和主导因素研究 [D]. 浙江大学, 2008.

[217] 邵晖, 温梦琪. 城市公共教育资源与人口空间分布匹配特征研究——以北京市为例 [J]. 宏观质量研究, 2016, 4(2): 119-128.

[218] 施继元, 高汝熹, 罗守贵. 都市圈创新效应原因探析——基于都市圈创新系统的视角 [J]. 软科学, 2009(03): 55-60.

[219] 苏楚, 杜宽旗. 创新驱动背景下 R&D 人才集聚影响因素及其空间溢出效应——以江苏省为例 [J]. 科技管理研究, 2018, 38(24): 96-102.

[220] 苏屹, 安晓丽, 孙莹, 等. 区域创新系统耦合度测度模型构建与实证研究 [J]. 系统工程学报, 2018, 33(3): 112-125.

[221] 孙红军, 张路娜, 王胜光. 科技人才集聚, 空间溢出与区域技术创新——基于空间杜宾模型的偏微分方法 [J]. 科学学与科学技术管理, 2019, 40(12): 58-69.

[222] 孙健, 尤雯. 人才集聚与产业集聚的互动关系研究 [J]. 管理世界, 2008, 3: 177-178.

[223] 孙凯. 基于 DEA 的区域创新系统创新效率评价研究 [J]. 科技管理研究, 2008(3): 139-141.

[224] 唐朝永, 牛冲槐. 协同创新网络、人才集聚效应与创新绩效关系研究 [J]. 科技进步与对策, 2017(3): 134-139.

[225] 陶长琪, 周璇. 要素集聚下技术创新与产业结构优化升级的非线性和溢出效应研究 [J]. 当代财经, 2016(1): 83-94.

[226] 仝德，刘涛，李贵才.外生拉动的城市化困境及出路——以珠江三角洲地区为例 [J].城市发展研究，2013(6)：80-86.

[227] 童纪新，李菲.创新型城市创新集聚效应比较研究——以上海，南京为例 [J].科技进步与对策，2015(19)：35-39.

[228] 宛群超，邓峰.FDI、科技创新与中国新型城镇化——基于空间杜宾模型的实证分析 [J].华东经济管理，2017(10)：103-111.

[229] 万庆等.中国城市群城市化效率及影响因素研究 [J].中国人口·资源与环境，2015(2)：66-74.

[230] 王发曾.从规划到实施的新型城镇化 [J].河南科学，2014，32(6)：919-924.

[231] 王发曾.中原经济区的新型城镇化之路 [J].经济地理，2010，30(12)：1972-1977.

[232] 王奋，韩伯棠.科技人力资源区域集聚效应的实证研究 [J].中国软科学，2006，3: 91-99.

[233] 王富喜等.基于熵值法的山东省城镇化质量测度及空间差异分析 [J].地理科学，2013，33(11)：1323 -1329.

[234] 王曙光.互联网金融带来的变革 [J].中国金融家，2013，12: 95-96.

[235] 王兴平，朱凯.都市圈创新空间：类型、格局与演化研究——以南京都市圈为例 [J].城市发展研究，2015，7: 8-15.

[236] 王兴平.创新型都市圈的基本特征与发展机制初探 [J].南京社会科学，2014，4: 9-16.

[237] 王玉荣，邓智，张皓博.风险资本集聚与区域创新的关系——基于投资行业分布的视角 [J].技术经济，2012(07)：73-79.

[238] 王振，卢晓菲.长三角城市群科技创新驱动力的空间分布与分层特征 [J].上海经济研究，2018，10: 71-81.

[239] 卫言.四川省新型城镇化水平及指标体系构建研究 [D].四川师范大学，2011.

[240] 魏下海，王岳龙.城市化、创新与全要素生产率增长——基于省际面板数据的经验研究 [J].财经科学，2010(3)：69-77.

[241] 吴福象，沈浩平.新型城镇化、创新要素空间集聚与城市群产业

发展 [J]. 中南财经政法大学学报, 2013, 4: 36-42.

[242] 吴卫红, 董姗, 张爱美, 等. 创新要素集聚对区域创新绩效的溢出效应研究——基于门槛值的分析 [J]. 科技管理研究, 2020 (5): 6-14.

[243] 吴卫红, 杨婷, 张爱美. 高校创新要素集聚对区域创新效率的溢出效应 [J]. 科技进步与对策, 2018, 11: 46-51.

[244] 吴玉鸣. 县域经济增长集聚与差异: 空间计量经济实证分析 [J]. 世界经济文汇, 2007b (2): 37-57.

[245] 谢杰, 刘任余. 基于空间视角的对外直接投资影响因素与贸易效应研究 [J]. 现代商贸评论, 2012, 30: 69-78.

[246] 熊俊, 张文武. 劳动力流动对产业集聚和扩散影响的研究综述 [J]. 江苏经贸职业技术学院学报, 2012, 4: 1-4.

[247] 修国义, 韩佳璇, 陈晓华. 科技人才集聚对中国区域科技创新效率的影响——基于超越对数随机前沿距离函数模型 [J]. 科技进步与对策, 2017(19): 36-40.

[248] 徐彬, 吴茜. 人才集聚, 创新驱动与经济增长 [J]. 软科学, 2019, 33(1): 19-23.

[249] 徐斌, 罗文. 价值链视角下科技人才分布对区域创新系统效率的影响 [J]. 科技进步与对策, 2020, 3: 52-61.

[250] 许大英, 王淼, 张卓婧, 田晓琴. 贵州省区域创新要素集聚水平评价研究 [J]. 科学技术创新, 2017(36): 47-49.

[251] 闫海龙, 胡青江. 新疆新型城镇化发展指标体系构建和评价分析 [J]. 改革与战略, 2014, 30(2): 100-104.

[252] 闫沛慈, 芮雪琴. 人力资本集聚促进区域科技创新吗? ——基于门槛回归模型的分析 [J]. 管理现代化, 2018, 6: 95-99.

[253] 严成樑. 社会资本、创新与长期经济增长 [J]. 经济研究, 2012(11): 48-60.

[254] 杨博旭, 王玉荣, 李兴光, 周罗. 从分散到协同: 高新技术产业创新要素集聚发展路径 [J]. 科技管理研究, 2020, 12: 142-149.

[255] 杨博旭, 王玉荣, 李兴光. 多维邻近与合作创新 [J]. 科学学研究,

2019, 1: 154-164.

[256] 杨丽，孙之淳. 基于熵值法的西部新型城镇化发展水平测评 [J]. 经济问题，2015(3)：115-119.

[257] 杨思莹，李政. 高铁开通对区域创新格局的影响及其作用机制 [J]. 南方经济，2020，368(5)：53-68.

[258] 姚凯，寸守栋. 区域辐射中心人才集聚指数与辐射力关系研究 [J]. 经济理论与经济管理，2019，6：16-26.

[259] 姚奕，倪勤. 中国地区碳强度与 FDI 的空间计量分析——基于空间面板模型的实证研究 [J]. 经济地理，2011(09)：26-32.

[260] 姚战琪. 产业协同集聚，区域创新与经济发展：基于有调节的中介效应视角的分析 [J]. 学术探索，2020(4)：127-137.

[261] 叶祥松，刘敬. 异质性研发、政府支持与中国科技创新困境 [J]. 经济研究，2018(9)：116-132.

[262] 叶小岭，叶瑞刚，张颖超. 区域企业集聚科技创新要素水平及集聚效益评价研究 [J]. 科技管理研究，2012，32(15)：112-117.

[263] 叶裕民. 中国城镇化之路 [M]. 北京：商务印书馆，2001.

[264] 余永泽，刘大勇. 创新要素集聚与科技创新的空间外溢效应 [J]. 科研管理，2013，34(1)：46-54.

[265] 余泳泽，刘大勇. 我国区域创新效率的空间外溢效应与价值链外溢效应——创新价值链视角下的多维空间面板模型研究 [J]. 管理世界，2013，7：6-20.

[266] 余泳泽. 创新要素集聚、政府支持与科技创新效率——基于省域数据的空间面板计量分析 [J]. 经济评论，2011，2：93-101.

[267] 张海峰. 人力资本集聚与区域创新绩效——基于浙江的实证研究 [J]. 浙江社会科学，2016，234(2)：105-110.

[268] 张俊生，曾亚敏. 社会资本与区域金融发展——基于中国省际数据的实证研究 [J]. 财经研究，2005，31(4)：37-45.

[269] 张丽华，林善浪，汪达钦. 我国技术创新活动的集聚效应分析 [J]. 数量经济技术经济研究，2011，028(001)：3-18.

[270] 张宓之，朱学彦，梁偲，等. 创新要素空间集聚模式演进机制研

究 [J]. 科技进步与对策, 2016, 33(14): 10-16.

[271] 张斯琴, 张璞. 创新要素集聚, 公共支出对城市生产率的影响——基于京津冀蒙空间面板的实证研究 [J]. 华东经济管理, 2017, 11: 65-70.

[272] 张所地, 胡丽娜, 周莉清. 都市圈中心城市人才集聚测度及影响因素研究 [J]. 科技进步与对策, 2019(20): 54-61.

[273] 张文武, 熊俊. 外资集聚, 技术创新与地区经济增长——基于省级面板数据的空间计量分析 [J]. 华东经济管理, 2013(07): 48-53.

[274] 张向荣. 粤港澳大湾区制造业要素集聚与创新效率联动研究 [J]. 工业技术经济, 2020, 039(004): 11-18.

[275] 张秀艳, 周毅, 白雯. 金融集聚与工业生产率提升——基于研发资本的中介传导有效性研究 [J]. 吉林大学社会科学学报, 2019, 059(002): 30-40.

[276] 张亚明, 孙瑞佳, 唐朝生. 环首都经济圈亚核心与发展路径选择 [J]. 中国科技论坛, 2012, 4: 106-111.

[277] 张幼文, 梁军. 要素集聚与中国在世界经济中的地位 [J]. 学术月刊, 2007, 39(3): 74-82.

[278] 赵青霞, 夏传信, 施建军. 科技人才集聚、产业集聚和区域创新能力——基于京津冀、长三角、珠三角地区的实证分析 [J]. 科技管理研究, 2020, 5: 54-62.

[279] 赵永平. 新型城镇化的核心内涵及其评价指标体系探讨 [J]. 怀化学院学报, 2013, 32(12): 69-71.

[280] 郑尚植, 赵雪. 高质量发展背景下东北地区新旧动能转换的实证研究 [J]. 财经理论研究, 2020(4): 32-41.

[281] 周浩. 中原经济区内部创新要素集聚差异性研究 [D]. 蚌埠: 安徽财经大学, 2013.

[282] 周杰文, 蒋正云, 李凤. 长江经济带绿色经济发展及影响——因素研究 [J]. 生态经济 (中文版), 2018, 34(12): 49-55.

[283] 周元元, 冯南平. 创新要素集聚对于区域自主创新能力的影响——基于中国各省市面板数据的实证研究 [J]. 合肥工业大学学

报 (社会科学版), 2015, 3: 57-64.

[284] 朱凯, 胡畔, 王兴平等. 我国创新型都市圈研究: 源起与进展 [J]. 经济地理, 2014, 34(6): 9-15.

[285] 卓乘风, 邓峰, 白洋等. 区域创新与信息化耦合协调发展及其影响因素分析 [J]. 统计与决策, 2017(19): 139-142.

[286] 邹再进. 论欠发达地区的区域创新主体结构特征 [J]. 科技进步与对策, 2006(09): 54-56.

附录：武汉城市圈国家级平台

1. 国家重点实验室名录

序号	名称	依托单位
1	武汉光电国家研究中心	华中科技大学、武汉邮科院、中科院物数所、中船717所
2	淡水生态与生物技术国家重点实验室	中国科学院水生生物研究所
3	波谱与原子分子物理国家重点实验室	中国科学院武汉物理与数学研究所
4	煤燃烧国家重点实验室	华中科技大学
5	材料成形与模具技术国家重点实验室	华中科技大学
6	测绘遥感信息工程国家重点实验室	武汉大学
7	材料复合新技术国家重点实验室	武汉理工大学
8	作物遗传改良国家重点实验室	华中农业大学
9	水资源与水电工程科学国家重点实验室	武汉大学
10	农业微生物国家重点实验室	华中农业大学
11	地质过程与矿产资源国家重点实验室	中国地质大学
12	病毒学国家重点实验室	武汉大学、中国科学院武汉病毒研究所
13	数字制造装备与技术国家重点实验室	华中科技大学
14	岩土力学与工程国家重点实验室	中国科学院岩土力学所
15	大地测量与地球动力学国家重点实验室	中国科学院测量与地球物理研究所
16	硅酸盐建筑材料国家重点实验室	武汉理工大学
17	生物地质与环境地质国家重点实验室	中国地质大学
18	强电磁工程与新技术国家重点实验室	华中科技大学
19	杂交水稻国家重点实验室	武汉大学、湖南杂交水稻研究中心
20	光纤通信技术和网络国家重点实验室	武汉邮电科学研究院有限公司
21	光纤光缆制备技术国家重点实验室	长飞光纤光缆股份有限公司

序号	名称	依托单位
22	生物质热化学技术国家重点实验室	阳光凯迪新能源集团有限公司
23	省部共建耐火材料与冶金国家重点实验室	武汉科技大学
24	电网环境保护国家重点实验室	中国电力科学研究院武汉分院
25	桥梁结构健康与安全国家重点实验室	中铁大桥局集团有限公司
26	物种表面保护材料及应用技术国家重点实验室	武汉材料保护研究所有限公司
27	作物育种技术创新与集成国家重点实验室	中国种子集团有限公司
28	省部共建生物催化与酶工程国家重点实验室	湖北大学

2.省部共建国家重点实验室培育基地名录

序号	基地名称	依托单位	批准年份
1	湖北省口腔基础医学省部共建国家重点实验室培育基地	武汉大学	2007
2	湖北省环境卫生学省部共建国家重点实验室培育基地	华中科技大学	2010
3	湖北省纺织新材料与先进加工技术省部共建国家重点实验室培育基地	武汉纺织大学	2009

3.国家工程技术研究中心名录

序号	中心名称	依托单位
1	国家多媒体软件工程技术研究中心	武汉大学
2	国家家畜工程技术研究中心	华中农业大学、湖北省农业科学院
3	国家GPS工程技术研究中心	武汉大学、中国科学院测量与地球物理研究所
4	国家数控系统工程技术研究中心	华中科技大学
5	国家淡水渔业工程技术研究中心（武汉）	中国科学院水生生物研究所、武汉多福科技农业公司
6	国家企业信息化应用支撑软件工程技术研究中心武汉分中心	清华大学、华中科技大学

续　表

序号	中心名称	依托单位
7	国家油菜工程技术研究中心	华中农业大学、中国农业科学院油料作物研究所
8	国家安全防伪工程技术研究中心	华中科技大学
9	国家工业烟气除尘工程技术研究中心	中钢集团天澄环保科技股份有限公司
10	国家硅钢工程技术研究中心	武汉钢铁集团股份有限公司
11	国家纳米药物工程技术研究中心	华中科技大学
12	国家大坝安全工程技术研究中心	长江勘测设计研究院、长江科学研究所
13	国家数字化学习工程技术研究中心	华中师范大学
14	国家生物农药工程技术研究中心	湖北省农业科学院
15	国家联合疫苗工程技术研究中心	武汉生物制品研究所
16	国家钢铁生产能效优化工程技术研究中心	中冶南方工程技术有限公司
17	国家地理信息系统工程技术研究中心	中国地质大学
18	国家水运安全工程技术研究中心	武汉理工大学

4. 国家级产业技术创新战略联盟名录

序号	联盟名称	级别
1	光纤接入(FTTX)产业技术创新战略联盟	国家级
2	地理信息系统产业技术创新战略联盟	国家级
3	油菜加工产业技术创新战略联盟	国家级
4	光纤材料产业技术创新战略联盟	国家级
5	激光加工产业技术创新战略联盟	国家级
6	空间信息智能服务产业技术创新战略联盟	国家级
7	高档数控系统及其应用产业技术创新战略联盟	国家级
8	国家高档重型机床产业技术创新战略联盟	国家级

5. 国家级临床医学研究中心名录

序号	中心名称	依托单位	级别
1	妇科肿瘤临床医学研究中心	华中科技大学同济医学院附属同济医院	国家级

6. 国家级高新区名录

序号	名称	所在地	批准年份	级别
1	武汉东湖新技术产业开发区	武汉市	1991	国家级
2	孝感高新技术产业开发区	孝感市	2012	国家级
3	仙桃高新技术产业开发区	仙桃市	2015	国家级
4	咸宁高新技术产业开发区	咸宁市	2017	国家级
5	黄冈高新技术产业开发区	黄冈市	2017	国家级
6	黄石大冶湖高新技术产业区	黄石市	2018	国家级
7	潜江高新技术产业开发区	潜江市	2018	国家级

7. 国家级高新技术产业化基地名录

序号	基地名称	所在地区	批准年份	备注
1	武汉国家光电子技术产业化基地	武汉市	2001	国家级
2	武汉国家现代服务业信息安全产业化基地	武汉市	2003	国家级
3	武汉国家现代服务业地球空间信息产业化基地	武汉市	2008	国家级
4	武汉国家半导体照明工程高新技术产业化基地	武汉市	2009	国家级
5	武汉国家高端船舶及海洋工程装备高新技术产业化基地	武汉市	2012	国家级
6	武汉国家激光高新技术产业化基地	武汉市	2012	国家级
7	武汉国家现代服务业数字内容产业化基地	武汉市	2012	国家级
8	孝感国家特种汽车高新技术产业基地	孝感市	2014	国家级

8. 国家级农业科技园区名录

编号	名称	所在地	批建时间	级别
1	武汉国家农业科技园区	武汉市	2001	国家级
2	仙桃国家农业科技园区	仙桃市	2010	国家级
3	潜江国家农业科技园区	潜江市	2013	国家级
4	黄石国家农业科技园区	黄石市	2015	国家级
5	孝感国家农业科技园区	孝感市	2018	国家级

注：以上表格统计数据截止到 2018 年。